Adam Baron

Auftauchen

# AUF TAUCHEN

von Adam Baron

Aus dem Englischen
von Ute Mihr

Carl Hanser Verlag

Die Originalausgabe erschien 2019 unter dem Titel
*You Won't Believe This* bei HarperCollins Children's Books, a division
of HarperCollins Publishers Ltd., London, UK.

Von Adam Baron bereits erschienen:
»Freischwimmen« (2020)

Erscheint als Hörbuch bei Hörbuch Hamburg,
gelesen von Julian Greis.

 HANSER hey! Schau vorbei und
teile dein Leseglück auf Instagram

1. Auflage 2021

ISBN 978-3-446-26948-4

Umschlag: Benji Davies
Satz: Greiner & Reichel, Köln
Druck und Bindung: Friedrich Pustet, Regensburg
Printed in Germany

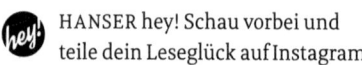

MIX
Papier aus verantwor-
tungsvollen Quellen
FSC
www.fsc.org    FSC® C014889

Für Rachel, Frances, Betty und Marjorie –
die Großmütter

# 1

Ihr werdet es nicht glauben.

Veronique Chang erhielt keine Auszeichnung im Klavierkurs Stufe fünf. Sie bestand ihn sogar nur knapp. Warum euch das überraschen sollte? Na ja. Es geht hier um Veronique – unser Klassengenie. Antworten LIEBEN sie. Sie scheinen von der Decke auf sie herabzuschweben, noch bevor sie sonst jemanden erreichen (Marcus Breen nennt sie deshalb Siri). Kurz vor ihrem Geburtstag vor einem Monat fragte ich sie, was sie sich wünscht.

»Krieg und Frieden.«

Ich sah sie zweifelnd an.

»Kriegst wohl den Hals nicht voll.«

»Was willst du damit sagen?«

»Na ja, *beides* kannst du nicht haben«, sagte ich. »Und überhaupt, ich bin doch nicht der Premierminister, wie soll ich das bewerkstelligen?«

Veronique musterte mich. »Das ist ein Buch. Von Tolstoi.«

»Ach so«, sagte ich. »Aber es ist bestimmt nicht so gut wie *Mr Gum*.«

Und als ich später in der Buchhandlung eine Ausgabe von *Krieg und Frieden* anschaute, war mir klar, dass ich ganz sicher recht hatte.

Was Musik betrifft, ist Veronique einfach UNGLAUBLICH.

Nachdem sie Stufe vier absolviert hatte, ließ Mrs Johnson (unsere letzte Rektorin) sie in der Schulversammlung aufstehen. Veronique, verkündete sie, habe die beste Note im ganzen LAND erhalten. Veronique selbst überraschte das nicht.

»Ich hatte Glück«, sagte sie und sah achselzuckend zu mir herab. »Mein Glissando hat nicht funktioniert.«

Ich wollte gerade fragen, was sie damit meine, da ließ Mrs Johnson sie eines ihrer Stücke vorspielen. Wolfgang Amadeus ... Gokart (glaube ich). Und WOW! Ich habe nur ein einziges Mal gesehen, dass Finger sich so schnell bewegen: und zwar als Lance an seinem Geburtstag eine Tüte Gummibärchen mitbrachte.

An einer Stelle klatschte Marcus Breen, aber es war nur eine sehr langsame Stelle in dem Stück, und Veronique spielte noch ein bisschen weiter. Als sie dann fertig war, sah ich sie an.

»Wahnsinn«, sagte ich. »Aber auch ziemlich langweilig.«

Lance stimmte mir zu. »Du bist wirklich brillant«, sagte er. »Kannst du dann auch ... äh ...?«

»Was?«

Er war so voller Bewunderung, dass er es kaum rausbrachte. »*Star Wars?*«

»Keine Ahnung«, antwortete Veronique. »Von wem ist das?«

Lance musste kurz nachdenken. »Obi-Wan Kenobi.«

»Renaissance oder Barock?«

»Jedi«, antwortete Lance.

Das war vor sechs Monaten. Das Ergebnis von Stufe fünf bekam sie letzte Woche. Ich war gerade bei ihr zu Hause. Ihre Mum kam mit einem Briefumschlag wedelnd in die Küche. Sie hatte ein Lächeln im Gesicht, aber es erstarb. Den Umschlag in einer Hand und die Ergebnisse in der anderen, starrte sie auf den Brief. Erstaunen verwandelte sich in Fassungslosigkeit. Dann seufzte sie und griff zu ihrem Handy.

»Das muss ein Fehler sein«, sagte sie. »Der Name ist Veronique Chang. C. H. A. N. G.«

Aber es war kein Fehler. Die Frau am anderen Ende der Leitung war sich sicher. Veronique hatte *keine* Auszeichnung bekommen, nicht einmal eine lobende Erwähnung.

»Trotzdem gut gemacht«, sagte ihre Mum (weil sie wirklich nett ist). Aber dann telefonierte sie wieder, diesmal mit Veroniques Klavierlehrer, und ging hinüber ins Wohnzimmer, um mit ihm zu reden. Ich nahm an, Veronique wollte nicht da sein, wenn sie zurückkam, und deshalb gingen wir raus und hinunter zu dem kleinen Holzhäuschen am Ende des Gartens, wo ihre Oma (die sie Nanai nennt) früher wohnte. Es war still darin. Und staubig. Wir blieben eine Weile schweigend stehen und betrachteten all die alten Fotos, die dicht an dicht die Wände bedeckten. Dann schauten wir hinunter auf Nanais Sessel. Er war noch leerer als der Rest des Hauses. In der Sitzfläche war eine Mulde – wie die Hohlräume, die wir einmal in der Pompeji-Ausstellung im British Museum gesehen hatten. Darin lag ein Foto. Alt. Schwarz-weiß, das Glas im Rahmen fehlte. Ich nahm es hoch, und wir betrachteten es beide, bis Veronique etwas tat, was mir Angst machte.

Sie fing an zu weinen.

Ahhhhh! Ich betrachtete sie, hatte aber keine Ahnung, WAS ich tun sollte, bis meine Hand sich ausstreckte und über ihrer Schulter schwebte wie ein X-Wing Starfighter kurz vor der Landung. Sie blieb dort, bis Veroniques Dad hereinkam.

»Mach dir keine Sorgen, Liebes«, sagte er und lehnte einen Spaten an die Wand. »Es ist nur eine Note.«

»Was?«

»Es ist schon in Ordnung, dass du enttäuscht bist. Beim nächsten Mal machst du es einfach besser, oder?«

Veronique antwortete nicht. Stattdessen sah sie ihren Vater an und schüttelte den Kopf, sodass die Tränen nur so aus ihren Augen kullerten. Aber dann tat sie etwas, was ihn in Erstaunen versetzte. Sie hörte auf zu weinen – und lachte! Sie lachte und lachte und hörte gar nicht mehr auf. Ihr Vater war verwirrt. Er wusste nicht, warum sie lachte. Ich dagegen schon. Ich wusste es ganz genau. Natürlich wusste ich es! Sie lachte, weil sie KEINE Auszeichnung bekommen hatte! Zum ersten Mal ÜBERHAUPT! Es war nicht schlimm. Wegen so was weinte sie nicht.

Und ob ihr es glaubt oder nicht – den Klavierkurs Stufe fünf nur knapp zu bestehen gehörte zum Besten, was Veronique Chang in IHREM GANZEN LEBEN passiert ist.

Und in diesem Buch geht es darum, warum das so war.

(Wir sehen uns im nächsten Kapitel.)

# ZWEIEINHALB
# WOCHEN FRÜHER

# 2

Es begann an einem Mittwoch. Aber nicht an einem stinknormalen Mittwoch. Sondern an einem Mittwoch, an dem jemand etwas tat.

Etwas SCHLIMMES.

Und es war gegen Mrs Martin gerichtet.

Ich werde das wiederholen.

Es war gegen Mrs Martin gerichtet, die, meiner Meinung nach, die beste Lehrerin ist, die es *jemals* gab – vielleicht abgesehen von Sokrates, von dem uns unsere Lehrerin Miss Phillips letzte Woche erzählte. Sokrates war *echt* schlau und unterrichtete im antiken Griechenland diesen anderen Typen, Platon. Er war eine Lehrer-Legende, obwohl Miss Phillips uns auch erzählte, dass er Gift trank und starb, was Platons Lernkurve ziemlich beeinträchtigt haben dürfte. Wahrscheinlich hatte Platon auch einen Ersatzlehrer, oder? Aber wenn der auch so eine Horrorgestalt war wie Mr Gorton (den wir haben), musste sich Platon auf etwas gefasst machen.

Es geschah nach dem Sportunterricht. Wir waren draußen auf der Heide, nach der unser Stadtteil Blackheath benannt ist, und machten Leichtathletik (obwohl es *b-b-b-bitterkalt* war). Das unterrichtete Mrs Martin, denn lange bevor sie eine FANTASTISCHE Lehrerin wurde, war sie als Sportlerin für Botswana gestartet.

Sie hatte sogar an den Olympischen Spielen in London teilgenommen. Lance war übrigens auch dort, obwohl er da erst fünf war. Sein Vater nahm ihn mit, aber er war so aufgeregt, dass er in die Hose machte. Als sie von der Toilette zurückkamen, war Usain Bolt schon durchs Ziel gelaufen.

»200 Pfund«, sagt Lance' Dad fast jedes Mal, wenn ich zu Besuch bin. »*Jeder von uns*, Cymbeline. Um zu sehen, wie ein Mann mit einer Flagge um die Schultern eine Runde joggt.«

Ich lache dann immer, aber eigentlich muss ich ganz still sein, denn als mein Onkel Bill mich einmal zum Rummel mitnahm, machte ich im Riesenrad in die Hose. Es tropfte auf den Mann unter uns, der heraufschrie, dass er Onkel Bill die Lichter ausblasen würde. Nachdem wir ausgestiegen waren, mussten wir die Beine in die Hand nehmen (bestimmt so schnell wie Usain Bolt).

Jedenfalls war unsere Klasse auf der Heide, und wir liefen um die Wette, damit Mrs Martin auswählen konnte, wer ins Leichtathletik-Team aufgenommen werden würde. Ich wurde Dritter nach Billy Lee und Daisy Blake, obwohl sie so groß ist, dass ich es eigentlich nicht fair finde. Ihre Beine sind ungefähr fünfmal so lang wie meine. Danach gingen wir zurück zur Schule und folgten Mrs Martin zu unserem Klassenzimmer.

Wir näherten uns gerade der Treppe, und Marcus Breen machte diese unglaublich realistischen Geräusche mit seinen Achseln (ihr wisst, was ich meine). Aber Mrs Martin schimpfte ihn nicht, sondern versuchte, *noch bessere* zu erzeugen. SO cool ist sie. Sie versuchte es immer noch, als wir die Treppe erreichten, wo sie ihre Straßenschuhe neben einem der Eimer abgestellt hatte, in denen wir das Regenwasser auffangen. Unsere Schule ist sehr alt, und diese Eimer stehen überall herum. In jeder Klasse gibt es einen Tropfwächter, der, sobald es anfängt zu regnen, hinausstürmt und dafür sorgt, dass die Eimer an der richtigen Stelle stehen. Früher leckte das Dach nur an ein oder zwei Stellen, aber inzwischen ist es schlimmer geworden, und es stehen ungefähr zehn Eimer herum.

Mrs Martins Schuhe waren oben offen, ohne Riemen. Wir alle blieben stehen, während sie mit einem kleinen Hüpfer ihre Sportschuhe abstreifte. Dann sahen wir zu, wie sie ihren großen Zeh ausstreckte, um ihren rechten Schuh zu sich heranzuziehen. Und da passierte es. Es war etwas, worauf ich euch vorbereiten muss, damit ihr nicht ohnmächtig werdet oder schreit oder einfach TOT umfallt, wenn ihr erfahrt, was jemand getan hatte.

Also dann mal los ...

Macht euch auf was gefasst ...

Ich sag es gleich.

Nein, jetzt wirklich …

Tatsächlich glaube ich nicht, dass ich es sagen kann.

Okay, dann mal los, wirklich ...

Jemand hatte ihre Schuhe mit Wackelpudding gefüllt ...

# ... MIT

# BLAUEM

## WACKELPUDDING.

# 3

Das klingt eigentlich nicht *allzu* schlimm, oder?

Wackelpudding in den Schuhen? Auch wenn es BLAUER Wackelpudding war?

Fast schon lustig.

Das Problem war, dass es hier um *Mrs Martin* ging, die absolut großartigste Lehrerin der GANZEN Welt. Und *sie* schien es überhaupt nicht lustig zu finden – ebenso wenig wie meine Mitschüler.

Vi Delap schnappte nach Luft. Elizabeth Fishers Mund stand vor Erstaunen offen, allerdings wahrscheinlich deshalb, weil sie noch NIE in ihrem ganzen Leben IRGENDETWAS Schlechtes getan hat. Andere waren auch geschockt – angesichts der Tatsache, WER das Opfer war. Es ist nämlich so: Nicht nur ich finde Mrs Martin TOLL. An unserem ersten Tag in der dritten Klasse sollten wir uns in einer Reihe aufstellen. Wir waren nervös und hatten keine Ahnung, was sie wollte. Vi stand ganz vorn, total verschüchtert und ängstlich, bis Mrs Martin sie angrinste.

»Was ist dein liebstes Hobby?«, fragte sie mit sanfter Stimme.

»Fußball«, sagte Vi, denn sie ist wirklich gut (und nein, nicht nur für ein Mädchen – Frauenfeind!).

Und ohne auch nur einen Augenblick nachzudenken, sang Mrs Martin:

*Wenn du im Tor stehst und der Ball fliegt herbei,*
*wer hat ihn wohl gekickt? Wahrscheinlich Vi!*

Dann klatschte sie Vi zweimal ab, gefolgt von einem Grätschsprung und einem zweiten Grätschsprung. Vi lief knallrot an und
strahlte. Danach war Lance an der Reihe. Er sagte Radfahren, klar
(das ist sein Ding), und im Nullkommanichts sang Mrs Martin:

*Vor mir ist mein Freund Lance,*
*er gewinnt die Tour de France –*
*legal.*

Sie klatschte Lance ab: zuerst in der Hocke, mit nach oben gedreh-
ten Handflächen, dann noch einmal ganz normal im Stehen. Danach taten sie beide so, als würden sie ganz schnell Rad fahren.
Lance grinste wie ein Zweijähriger bei der Bescherung an Weihnachten.

Als Marcus Breen an der Reihe war, sagte er, sein Hobby sei
schlafen, denn er ist eben Marcus Breen. Wir stöhnten auf, aber
Mrs Martin lachte.

*Bereitet das Schlafen dir Kummer,*
*frag Marcus Breen, der kennt sich aus mit dem Schlummer.*

Sie klatschte Marcus zweimal über Kreuz ab und tat dann so, als
würde sie schlafen. Und das machte sie bei *jedem*. JEDER einzelne
in unserer Klasse bekam sein eigenes Erkennungslied und seine

24

eigene Begrüßung, auch wenn es bei einigen schwieriger war als bei anderen.

»Cymbeline Iglu«, sagte ich.

Mrs Martin fuhr sich mit der Hand über die Stirn. »Puhh.«

»Ich mag Fußball, aber ich mag *auch* Kunst.«

»DOPPELTES Puhh. Aber dann mal los.« Und sie sang:

*Wenn du 'nen Elfmeter brauchst, verzweifle nich' –*
*Cymbeline Iglu zeichnet die Schwalbe für dich.*

Ich bekam einen doppelten Fauststoß, gefolgt von einem doppelten Grätschsprung wie Vi, während Mrs Martin und ich Bilder in die Luft zeichneten. Und ich spürte, wie sich die Wärme in der Mitte meiner Brust immer mehr ausbreitete, als wäre dort ein Heizkörper, bis sie sogar meine Ohren erreichte. Ich hatte das Gefühl, etwas Besonderes zu sein; wir alle hatten das Gefühl, etwas Besonderes zu sein – und *jeder einzelne Schulvormittag* begann so! Diese sonnige Wärme kam von Mrs Martin, und sie blieb den ganzen Tag. Sie begrüßte jeden von uns mit seinem eigenen Ritual, und NIEMALS machte sie auch nur den kleinsten Fehler. Es war fantastisch, und ich sage euch eines: Nirgendwo im *ganzen* Internet steht, dass Sokrates so etwas tat.

Und *der* hatte nur Platon.

Dass überhaupt jemand Mrs Martin einen Streich spielte, war für einige von uns wahrscheinlich schon zu viel. Alle erstarrten, als Mrs Martin nach Luft schnappte und hinuntersah. Wir taten es ihr nach. Der Wackelpudding (der BLAUE Wackelpudding) quoll zwischen ihren Zehen hervor wie etwas, was man vielleicht in *Doctor Who* sieht, auch wenn ich das eigentlich gar nicht wissen kann, weil meine Mum behauptet, ich sei für diese Serie zu jung (obwohl Lance sie schauen darf, und er ist DREI TAGE jünger als ich).

Mrs Martin wirkte zuerst verwirrt, weil sie nicht richtig verstand, was sie sah. Dann veränderte sich ihr Ausdruck. Ich erwartete, dass sie wütend würde. Miss Phillips hätte das Gesicht verzogen und die Hände in die Hüften gestemmt. Mr Gorton wäre explodiert wie der Vesuv. Aber was Mrs Martin tat, war irgendwie schlimmer.

Diese brillante Lehrerin, die wir alle lieben, runzelte nicht die Stirn. Und sie schrie auch nicht. Oder wurde wütend. Stattdessen wurde sie ganz ruhig und sagte »Oh ...«, so wie ihr es vielleicht sagen würdet, wenn jemand, den ihr WIRKLICH mögt, euch mitteilt, dass ihr nicht zu seiner Geburtstagsfeier eingeladen seid, *obwohl* ihr schon das Geschenk gekauft habt.

Und in diesem Augenblick tat ich etwas, was ich immer noch nicht glauben kann. Mrs Martin trat ein wenig zurück. Sie sah uns an mit einem Ich-kann-es-nicht-fassen-Blick in ihrem offenen, vom Leben gezeichneten Gesicht. Alle sahen weg, weil sie ihr nicht in die Augen schauen konnten – nur ich nicht. Als unsere Blicke sich trafen, war ich plötzlich nervös und konnte mich kaum bewegen, weil mir auf einmal bewusst wurde, wie merkwürdig die ganze Situation war. Jemand hatte Wackelpudding in ihre Schuhe gefüllt? WIE BITTE? Das erschien mir auf einmal so bizarr, dass sich der Heizkörper in mir in merkwürdige Schaumbläschen verwandelte.

Und ich fing an zu kichern.

Ich weiß nicht, warum – ehrlich! Es kam einfach. Ein blödes, kindisches, LÄCHERLICHES Kichern, das schrecklich laut war. Mrs Martin stutzte. Und ich auch. Mrs Martin wirkte noch bestürzter – und überrascht –, und ich sah, wie es in ihrem Gehirn ratterte und sich langsam die vollkommen FALSCHE Schlussfolgerung formte.

»Nein«, sagte ich, so schnell ich überhaupt konnte. »Das heißt nicht …«

Aber bevor ich weitersprechen konnte, wurde ich unterbrochen. Von Mr Baker (unserem neuen Rektor). Er führte ein paar Männer durch die Schule, wandte sich aber an Mrs Martin und sah dabei so neugierig aus, dass sie von mir abgelenkt war. Sie drehte sich um, bückte sich und nahm ihren rechten Schuh und auch den linken, der ebenfalls voller Wackelpudding war. Dann drängte sie sich zwischen uns hindurch, warf mir einen kurzen Blick zu, sodass mein Gesicht brannte, und ging eilig in Richtung Lehrerzimmer davon. In der einen Hand baumelten ihre Schuhe, die andere hielt sie sich vors Gesicht.

Auf halbem Weg fing sie an zu rennen.

# 4

Wir verhielten uns an diesem Nachmittag sehr ruhig. Machten einfach mit unserer Arbeit weiter. Oder versuchten es wenigstens. Mir gelang es nicht: Das Wort IDIOT hüpfte in meinem Kopf herum. In der letzten Pause machte ich nicht einmal mit, als Billy Lee seinen Fußball auspackte, und gab keine Expertenmeinung dazu ab, wie viele Tore Jacky Chapman am Samstag für Charlton schießen würde. Ich sah mich einfach auf dem Pausenhof um, wo sich einige aus unserer Klasse wie immer verhielten, während andere darüber sprachen, was geschehen war.

Lance und Vi Delap fanden es einfach blöd, so etwas zu tun, während Marcus Breen sich darüber wunderte, warum jemand total guten Wackelpudding verschwendet hatte. Aber Daisy Blake hättet ihr sehen sollen! Sie LIEBT Mrs Martin. Als Daisys Großvater letztes Jahr starb, war Mrs Martin einfach unglaublich. Sie sagte zu ihr, dass sie ruhig weinen solle, wenn ihr nach Weinen zumute sei, oder eben nicht, wenn sie es nicht wolle. Und sie veränderte Daisys morgendliche Begrüßung und fügte am Schluss eine ganz lange Umarmung hinzu. Und am Ende des Schultags hielt sie Daisys Hand, bis ihre Mum oder ihr Dad kam. Daisy war also total WÜTEND.

»Ach, komm!«, sagte ich, als ich merkte, dass sie mich zornig ansah. »Ich würde doch niemals! Auf keinen Fall!«

Daisy musterte mich und stemmte dann die Hände in die Hüften, während sie sich drehte und den Blick über den Pausenhof schweifen ließ.

»Wer war es dann?«, sagte sie. »*Wer* hat es getan, Cymbeline?«

Sie war nicht die Einzige, die das wissen wollte.

Mr Baker hielt vor Schulschluss eine SONDERVERSAMMLUNG ab. Nachdem wir alle in die Aula geströmt waren, sah er von der Bühne aus auf uns herab. Er ließ sich über Respekt und Benehmen aus und bat den Übeltäter vorzutreten. Elizabeth Fisher warf mir einen Blick zu, der mich wieder knallrot anlaufen ließ, obwohl ich mich wirklich dagegen wehrte. Hatte Mrs Martin es bemerkt? Ich hielt den Kopf gesenkt und hoffte, dass sie nicht zu mir hersah.

»Nun«, sagte Mr Baker, als niemand gestand. »Man sagte mir, in dieser Schule gebe es lauter freundliche, rücksichtsvolle – und *ehrliche* – Schüler. Aber offenbar ist dem nicht so.«

Wir bekamen alle einen Umschlag, den wir zu Hause unseren Eltern geben sollten. Dann gingen wir der Reihe nach hinaus. Wieder brannten mein Hals und mein Gesicht, als ich an Mrs Martin vorbeigehen musste. Sie stand neben der Sprossenwand, und ich konnte endlich irgendwie verstehen, wie Daisy sich fühlte. Mrs Martin versuchte, fröhlich auszusehen, als wäre das alles nur ein dummer Scherz.

Aber es wollte ihr nicht recht gelingen.

Ich hielt den Kopf gesenkt und folgte Vi auf den Pausenhof, wo Daisy an einer neuen Zuckerstange lutschte (die sie bestimmt in ihre Schultasche geschmuggelt hatte, denn erlaubt hätten ihre

Eltern das NIEMALS). Sie warf den vorbeigehenden Kindern zornige Blicke zu.

»Was guckst du so?«, fragte Billy Lee, als er an der Reihe war.

»Sag du es mir«, sagte Daisy und zeigte mit der Zuckerstange auf ihn. Ich dachte, sie würden tatsächlich Streit anfangen, aber seine Mum war schon da, um ihn abzuholen, sodass er einfach wegging.

Ich wurde nicht abgeholt – zumindest noch nicht. Mittwochs gehe ich nach der Schule in den Computer-Club, weil Mum arbeitet. Ich würde ja lieber Fußball spielen, aber das kostet mehr, und Mum sagt sowieso, dass ich die Zeit nutzen und Hausaufgaben machen soll.

»Besonders Rechtschreibung«, sagt sie.

Ich würde gerne widersprechen, aber das geht eigentlich nicht. Rechtschreibung! Es gibt einfach so viele Buchstaben! Und wie sie dann zusammengehören, die »eu« und »äu« tauschen die Plätze wie Erstklässler, die Mrs Mason ärgern wollen. Außerdem haben wir gerade mit dem Unterschied zwischen »ss« und »ß« angefangen, den ich zuerst nicht verstanden habe.

»Du schreibst ›ss‹ oder ›ß‹, je nachdem, ob ein kurzer oder langer Vokal vorausgeht«, sagte Miss Phillips. »Zum Beispiel: dein Fuuuuußball.« Ich nickte, kapierte es aber immer noch nicht. Jeder weiß, dass es Billys Fußball ist. Und man kann unmöglich wissen, wo »ß« und wo »ss« stehen muss. Da könnte man genauso »Steck dem Esel den Schwanz an« spielen. Ich kann es kaum erwarten, bis ich an einem Computer schreiben darf, weil einem da die roten Wellenlinien helfen. Und ich frage mich: Warum hat noch niemand einen Bleistift erfunden, der so was automatisch macht?

»Hallo, Cym«, sagte Mum später am Tag und streckte den Kopf durch die Tür des Computerraums. »Fertig?«

Ich bejahte, und während sie mich abmeldete, zog ich meine Jacke an. Dann folgte ich ihr auf den Pausenhof und durch das Tor hinaus auf die Straße. Dort standen ein paar Männer mit Klemmbrettern, betrachteten die Schule und machten sich Notizen. Einer mit Helm auf dem Kopf stand sogar auf dem Dach. Polizei ...? Mr Baker nahm diesen Wackelpudding-Vorfall wirklich ernst. Ich griff nach Mums Hand und zog sie die Treppe hinauf Richtung Blackheath.

Wenn ich in der Schule etwas getan habe, was ich vielleicht nicht hätte tun sollen, würde ich es normalerweise NICHT meiner Mum erzählen wollen. Aber diesmal wollte ich es ihr unbedingt erzählen, denn Mum kennt Mrs Martin. Sie sind beide im Förderverein, der Geld für die Grundschule St Saviour's sammelt. Sie bringen zum Beispiel alle dazu, Kuchen zu backen, die sie beim Schulfest dann wieder an sich selbst verkaufen, oder sie bitten die Eltern, den Billigwein zu spenden, den sie beim letzten Schulfest gewonnen, aber nicht getrunken haben. Dasselbe gilt für Spielzeug. In der zweiten Klasse spendete Lance' Mum, ohne ihm etwas zu sagen, seinen alten Captain Buzz Lightyear für den Weihnachtsmarkt. Darren Cross gewann die Figur in der Tombola. Niemand wusste davon, bis Darrens Mum, ohne ihm etwas zu sagen, Buzz wieder für den Ostermarkt spendete. Und wer zog ihn aus dem Glückstopf? Lance!

»Buzz!«, rief er. »Ich dachte, du wärst nach Gamma Quadrant, Sektor 4 zurückgeflogen!«

Als seine Mum die Figur später zu Hause sah, sagte sie: »Ich glaub, ich spinne!«

Der Grund, warum ich es Mum erzählen wollte, war einfach: Ich musste erklären, warum ich gekichert hatte. Ich wollte, dass sie Mrs Martin sagte, dass es *wirklich nur* ein Kichern war und dass ICH KEINEN WACKELPUDDING IN IHRE SCHUHE GEFÜLLT HATTE. Die Vorstellung, sie könnte denken, dass ich es getan hatte, war schrecklich – nicht zuletzt, weil sie es Mr Baker erzählen müsste, oder? Ich begann also, Mum die ganze Geschichte zu erzählen, aber sie hörte nicht zu. Zuerst musste sie ihren Autoschlüssel suchen, was immer ewig dauert, weil ihre Tasche wie eine TARDIS ist (diese Raum-Zeit-Maschine aus *Doctor Who*, also, wahrscheinlich – am besten fragt ihr Lance). Als wir dann endlich im Auto saßen, sagte sie Sachen wie »Ach, du meine Güte« oder »Wie schade«, bevor sie mit etwas absolut ABWEGIGEM rausrückte.

»Cym«, sagte sie und legte die Hand auf meinen Arm. »Du willst doch, dass ich glücklich bin, oder?«

Das war wirklich eine merkwürdige Frage und nicht nur, weil sie REIN GAR NICHTS mit Mrs Martin (oder Wackelpudding) zu tun hatte. Vor Weihnachten war sie überhaupt gar nicht glücklich gewesen, und das war schrecklich gewesen. Hätte sie mich damals gefragt, ob ich will, dass sie glücklich ist, hätte ich natürlich Ja gesagt. Aber jetzt schien sie mir glücklich genug. Und warum auch nicht? Charlton strebte Platz drei an! Und mein letztes Zeugnis war, ich zitiere, »nicht ganz so schlecht wie das davor«.

Außerdem hatte sie einen neuen Job bekommen und unterrichtete Kunst, was bedeutete, dass wir uns jetzt ein Auto leisten konnten, und sie ging neuerdings freitagabends mit ihrem neuen Freund Stefan ins Kino.

»Du meinst, noch glücklicher?«, fragte ich.

»Vielleicht.«

»Wie in dem Film *Meine Lieder – meine Träume*?«

»Warum nicht?«

»Dann hoffen wir mal, dass Charlton Wigan schlägt. Aber vor meinen Freunden wird nicht gesungen. Warum fragst du?«

Mum wurde rot. »Heute ist etwas passiert.«

»Was?«

»Einfach ... etwas, worüber ich nachdenken muss.«

»Aber es ist etwas Gutes?«

»Ich hoffe. Aber ich muss zuerst darüber nachdenken. Am besten vergisst du einfach, dass ich überhaupt etwas gesagt habe, okay?«

Mum steckte den Schlüssel ins Zündschloss, und ich zuckte die Achseln. Ich vergaß es nur zu gerne, denn *ich wollte zum Thema Mrs Martin zurückkehren.* Jetzt in dieser Minute könnte sich meine Lieblingslehrerin fragen, was sie getan hatte, um mich gegen sich aufzubringen. Aber als ich weitererzählen wollte, wurde Mum wieder abgelenkt. Ich kam gerade zu dem Teil, als wir von der Heide zurückgekommen waren, da klingelte Mums Handy.

»Hallo?«, sagte sie und klang ein bisschen überrascht davon, wer sie anrief. Ich versuchte einfach weiterzureden, aber Mum hob die Hand. Ihr Gesicht wurde ernst, und sie sagte »Natürlich«

und »Sofort«, bevor sie auflegte. Sie ließ das Auto an, wendete und eine halbe Minute später schossen wir über den kleinen Kreisverkehr. Ich fragte sie, was los sei.

»War es Mrs Martin?«, fragte ich, und meine Stimme zitterte ein bisschen. »Will sie dich sehen?«

Die Antwort war Nein, denn Mrs Martin lebt in Westcombe Park, und wir hielten drei Minuten später vor einem Haus auf der anderen Seite von Blackheath Village.

Veroniques Haus.

Und in der Garageneinfahrt stand ein Krankenwagen.

# 5

Als ich Veroniques Oma kennenlernte, schlief sie in ihrem Sessel. Veronique führte mich hinunter zu ihrem kleinen Holzhäuschen. Wir hatten ihr Tee gebracht, aber statt ihr beim Trinken zuzuschauen, betrachtete ich all die Fotos an der Wand, die sie zusammen mit Veronique zeigten, als Veronique klein war, oder auch ältere, als sie selbst ein Kind war und mit ihrer Mum, ihrem Dad und ihrer Schwester vor ein paar Booten stand.

Ich hätte sie gerne über diese Zeit ausgefragt und überhaupt gerne mit ihr geredet, weil ich selbst keine Großeltern habe und alle sagen, dass Großeltern lustig sind. Angeblich schenken sie einem Süßigkeiten und Ein-Pfund-Münzen UND schlafen beim Fernsehen ein (was bedeutet, dass man nicht aufhören muss).

Veroniques Oma machte nichts von alldem, als ich sie damals zum ersten Mal sah, denn sie wachte nicht einmal auf, was mich zu der Frage veranlasste, wozu sie dann überhaupt da war.

Aber beim nächsten Mal war es anders.

»Aha«, sagte sie und sah mich mit zusammengekniffenen Augen durch DICKE Brillengläser hindurch an. »Du bist also der berühmte Cymbeline. Darf ich fragen, was das für ein Name ist?«

»Nanai!«, sagte Veronique.

»Kein Problem. Das ist Shakespeare, Veroniques Oma.«

»Das weiß ich doch! Ich bin nicht komplett gaga, weißt du. Und sag Nanai zu mir. Aber Shakespeare verwendete auch normale Namen, oder? Duncan, Richard, Henry ...«

»Aber ich könnte auch Hamlet heißen«, sagte ich. »Oder Romeo.«

»Gut, einigen wir uns darauf, dass es auch schlimmer hätte kommen können.«

Nanai kreuzte die Beine auf dem kleinen Fußschemel, der vor ihrem Sessel stand. »Und was hast du über dich selbst zu sagen, junger Mann?«

Das war eine überraschende Frage, und ich wusste zuerst nicht, wie ich sie beantworten sollte. Aber dann redete ich darüber, dass wir samstags immer auf der Heide Fußball spielen, und dann über Charlton und meine Hoffnung, der Club würde in der Premier League sein, wenn ich für ihn spielte.

»Dann willst du mal Fußballer werden?«

»Ja, klar! Jacky Chapman hat sogar einen eigenen Hubschrauber! Er besitzt einen Pilotenschein und fliegt selbst herum.«

»Jacky ...?«

»*Chapman.* Der Mannschaftskapitän. Ich mache meine Personen-Präsentation über ihn.«

»Deine ...?«

»Man muss etwas über eine besondere Person herausfinden«, unterbrach Veronique. (Ich finde, sie macht das ganz schön oft.) »Und dann eine Präsentation darüber halten. Ich stelle einen Wissenschaftler vor.«

»Einstein?«

»Nein. Niels Bohr.«

»Im Leben von Niels Bohr bohren – wie langweilig«, sagte ich.

»Jacky Chapman wird mich zu einem Spiel fliegen *und* dann wieder heimbringen.«

»Wirklich?«

»Na ja, ich habe ihm geschrieben und gefragt, ob er mit seinem Hubschrauber zur Schule fliegen und mich abholen würde. Habe aber bislang noch keine Antwort bekommen.«

»Du scheinst Fußball wirklich zu mögen, Cymbeline.«

»Klar. Hast du mal gespielt?«

Nanai verneinte, und als ich ihr erzählte, dass Daisy und Vi und Vis Schwester Frieda richtig gut sind, drückte sie sich aus ihrem Sessel hoch. Ich holte den Ball, den ich Veronique zu Weihnachten geschenkt hatte (und der *verdächtig sauber* aussah), und dann spielten wir in ihrem Garten. Nanai hüpfte wie verrückt herum. Defensiv war sie sehr stark (wobei ihr Gehstock half). Auch als angreifende Mittelfeldspielerin schlug sie sich beeindruckend. An Jacky Chapman wäre sie vielleicht nicht vorbeigekommen, aber Veronique tunnelte sie mühelos und schoss ein Tor zwischen zwei Blumenkübeln hindurch. Dann war sie müde, deshalb ließ ich nur zwei Minuten wegen Spielverzögerung nachspielen. Wir halfen ihr in ihren Sessel zurück, und sie strahlte uns beide an. Besonders Veronique.

Veronique setzte sich auf die Kante des Sessels. Nanai nahm ihre Hand und machte dann etwas Merkwürdiges: Sie drückte Veroniques Zeigefinger in ein Dreieck und knabberte ein bisschen daran! Veronique verdrehte die Augen.

»Sie sagt, sie macht das, weil ich so köstlich bin«, erklärte sie.
»Als ich ein Baby war, wollte sie mich aufessen.«

Nanai kicherte, und Veronique verdrehte wieder die Augen (obwohl ich wusste, dass es ihr insgeheim gefiel). Und dann erzählte Veronique Nanai das Neueste über ihren Französisch- und Chinesisch-Unterricht, die Fecht-Wettkämpfe, die Geigen-, Klarinetten-, Ukulelen- und Klavierstunden und dass sie neulich angefangen habe, Tolstoi zu lesen.

»In deinem Alter! Magst *du* Tolstoi, Cymbeline?«

»Ich mag den Film *Toy Story*. Lance hat einen Buzz Lightyear.«

»Ist das dein Bruder, dieser Lance?«

»Ein Freund. Ich habe keinen Bruder und auch keine Schwester«, fügte ich hinzu, was offenbar ein Fehler war, denn Nanai sah mich ein bisschen verängstigt an, bevor sie sich den Fotos auf dem Tischchen neben ihrem Sessel zuwandte. Eines zeigte ein großes Schiff, auf einem anderen waren Menschen zu sehen, die aussahen, als wären sie ihre Eltern. Aber sie griff nach dem dritten, das nur sie selbst als junge Frau mit einer anderen jungen Frau zeigte, die genauso aussah wie sie.

Nanai drückte das Bild fest an sich, murmelte etwas vor sich hin und schlief ein.

Veronique griff nach Nanais Decke und zog sie ihr über die Knie. »Sie hält es die ganze Nacht lang fest«, sagte sie und deutete auf das Foto.

»Was? Warum?«

»Es ist ein Foto von ihr und Thu«, sagte Veronique

»Thu?«

»Ihre Zwillingsschwester. Ich hatte doch erzählt, dass Nanai ein Flüchtling war?«

Ich erinnerte mich. Das ist einer der Gründe, warum Veronique und ihre Familie SO interessant sind. Nanai gehörte zu den sogenannten vietnamesischen Boat People – Flüchtlinge wie die Menschen, die heute vor schlimmen Dingen fliehen. Sie gehörten dem Volk der Hoa an, das sind Chinesen, die in Vietnam leben. Damals mussten sie aus Vietnam fliehen, weil die Regierung ihre Häuser niederbrannte.

»Aber ihr Boot sank«, erzählte Veronique. »Oder so ähnlich. Ich bin nicht *ganz* sicher. Nanai wurde gerettet. Ihre Schwester nicht.«

Oh NEIN.

Ich sah auf Nanai hinab, bei diesem zweiten Besuch, und kam mir so BLÖD vor. Da redete ich davon, dass ich keine Schwester hatte! Ich konnte nicht fassen, dass ich das getan hatte.

»Nicht deine Schuld«, sagte Veronique, die ahnte, was ich dachte. »Los, komm.«

Sie zog mich in den Garten hinaus.

»Ich hätte dir von Thu erzählen sollen«, sagte sie. »Ihretwegen dürfen wir Nanai nichts über ihre Flucht fragen. Sie spricht einfach nicht darüber.«

»Verdammt. Und sie waren Zwillinge? Eineiige?«

»Nein. Aber Nanai war die Wilde, sagt sie.«

»Das merkt man am Fußball.«

»Thu dagegen war ruhig und künstlerisch begabt. Musikalisch. Und sehr hübsch. Nanai sagt, daher hätte ich ...«

»Was?«

Veronique wurde rot. »Egal. Jedenfalls wünschte ich, ich hätte eine Schwester. Du nicht?«

Ich blinzelte Veronique zu, weil ich nicht wusste, wie ich antworten sollte. Aus irgendeinem Grund fielen mir die beiden kleinen Töchter von Stefan ein, die er am Wochenende manchmal mitbringt. Sie sind okay, und die Kleine ist wirklich süß, um ehrlich zu sein. Sie klettert auf meinen Schoß, wuschelt mir durch die Haare und nennt mich Thimbeline. Und sie malt wirklich saukomische Bilder von mir.

Aber ich zuckte nur die Achseln.

Ich bekam einfach nicht das Bild aus meinem Kopf, wie Nanai das Foto umklammerte, als wäre es ein Schwimmkissen. Etwas, was ihr Sicherheit gab.

Es vermittelte mir das Gefühl, ihr nahe zu sein, und einen Augenblick lang wusste ich nicht, warum. Aber dann fiel es mir ein. Wisst ihr, ich habe auch jemanden verloren. Es geschah aber, als ich sehr klein war, deshalb erinnere ich mich nicht richtig. Ich konnte mir nicht vorstellen, wie es für Nanai wohl gewesen ist, ihre Zwillingsschwester auf diese Weise zu verlieren.

Ich fröstelte, aber dann rief Veroniques Dad uns zum Abendessen hinein. Ich musste die ganze Zeit an das Foto in Nanais Hand denken und wie zerbrechlich und müde sie ausgesehen hatte, als sie es umklammerte.

# 6

Als Mum also nach der Schule zu Veronique fuhr und ich den Krankenwagen in der Einfahrt stehen sah, hatte ich wirklich Angst – um Nanai.

Und tatsächlich: Als Mum und ich in der Küche standen, erzählte uns Veroniques Dad, dass Nanai »ein kleines Problem mit ihrer Atmung« habe.

Ich schluckte. »Was für ein Problem?«

»Sie wissen es noch nicht genau, Cymbeline«, sagte er und bemühte sich zu sehr, fröhlich zu klingen. »Sie bringen sie ins Krankenhaus. Eine reine Vorsichtsmaßnahme«, fügte er hinzu und legte die Hand auf Veroniques Schulter. »Die Sanis schauen sie nur kurz an, bevor sie mit ihr losfahren.«

»Kann ich runter und sie sehen?«

Blöderweise erlaubte es Veroniques Dad nicht. Da er sie ins Krankenhaus begleiten würde und Veroniques Mutter immer bei Konzerten auftreten musste, kam Veronique mit zu uns.

»Zum Übernachten?«

»Ja«, sagte Mum. »Und sie ist uns sehr willkommen, nicht wahr, Cymbeline?«

*Willkommen?* Übernachten – AN EINEM MITTWOCH? Und dann auch noch Veronique, die ich früher so sehr mochte, dass ich nicht mal mit ihr sprechen konnte?

»Denke schon«, sagte ich.

»Kann ich Kit-Kat mitbringen?«

»BITTE!«, rief ich, obwohl ich wusste, dass ich nicht zu begeistert klingen sollte, weil Nanai krank war. Aber ich konnte nicht anders.

»Na klar«, sagte Mum, »obwohl wir zu Hause bestimmt noch irgendwo ein paar Mars-Riegel haben, deshalb ...«

Mum konnte ihren Satz nicht beenden, denn Veronique rannte schon die Treppe hinauf, während wir mit der Tasche, die ihr Dad für sie gepackt hatte, hinaus zum Auto gingen.

Mum stieg ein, während ich auf den Rücksitz kletterte. Mum und Mr Chang unterhielten sich leise durch das Fenster hindurch, bis Veronique herauskam. Sie trug eine große Plastikbox, die mit einem Tuch verhüllt war, und stellte sie auf den Sitz zwischen uns. Mum startete schon den Wagen, sodass sie sie erst sah, als wir bei uns zu Hause angekommen waren. Wir parkten auf der anderen Straßenseite, und Veronique hob die Box heraus.

»Oh ...«, sagte Mum. »Kit-Kat, wie dumm von mir. Ich dachte, du meinst ... Aber *was* ist da drin?«

»Er ist eine –«

»HAMSTER!«, rief ich, als wir gerade die Straße überqueren wollten.

»Wie süß«, sagte Mum und suchte dann fünf Minuten lang in ihrer Handtasche nach dem Hausschlüssel.

Was ich gerade getan habe, ist FIES, und ich möchte auf keinen Fall, dass ihr denkt, ich würde meine Mum *sehr oft* anschwindeln. Eigentlich wollte ich sie nur schützen, denn Mum hat vor ALLEM

Angst. Beim Anblick von Zitterspinnen schreit sie wie der Junge in *Kevin – Allein zu Haus*. Wenn eine Wespe durch das Küchenfenster hereinfliegt, muss ich mich zusammen mit ihr unterm Tisch verstecken, bis sie weg ist. Letzten Samstag lud sie Onkel Bill zum Essen ein, und ich könnte schwören, der einzige Grund dafür war, dass sie am Abend zuvor im Bad eine Spinne an der Decke entdeckt hatte. Als er kam, drückte sie ihm den Besen in die Hand und schob ihn die Treppe hinauf.

»Und beeil dich!«, rief sie ihm hinterher. »Ich muss wirklich dringend pinkeln!«

Ja, ich habe sie angeschwindelt, aber über Kit-Kats wahre Identität zu schwindeln war nicht so schlimm, wie ihr vielleicht denkt. Denn er ist nicht, wie ich Mum gesagt hatte, ein Hamster.

Er ist eine RATTE.

Und er ist einfach super.

Kit-Kat kann einem die Hand geben. Er kann Gegenstände apportieren. Er liebt das Klavier und klettert auf Veroniques Schulter, wann immer sie übt. Er ist ein großartiger Seiltänzer, beherrscht Hochsprung, kann

einen Ring über den Finger streifen, erkennt Menschen und kann sogar Schnürsenkel öffnen! Zubinden kann er sie noch nicht (aber auch Lance schafft das kaum), doch Veronique übt mit ihm – und ich weiß, auf wen ich wetten würde, dass er es zuerst hinkriegt. Tatsächlich hat Veronique zwar viel mit Kit-Kat geübt, aber er war schon vorher so, weil Veroniques Dad Wissenschaftler ist und Kit-Kat aus seinem Labor kam. Genau genommen ist er die Veronique der Rattenwelt.

Ich muss noch etwas gestehen: Die Anwesenheit von Kit-Kat ließ mich den Vorfall mit Mrs Martin vergessen. Eigentlich wollte ich den ganzen Abend darüber nachdenken, was passiert war, aber sobald wir im Haus waren, zog ich Veronique die Treppe hinauf.

»In einer Stunde gibt's Abendessen«, sagte Mum. »Was würdest du gerne machen, Veronique?«

»Keine Sorge, Mum, wir spielen Subbuteo-Tischfußball.«

Meine Mutter wunderte sich, dass Veronique das wirklich machen wollte, aber ich hörte nicht zu, sondern schob Veronique hinauf in mein Zimmer und zog die Subbuteo-Schachtel unter meinem Bett hervor.

Subbuteo, ein Spiel mit kleinen Plastikfußballspielern, die man gegen einen Ball schnippt, ist sowieso schon ganz hervorragend, und ich wusste, dass Veronique ihren Spaß daran hätte – aber es Kit-Kat beizubringen würde noch viel mehr Spaß machen! Und er war, wie erwartet, GENIAL! Er dribbelte fast ebenso gut wie Mo Salah, und irgendwie wusste er, dass er auf dem Spielfeld bleiben musste (obwohl er den Spielern auf die Köpfe trat, sodass ich ihm die gelbe Karte zeigen musste). Bald führte er den Ball um die Spieler herum, statt über sie drüber, und schob ihn am Torwart vorbei – alles für eine getrocknete Erbse zur Belohnung. Veronique hatte die Erbsen mitgebracht, denn er war total scharf darauf. Es war toll, aber beim Stand von 5:0 für Kit-Kat räumte ich das Spielfeld weg. Mum hatte recht gehabt: Veronique schien nicht darauf anzuspringen. Ich wandte mich an sie.

»Ist es wegen Mrs Martin? Das war total komisch, nicht wahr? Aber du brauchst dir keine Sorgen zu machen. Niemand denkt, dass du es warst, oder?«

»Das ist es nicht«, sagte Veronique.

Ich schlug mir mit der Hand an die Stirn. Das Fußballspiel hatte mich abgelenkt. Es ging natürlich um Nanai.

»Aber es ist nur eine Vorsichtsmaßnahme«, sagte ich. »Das hat dein Dad doch gesagt, oder?«

Veronique sah auf ihren Schoß hinunter. »Ja, aber ...«

»Was?«

»Er ist ein Erwachsener.«

»Na und?«

»Du kannst ihnen nicht glauben, wenn sie über solche Dinge sprechen.«

»Echt nicht?«

»Nein«, sagte Veronique, und ich erkannte, dass sie recht hatte. Es gibt sinnlose Dinge, die du nach Ansicht von Erwachsenen UN-BEDINGT wissen musst (»ß« und »ss« lassen grüßen!), und dann gibt es ganz wichtige Dinge, die sie von einem fernhalten, wie aktuelle Nachrichten. Da werfen sie sich im Auto nach vorn und drehen rasch das Radio ab. Nanai war genauso schlimm. Sie wollte Veronique einfach nicht von der Flucht auf dem Boot aus Vietnam erzählen. Veronique wusste nur, dass Nanais Familie zum chinesischen Volk der Hoa in Vietnam gehört hatte. Als sie Vietnam mit dem Schiff verlassen mussten, sind einige von ihnen hier gelandet. Aber es musste noch mehr Information darüber geben. Und machte Veroniques Dad jetzt dasselbe? War Nanai wirklich richtig krank?

Ich schluckte und hatte ein Gefühl der Leere in meinem Magen, bis ich hörte, wie Mum die Treppe heraufkam. Kit-Kat brachte ich zwar noch gerade rechtzeitig in seine Box zurück, aber Mum hockte sich trotzdem zu ihm hinunter.

»Dann lasst mich mal schauen«, sagte sie.

»Tut mir leid. Es ist seine Schlafenszeit.«

Mum runzelte die Stirn. »Ich dachte, Rennmäuse würden tagsüber schlafen.«

»Oh«, sagte Veronique, »er ist keine Rennmaus. Er ist eine ...«

»HAMSTER!«, rief ich. »Aber jetzt ist er müde, deshalb ...«

»Ach, komm schon«, drängelte Mum. »Nur ein kurzer Blick.« Und ich konnte sie nicht abhalten. Sie hob den Deckel an. Ich hielt meine Hände in die Nähe meiner Ohren, bereit für den Schrei, und trat zur Seite, damit Mum mich nicht umrennen würde, wenn sie zur Tür stürmte. Aber zum Glück hatte sich Kit-Kat in seinem Stroh versteckt und nur sein kleines Gesicht lugte heraus.

»Wie süß!«, sagte Mum, als Kit-Kat zur Begrüßung mit der Nase zuckte. Und dann gingen wir zum Abendessen nach unten.

Mum hatte Schinkennudeln gemacht. Mein Lieblingsessen, und Veronique sagte, sie würde es auch mögen, aber sie aß nicht viel. Wenn *ich* etwas übrig gelassen hätte, hätte Mum mich gezwungen, es aufzuessen, aber Veronique lächelte sie einfach an und drückte ihren Ellbogen. Danach machten wir uns nacheinander bettfertig. Als Veronique aus dem Bad kam, musste ich die Augen zukneifen. Ich hatte sie noch nie im Schlafanzug gesehen. Es war ein chinesischer Schlafanzug, der in der Mitte gewickelt wurde. Sie kam mir wirklich fremd vor. Ich musste an die Fotos von Nanai denken, wie sie gerettet worden war und wie sie aus einem anderen Land gekommen war, zu dem Veronique eine Verbindung hat, obwohl sie auch zu unserer Schule und zu Blackheath gehört. Das brachte mich zu der Frage, ob auch in meiner Vergangenheit jemand von irgendwo weggelaufen war. Aber ich hatte nicht viel Zeit, darüber nachzudenken. Veronique war blass. Sie war ganz still, als wir ihr Bett aufpumpten und auch während Mum uns ein Kapitel aus den *Chroniken von Narnia* vorlas. Aber ich glaube nicht, dass es an der Weißen Hexe lag, denn sie war immer noch so, als sie in ihren Schlafsack kroch.

Mum gab mir einen Gutenachtkuss und umarmte Veronique. Sie knipste das Licht aus, und als wir allein waren, sah ich im schwachen blauen Schimmer meines Schlaflichts auf Veronique hinunter.

»Ist es immer noch Nanai? Bist du deshalb traurig?«

Veronique antwortete nicht.

Ich dachte daran, was Mr Prentice gesagt hatte, der Kunsttherapeut, zu dem ich ging, seit Mum vor Weihnachten krank gewesen war. Du musst es rauslassen. Das Ding, das dir Angst macht. Deshalb sagte ich: »Ist irgendwas passiert? Bevor der Krankenwagen kam, meine ich?«

Wieder herrschte nur Schweigen, aber irgendwie wusste ich, dass die Antwort Ja lautete.

»Ist Nanai gestürzt?«

»Nein.«

»Oder war ihr übel?«

»Nein«, sagte Veronique wieder.

»Was dann?«

»Ich bin zu ihr gegangen, um sie zu besuchen. Davor.«

»Zum Fußballspielen?«

»Nur um sie zu besuchen.«

»Und?«

»Sie saß einfach da, in ihrem Sessel. Sie wollte nicht einmal ...«

»Was?«

»Sie wollte nicht einmal an meinem Finger knabbern. Sie sah einfach merkwürdig aus. Deshalb habe ich sie gefragt, was los ist.«

»Und?«

»Sie hat gesagt, dass ich mir keine Sorgen machen muss.«

»Na dann. Puhh.«

»Sie klang sehr bestimmt. Es ist alles ganz normal, hat sie gesagt. Und natürlich.«

»Was?«

Veronique wollte gerade antworten, aber sie zögerte und fummelte am Ärmel ihres Pyjamas herum. Ich schaute hinunter zu ihr, aber sie sah mich nicht an, sondern lag einfach da im schwachen blauen Licht. Zuerst war es still, dann begann Mum in der Küche mit den Töpfen zu klappern, danach kam die Stille wieder. Sie wurde größer und irgendwie schwer und dunkel, sodass es einen Augenblick lang den Anschein hatte, als ob alles in der Welt stehen geblieben wäre.

»*Was* war?«, beharrte ich, und Veronique hörte auf, an ihren Ärmeln herumzufummeln.

»Sie hat gesagt, sie würde sterben, Cymbeline.«

# 7

Ich hatte Albträume. Sie schienen mich die ganze Nacht zu verfolgen, aber als ich aufwachte, rannten sie davon wie Kinder beim Fangenspielen. An ihre Stelle trat Veronique, und ich sah sie blinzelnd an. Sie kniete neben meinem Bett. Ihr Gesicht war gewaschen. Und sie war angezogen. Sie hatte sich sogar die Haare zusammengebunden.

»Wo ist euer Klavier?«, fragte sie.

Ich stöhnte und zog mir die Decke über den Kopf. »Du kannst es nicht verfehlen. Es steht neben dem Ferrari.«

»Und wo ist der?«

»Das war ein Witz«, sagte ich, und Veronique seufzte, denn Witze sind das EINZIGE, worin sie nicht gut ist. Sie sind für sie, was für mich Rechtschreibung ist. Marcus Breen kriegt sie immer dran.

Am Freitag standen wir in der Schlange zum Mittagessen, da stupste er sie in die Rippen.

»Schau mal, die Leiste ist total verbiegt«, sagte er. Veronique runzelte die Stirn.

»Verbogen, meinst du wohl?«

»Ja, genau, es heißt ja auch nicht verliebt, sondern verlogen!«

Marcus konnte sich kaum halten vor Lachen, und Veronique fragte, was so komisch sei.

»Egal. Was macht ein Clown im Büro? Na, soll ich's dir sagen? Faxen.«

Marcus lief fast blau an. Ich dachte, er würde ersticken. Als er sich wieder erholt hatte, sagte er:

»Du bist doch so furchtbar schlau. Wie geht die Reihe weiter? Himmel, Fimmel, Schimmel, Pi-...?«

Veronique wollte gerade antworten, aber zum Glück erreichten wir den Anfang der Schlange, und Mrs Stebbings gab jedem eine Portion Curry.

Jedenfalls – als ich sagte, dass wir *kein* Klavier hätten, machte Veronique ein so erstauntes Gesicht, als ob ich gesagt hätte, dass es bei uns kein Sofa gibt.

»Aber mein Vorspiel ist am Samstag in einer Woche! Ich konnte schon gestern Abend wegen Nanai nicht üben. Und ich übe donnerstags immer *morgens,* weil ich nach der Schule zum Fechten gehe, sodass ich heute *Abend* nicht üben kann. Oder ich übe, aber dann bleibe ich so lange auf, dass ich am *nächsten* Morgen nicht früher aufstehen kann. Und das bedeutet...«

»Nur die Ruhe.« Ich schob die Decke zur Seite und griff nach meiner Kunstkiste.

Nach allem, was Veronique mir am Abend zuvor erzählt hatte, wollte ich alles für sie tun, was in meiner Macht lag. Ich selbst war besorgt wegen Nanai, aber sie war nicht *meine* Großmutter, nicht wahr? Für Veronique war es bestimmt viel schlimmer, und ich konnte mir nicht vorstellen, wie sie sich wohl fühlte. Deshalb holte ich ein paar Bögen Papier und klebte sie auf den Küchentisch. Veronique erklärte mir, wo die Tasten hinkommen, und ich malte eine Klaviertastatur. Dann sagte Veronique, auf dem Boden müssten Pedale sein, deshalb holte ich meine Gummistiefel. Sie erzählte mir, sie werde ein Stück mit dem Titel »Die vier Jahreszeiten« spielen, worüber ich mich sehr freute. Allerdings stellte sich heraus, dass es nichts mit Pizza zu tun hatte. Aber gut war es trotzdem, besser als ihr Stück in der Schulversammlung, denn es war ohne Ton, sodass ich die Musik und gleichzeitig *Harry Potter* auf Mums Handy hören konnte. Ich kann diese Art von Klavier nur empfehlen und würde allen klassischen Musikern nahelegen, dass sie auch ein bisschen mehr an die Menschen denken, die dicht neben ihnen sitzen müssen, während sie spielen.

Ich hoffte, es würde Veronique aufmuntern, dass sie üben konnte. Aber das war leider nicht oder zumindest kaum der Fall. Deshalb versuchte ich etwas anderes: Ich gab ihr das Handy, damit sie ihren Dad anrufen konnte.

»Und?«, fragte ich, nachdem sie aufgelegt hatte.

»Die Ärzte können nichts finden.«

»Großartig!«

»Wahrscheinlich.«

»Was willst du damit sagen? Nanai ist keine Ärztin, oder? Die Ärzte müssen es doch besser wissen als sie, oder?«

»Wahrscheinlich«, sagte Veronique wieder, und dann erschien Mum. Ihre Augen wurden groß wie Frisbeescheiben, als sie mich sah.

Der Grund für Mums Reaktion war, dass ich normalerweise morgens nur ein *kleines bisschen* widerstrebend aus dem Bett komme. Besonders an Schultagen. Mum sagt, bei meiner Geburt sei es genauso gewesen, nur mich aus dem Bett zu bekommen sei noch komplizierter, als mich *aus ihr* herauszubekommen.

»Kaiserschnitt!«, ruft sie dann immer und zerrt an meiner Decke. »Macht einen Kaiserschnitt!«

Aber das ist nicht meine Schuld. Es liegt am Bett. Abends beklagt man sich darüber, dass man hineinmuss, aber am Morgen ist es wie von Zauberhand dieser perfekte Ort, den man auf keinen Fall verlassen möchte. Ein bisschen Wasser im Gesicht und danach eine Schüssel Weetabix sind NICHTS im Vergleich dazu.

»Veronique«, sagte Mum, »könntest du vielleicht jeden Tag bei uns übernachten?«

Bald wünschte ich mir das auch, denn an diesem Morgen gab es keine Weetabix, sondern Mum machte Rührei. An einem Donnerstag! Dann fütterte Veronique Kit-Kat, und weil wir nicht richtig darüber nachgedacht hatten, wo er tagsüber bleiben sollte, rief Mum Veroniques Dad an und bat ihn, Kit-Kat wieder zu sich nach Hause zu holen.

Er traf uns oben an der Schultreppe und berichtete uns noch einmal von Nanai. Die Ärzte hatten verschiedene Tests durchgeführt, aber sie konnten *nichts* finden.

»Das ist doch wunderbar«, sagte Mum. »So eine Erleichterung. Obwohl Veronique uns jederzeit willkommen ist. Natürlich zusammen mit Kit-Kat. So ein süßer Hamster.«

»Oh, er ist kein Hamster«, sagte Veroniques Dad stirnrunzelnd. »Er ist eine ...«

»RENNMAUS!«, rief ich.

»Wirklich?«, sagte Mum. »Ich hätte schwören können, dass du gesagt hast ... Egal, er ist total süß.«

»Und sehr gut im Tischfußball«, fügte ich hinzu.

# 8

Nach dem, was gestern passiert ist, habt ihr bestimmt erwartet, dass ich mit großen Bauchschmerzen in die Schule ging. Und so war es auch – zunächst. Aber dann sah ich den Transporter, den ich vollkommen vergessen hatte.

Er war groß und rot und stand direkt vor dem Tor.

»Wow!«, rief ich, und sogar Veronique beeilte sich, als sie ihn sah.

Wir traten zu den anderen, die sich schon um den Transporter geschart hatten, bis Miss Phillips uns zur Tür scheuchte, wo Frieda Delap mit einer großen Medaille um den Hals stand. Ihr hatten wir das zu verdanken. Sie war mit ihrer Familie vor Weihnachten im Wissenschaftsmuseum gewesen und hatte dort an einem Wettbewerb teilgenommen. Man musste direkt vor Ort eine Geschichte schreiben, die mit Wissenschaft zu tun hatte. Ein Erwachsener musste sie dann an einem Bildschirm eingeben. Frieda reichte ihre Geschichte ein, und einen Monat später las Mrs Johnson (unsere ehemalige Rektorin) sie in der Schulversammlung vor.

Und sie war urkomisch. Ein Wesen namens Pigglyboo rettete die Welt vor dem Klimawandel, indem es Kohle und Gas durch Energie aus den Einzelsocken der Menschen ersetzte. Veronique wandte zwar ein, das sei nicht sehr wissenschaftlich, aber das kümmerte niemanden: Frieda gewann! Und sie bekam nicht nur eine Menge naturwissenschaftlicher Bücher und Poster für unser Klassenzimmer, sondern auch ein paar wissenschaftliche Experimente hier in UNSERER SCHULE!

»Ich glaube immer noch nicht, dass es genügend Einzelsocken geben würde«, grummelte Veronique, als wir in die Aula gingen.

»Bei uns zu Hause schon«, sagte Mrs Martin.»Wir haben Tausende davon.«

Ich blieb wie angewurzelt stehen, um Mrs Martin anzuschauen, aber dann war ich total erleichtert. Sie schenkte mir ihr breites, zahnlückiges Lächeln – WIE IMMER!

Puuuuuuuuuuuuuuuuuuuuuuuuuuuuuuuuuuuuuuuuuuuuuuuuu uuuuuuuuhhh!

Panik Ende.

Fünf Minuten später, nachdem Mr Baker den aufgeregten Saal beruhigt hatte, verkündete er uns, wie der Tag ablaufen würde. Jede Klasse würde ihren eigenen echten Museumswissenschaftler bekommen – den GANZEN Tag lang. Wir würden in unseren Klassenzimmern Experimente durchführen und uns dann später wieder alle zum Finale treffen. Ich war begeistert, und als wir in unser Klassenzimmer zurückkamen, wuchs meine Begeisterung noch: Statt eines schrulligen alten Mannes mit strubbeligen Haaren erwartete uns Jen, die Tattoos auf den Armen hatte und Haare, die nicht strubbelig waren, sondern kurz und – pink.

»Okay, Leute«, sagte sie,»setzt euch.«

Das machten wir, und Daisy hob die Hand.»Was kommt jetzt?«, fragte sie.

Jen musterte uns. »Ich zeige euch etwas, was ihr bestimmt noch nie zuvor gesehen habt.«

»Was denn?«

»Seife«, sagte Jen.

Zuerst war ich schon ein *bisschen* enttäuscht: Was sollte an *Seife* Spaß machen? Bei uns zu Hause ist sie ganz sicher *kein* Spaß. Mum zwingt mich, sie zu benutzen, was ich überwiegend einsehe, allerdings nicht, wenn sie darauf besteht, dass ich mich unter und hinter bestimmten Stellen wasche, DIE SOWIESO NIEMAND SIEHT.

Aber Jen zeigte uns, dass Seife *tatsächlich* Spaß machen kann. Zuerst bauten wir mit Seife angetriebene Boote und fuhren damit Rennen in Wasserwannen. Mein Boot kam als drittes ins Ziel, nach Billy Lees und Daisy Blakes (total merkwürdig!). Danach mischten wir Spülmittel und Lebensmittelfarbe in Milch und machten damit unglaubliche Muster. Dann stellten wir so viele Seifenblasen her, bis das ganze Klassenzimmer voll davon war. Wir fingen sie und machten dann einige so groß, dass wir hineintreten und durch die merkwürdigen Farben hinausschauen konnten. Es war SUPERTOLL, und eines kann ich euch sagen: Es ist eine *totale* Verschwendung von Seife, sie nur zum Waschen zu benutzen.

Damit beschäftigten wir uns bis zum Mittagessen. Nach dem Essen sprach ich mit Mrs Stebbings, unserer Chef-Küchendame, die ein noch größerer Fan von Charlton ist als ich, über das Spiel gegen Wigan. Haltet euch fest – ihre Schwester kennt die Tochter vom Briefträger des Bruders des Vaters von Jacky Chapman!

Draußen stellte ich mich dann zu den anderen, die überlegten, was wir wohl später machen würden, denn die Wissenschaftler bauten auf dem Kunstrasen das letzte Experiment des Tages auf.

Zurück in unserem Klassenzimmer lernten wir etwas über Kräfte. Jen erklärte uns, warum sich die Seifenboote bewegen. Ich fragte nach Hubschraubern, weil Jacky Chapman seinen eigenen hat, und sie erklärte mir alles über die sogenannte Auftriebskraft. Dann bauten wir weitere Boote und benutzten andere Dinge als Antrieb, zum Beispiel Geburtstagskerzen und Gummibänder. Danach stellte Jen ein paar Tassen und Teller aus der Mensa auf einen Tisch mit Tischtuch. Ich dachte, sie wollte zu Mittag essen, aber dann zog sie, so schnell sie konnte, das Tischtuch weg – und das Geschirr blieb komplett auf dem Tisch stehen!

»Das probiere ich auf *jeden Fall* zu Hause aus«, sagte Marcus Breen.

Das beschäftigte uns bis 14 Uhr. Dann führten wir den anderen unsere Boote vor und gingen danach in ihre Klassenzimmer, um zu sehen, was sie gemacht hatten. Die dritte Klasse hatte mit Ballons Raketen gebaut. Das gefiel mir, aber was mich eigentlich interessierte, war Mrs Martin. Sie behandelte mich wieder ganz normal und schien auch selbst ganz normal zu sein. Doppeltes Puhh. Dann gingen wir in die zweite Klasse, wo sie große Gewichte auf Eiern balancierten. Als Nächstes kam die Fünfte dran. Sie hatten ihr ganzes Klassenzimmer in eine Raumstation verwandelt, was wirklich abgefahren war. Aber ihr hättet sehen sollen, was die sechste Klasse gemacht hat!

Sie hatte in der Aula gearbeitet. Nachdem wir die anderen Klassenräume besichtigt hatten, versammelten wir uns dort. Wir setzten uns und schauten zu Mr Ashe (dem Lehrer). Der Stuhl, auf dem er saß, stand auf einem Kreis aus Holz mit roten Kanistern an beiden Seiten. Niemand hatte eine Ahnung, was das war, bis der Wissenschaftler aus der sechsten Klasse vortrat und einen Knopf drückte.

Und Mr Ashe hob ab.

Ein Luftkissenfahrzeug! Sie hatten ein echtes Luftkissenfahrzeug gebaut! Mr Ashe schoss durch die Halle, drehte sich im Kreis und wäre fast in uns hineingekracht, wenn ihn der Wissenschaftler nicht festgehalten hätte. Er drehte sich noch ein paarmal, und dann durften die Sechstklässler es alle einmal versuchen. Einige hoben kaum ab und quietschten vor Aufregung und Angst, bevor sie sich wieder hinunterließen. Aber Vi und ihr Bruder Franklin übertrieben es ein bisschen, warfen zwei der Tropfeimer um und krachten fast in Mrs Martin hinein, die sich nur retten konnte, indem sie die Sprossenwand hinaufkletterte. Aber sie war nicht sauer, sondern lachte aus vollem Hals, sodass ich noch erleichterter war.

Ich betrachtete all die Kinder, die zusammen mit Mrs Martin jauchzten und schrien, als Franklin auf die andere Seite des Saales flitzte. Und ich fragte mich, ob es *wirklich* passiert war? Hatte ihr *wirklich* jemand diesen Streich gespielt? Alle sahen so fröhlich aus, dass ich es nicht glauben konnte. Und selbst wenn – dann war es bestimmt nicht böse gemeint. Oder – NEIN! – Wer auch immer es getan hatte, konnte ja gar nicht wissen, dass es *Mrs Martins*

*Schuhe* waren! Für ihn oder sie hatten da einfach ein paar Schuhe herumgestanden.

Das war es, klar!

Aber es sollte nicht mehr lange dauern, bis ich erkennen musste: Diese Einschätzung war total

# FALSCH.

DENN DER
WACKELPUDDING
IN DEN
SCHUHEN WAR
NICHTS
IM VERGLEICH
ZU DEM,
WAS ALS
NÄCHSTES
PASSIERTE.

# 9

Wenn das Luftkissenfahrzeug das Letzte gewesen wäre, was wir gesehen hätten, wäre der Tag hervorragend gewesen. Aber nachdem alle Sechstklässler einmal an der Reihe gewesen waren, gingen wir hinaus auf den Schulhof. Vor uns stand ein Tisch. Er war mit einem Laken verhüllt, aber in der Mittagspause hatten wir gesehen, was sich darunter verbarg: ein großer Plastikeimer, aus dem eine Rakete ragte. Auf ihrer Spitze saß ein Spielzeugfrosch namens Phil, der zu den Sternen hinauffliegen würde, wie Jen jetzt erklärte.

»Er ist wirklich nervös. Wie wär's mit einem kleinen Applaus, um ihn ein bisschen aufzumuntern?«

Als der Jubel sich gelegt hatte, sagten die Lehrer, dass wir uns auf den Kunstrasen setzen sollten. Jen erklärte uns die Chemikalien in dem Eimer, die für die Explosion sorgen würden, die wiederum die Rakete abheben lassen würde. Wenn ihr allerdings genauer wissen wollt, welche das waren, fragt lieber Veronique – wir anderen diskutierten darüber, wie weit Phil, der Frosch, wohl fliegen würde. Bis zur Seitenwand? Bis zur Rückwand? Oder bis zur Heide? Vielleicht würden wir ihn aus den Augen verlieren, und der Astronaut Major Tim Peake würde erstaunt blinzeln, weil ein ausgestopfter Frosch an seinem Fenster vorbeifliegen würde. Wir debattierten immer noch, als Jen uns um einen Countdown bat.

# »ZEHN!«

Die Wissenschaftler setzten Schutzbrillen aus Plastik auf und stellten sich mit dem Gesicht zu uns neben dem Tisch auf.

# »NEUN!«

Die Lehrer traten beiseite, und die Vorschulkinder ganz vorne wichen zurück.

# »ACHT!«

Jen ging an den Rand des Schulhofs, wo sie einen kleinen Gasbrenner aufhob und anschaltete.

# »SIEBEN!«

Sie kniete sich hin und richtete die Flamme auf ein Pulver, das in einer Metallschale aufgehäuft war.

# »SECHS!«

Das Pulver entzündete sich, und die Flamme huschte zischend und knisternd wie eine rote Maus an einem offenen Metallrohr entlang in Richtung Tisch.

# »FÜNF!«

Als die rote Maus den Tisch fast erreicht hatte, sprang Jen auf, rannte zum Tisch und packte das Laken.

# »VIER!«

Die Mausflamme erklomm das Rohr, zischte noch einmal kurz und stoppte, sodass wir alle dachten, sie würde ausgehen.

# »DREI!«

Aber sie blieb an, wurde wieder größer, als Jen das Laken wegzog, um Phil, den Frosch, auf seiner Rakete zu enthüllen, und wollte sich gerade hinauf zu ...

Nein ...

Nicht Phil.

Ganz und gar nicht Phil.

WO WAR PHIL?

Wir rissen alle erstaunt die Augen auf. Die Wissenschaftler, auch Jen, bekamen nichts mit. Sie sahen alle zu *uns* – nicht hinter sich auf den Tisch. Und es war merkwürdig, *wirklich* merkwürdig, denn Phil, der Frosch, war verschwunden. Jemand musste ihn weggenommen haben. Die Rakete *war* da, aber etwas ANDERES stand auf ihr.

# »ZWEI!«

Das waren die Wissenschaftler. Sie hatten gerufen, nicht wir oder zumindest nicht viele von uns, sondern nur ein paar der Jüngeren. Denn wir starrten alle zum Tisch, kaum in der Lage zu glauben, was wir sahen. Auch die Wissenschaftler waren verwirrt – wegen unserer Reaktion –, bis sie nacheinander den Kopf drehten, um zu sehen, was wir sahen. Und was wir sahen, war ihr Experiment – einen Eimer, die Rakete und das Ding, das an ihr befestigt war –, aber es war etwas anderes, als sie gedacht hatten.

Nicht ein Frosch, sondern eine Tasche.

Eine blaue, rechteckige Sporttasche, ziemlich alt, mit einem schwarzen Streifen in der Mitte. Eine Tasche, die jedem Einzelnen in unserer Schule vertraut war, und zwar wegen ihres Aufdrucks: fünf Ringe. In unterschiedlichen Farben. Drei oben und zwei unten.

Olympische Ringe – alle verbunden durch ein Datum darüber und ein Wort in Großbuchstaben darunter:

BOTSWANA.

Alle sahen erstaunt aus. Und dann drehten sich alle Köpfe nach links, wo Mrs Martin stand. Ihre Hände waren immer noch zu kleinen Fäusten erhoben, aber ihre freudige Erregung war umgeschlagen in Betroffenheit. Und Erstaunen. Und Fassungslosigkeit. Dann schüttelte sie sich und sah sich um, hinunter auf ihre Füße, als ob sie ihre Tasche dort finden würde, als ob sie unmöglich dort sein könnte, wo sie tatsächlich *war:* OBEN AUF DIESER RAKETE.

Es gab kein »EINS!«. Wir schauten einfach zu. Alle waren wie erstarrt, als die leckende rote Flamme den Boden des Eimers erreichte. Er wurde von einem wirklich lauten KNALL erschüttert. Und die Rakete hob ab, allerdings flog sie nicht so weit, wie wir erwartet hatten. Nicht bis zur Seitenwand und auch nicht bis zur Heide hinauf, sondern nur einen halben Meter, bevor sie zurück auf den Tisch stürzte, wo sie liegen blieb, während Mrs Martins Tasche auf den Boden hinunterrutschte.

Dann herrschte Stille. Sie erfasste die Lehrer und die Wissenschaftler und uns alle, die wir auf dem Kunstrasen saßen. Niemand sagte ein Wort. Nicht einmal Marcus Breen. Wir sahen nur zu, wie die Tasche, die Mrs Martin bei den Olympischen Spielen bekommen hatte, zischte und gurgelte und spritzte.

Und

dann

EXPLO
DIERTE

# 10

Ich glaube, ich muss euch ein bisschen mehr über Mrs Martin erzählen. Sie hat dieses breite, zahnlückige Lächeln, das man, wie ich schon sagte, unmöglich nicht erwidern kann. Man kann sie in der ganzen Schule lachen hören. Sie unterrichtet die dritte Klasse, aber studiert über Mittag mit den Mädchen aus der Fünften und Sechsten Tanzchoreografien ein (allerdings nur, wenn sie ABBA-Songs spielen). Sie bittet ihre Schüler, Mr Martin nichts von ihrem Twix am Vormittag zu erzählen oder dass sie sich wirklich wünschte, sie hätte an seiner Stelle jemanden namens Mr Kipling geheiratet. Beim Fußball am Samstag feuert sie alle Mannschaften an.

Wie ich schon erzählt habe, arbeitet sie beim Förderverein mit, aber ich habe euch nicht gesagt, dass sie die Vorsitzende ist. Sie schickt all die Briefe und E-Mails raus, organisiert Flohmärkte, Vormittagscafés und Kuchenverkäufe und die Spendenläufe sowie das jährliche Liedersingen in Blackheath und Umgebung. Und ich habe euch auch nicht erzählt, dass sie bis spätabends bleibt, um nach all den Veranstaltungen aufzuräumen, weil die Eltern ihre Kinder ins Bett bringen müssen (ihre eigenen sind schon erwachsen).

Und ich habe euch nicht erzählt, was ich von Mum erfahren habe, als alle Fenster in unserer Schule ausgetauscht wurden. Mrs

Martin fand heraus, dass die Bauunternehmer billigere Fenster eingebaut hatten, als vereinbart gewesen war. Fenster, die weniger schalldicht waren. Sie zwang die Verwaltung, die richtigen Fenster einzubauen, damit wir alle in Ruhe lernen können.

Das Wichtigste aber ist: Sie sorgt dafür, dass wir uns gut und sicher fühlen. Als ob wir zu Hause wären und nicht in der Schule. Absolut jeder hat sie irgendwann mal versehentlich Mum genannt – SO peinlich –, und wenn sie zu dir sagt, dass du etwas kannst, glaubst du ihr. Du kannst gar nicht anders, und dann stellt sich heraus, dass es stimmt.

Wir haben vier verschiedene Häuser in unserer Schule. Sie sind nach Ehrfurcht gebietenden Personen wie Admiral Nelson und Rosa Parks (in dem ich bin) benannt. Ich schlug einmal in der Schulratsversammlung vor, eines der Häuser umzubenennen, und ich bin sicher, ihr erratet, wessen Namen ich wollte. Ja, Jacky Chapman, der beste Mannschaftskapitän, den Charlton jemals hatte. Ich warte immer noch auf eine Reaktion, aber wenn sie ihn ablehnen, werde ich an seiner Stelle ganz bestimmt Mrs Martin vorschlagen, denn sie ist WUNDERBAR.

Also warum sollte ihr jemand so etwas ANTUN?

# 11

An diesem Tag holte mich Tante Mill ab. Sie und Mum, was komisch war. Warum waren sie *beide* da? Aber ich dachte nicht wirklich darüber nach, denn die Sache mit Mrs Martin war zu groß. Wackelpudding – na und? Aber DAS ...?

Als ich in Tante Mills Auto kletterte, sah ich immer noch Mrs Martins Tasche vor mir, bevor sie in die Luft flog, und dann wieder zwanzig Sekunden später, nachdem Jen sie mit einem Feuerlöscher gelöscht hatte. Sie war ganz schwarz und verformt, und in der Seite klaffte ein großes Loch. Und ich sah, wie Mrs Martin nach vorne ging, sie vom Boden aufhob und total geschockt betrachtete, bevor sie sich mit demselben Gesichtsausdruck umdrehte.

Und UNS anstarrte.

Wir alle starrten SCHWEIGEND zurück, bis Mr Baker sich drohend erhob.

»Zurück in die Klassenzimmer!«

Wir marschierten zurück in unsere Klassen, und ich fühlte mich SO schrecklich, dass ich dieses Gefühl bekam, das ihr vielleicht von eurer Schule kennt, wenn jemand etwas ganz Schlimmes getan hat. Es fühlte sich wirklich an, als ob ich selbst es gewesen wäre, der das getan hatte. Und als ich an Mrs Martin vorbeiging, wurde es noch schlimmer. Ich kicherte nicht. Diesmal nicht. Aber ich wurde stattdessen rot. Und Mrs Martin schaute mich die ganze Zeit an. Ich sah sie eigentlich gar nicht, weil ich meine Augen auf Daisy gerichtet hatte, die direkt vor mir ging, aber ich SPÜRTE, dass ihr Blick mir den ganzen Weg in die Schule und die Treppe hinauf folgte, und die Ränder meiner Ohren prickelten vor Hitze, als ich dort ankam.

»Hattest du einen guten Tag?«, fragte Mum, während Tante Mill losfuhr und sich vor den Fiesta von Lance' Mum drängelte. Ich sagte nichts. Ich wollte nur nach Hause, damit ich allein mit ihr darüber sprechen konnte, was passiert war.

UND SIE DAZU BRINGEN KONNTE, MRS MARTIN ANZURUFEN.

Aber wieder hatte ich keine Gelegenheit dazu.

Ich erwartete, dass Tante Mill an dem kleinen Kreisverkehr nach rechts – zu uns – abbiegen würde. Stattdessen fuhr sie durch Blackheath hindurch zu *sich* nach Hause. Sie wohnt neben Veronique (Billy Lee wohnt auf der anderen Straßenseite), aber wir nahmen Veronique nicht mit, weil sie noch zum Fechten ging. Das macht meine Cousine Juni zwar auch, aber an ihrer Schule, deshalb musste niemand *sie* mitnehmen. Warum wir zu Tante Mill fuhren, wusste ich nicht, und ich wollte eigentlich fragen, während Tante Mills neues elektronisches Tor sich öffnete und sie die Alarmanlage ausschaltete. Aber dann gingen wir hinein, und ich dachte eigentlich, ich würde dort Clay (meinen Cousin) treffen, doch er war noch beim Rugbytraining. Deshalb waren wir nur zu dritt, was mir ein bisschen komisch vorkam.

»Was ist los?« Ich fühlte mich klein in ihrem riesigen Wohnzimmer.

Tante Mill hob die Hände und ging weiter durchs Wohnzimmer bis zur Küche, als ob sie meiner Mum sagen wollte, es sei ihre Aufgabe, mir zu antworten. Mum holte Luft. Sie ging hinüber zu einem der Sofas, setzte sich hin und nahm meine Hand.

»Es geht um Stefan«, sagte sie.

Ich runzelte die Stirn. »Geht ihr *heute* Abend ins Kino? Es ist erst Donnerstag.«

»Ich weiß.« Mum schüttelte den Kopf. »Und nein. Ich bleibe hier.«

»Gut. Aber was dann?«

Sie holte Luft. »Nun, Stefan möchte mehr Zeit mit mir verbringen.«

Ich dachte kurz darüber nach. »Dann vielleicht auch dienstags?«

»Tatsächlich sogar viel mehr.«

»Oh.«

»Und ich habe ihm gesagt, dass ich ein bisschen unsicher bin.«

»Die Anzahl der Filme, die du anschauen kannst, ist ja auch begrenzt, oder?«

»Richtig. Deshalb schlug ich vor, dass wir ihn ein bisschen besser kennenlernen, bevor wir uns darauf festlegen, sehr viel mehr Zeit zusammen zu verbringen. Und dass er auch meine Familie richtig kennenlernt.«

»Und?«

»Er kommt hierher zu Besuch.«

»Hätten nicht auch alle zu uns kommen können?«

»Das habe ich auch gesagt. Aber Mill braucht aus irgendeinem

Grund das Internet, und unsere Verbindung ist nicht besonders gut.«

»Aha. Aber sollte Dad nicht auch hier sein, wenn Stefan uns kennenlernen soll?«

»Ach«, sagte Mum. »Nein, ich ... ich glaube, dein Dad muss arbeiten.«

Das war schade, aber eigentlich hatten sie sich schon kennengelernt. Als Dad mich einmal nach dem Wochenende nach Hause brachte, war Stefan schon da. Er war total freundlich, aber Dad tat irgendwie so, als wäre er unsichtbar.

»Heute Abend ist also nur Stefan da. Er bleibt zum Abendessen.«

»Gut. Aber ... was gibt's zum Abendessen?«

Der Grund meiner Frage war einfach. Als es Mum vor Weihnachten nicht gut ging, wohnte ich eine Weile bei Tante Mill und wurde in dieser Zeit *gewissen Lebensmitteln* ausgesetzt. Das Schlimmste waren sogenannte Artischocken, die aus meinem Lieblingsessen (Pizza) eine WIDERWÄRTIGE Mahlzeit machten. Außerdem setzte Tante Mill mir Fisch vor, der tatsächlich ROH war, obwohl die Leute in dem Abholrestaurant versucht hatten, das zu verbergen, indem sie ihn klein schnitten und in Reis einwickelten. Wie faul kann man sein?

Diesmal, antwortete Mum, würde *sie* kochen. Sie würde etwas Besonderes für Stefan zubereiten, weil er Vegetarier ist. Das klang okay, aber als ich sagte, ich müsse ihr etwas erzählen, meinte Mum, ich solle es für später aufheben, weil sie »in die Puschen kommen« müsse. Ich seufzte und fragte, ob ich fernsehen dürfe.

Mum erlaubte es mir, und ich griff nach der Fernbedienung. Ich stellte Tante Mills RIESIGEN Bildschirm an und ging in den iPlayer von BBC. Aber wer immer den Fernseher zuletzt benutzt hatte, hatte die Lautstärke zu hoch gedreht, und Mum kam gleich wieder zurück ins Wohnzimmer gestürmt.

»Netter Versuch!«, sagte sie und schnappte sich die Fernbedienung.

Die TARDIS wirbelte ohne mich davon.

Ich schrieb den Fernseher ab und ging nach draußen. Auf dem Rasen lag Clays Weltmeisterschaftsball 2018, und ich versuchte, meinen Solo-Kopfball-Rekord (vier) einzustellen, gab aber schnell auf, weil ich mich nicht konzentrieren konnte. Das verformte Plastik. Dieser Ausdruck auf Mrs Martins Gesicht. Ich mit meinem ROTEN Kopf ... Seufzend ging ich wieder hinein und spielte auf Mums Handy Minecraft, bis der Akku leer war. Ich kramte in ihrer Tasche nach dem Ladegerät, und als ich die Lippenstifte und Skizzenbücher und ihren Kaffeebecher aus Bambus und all die anderen Dinge darin sah, wurde mir klar, warum sie ihre Schlüssel immer nicht findet.

Und dann entdeckte ich eine Schachtel. Klein. Stabil und quadratisch. Auf dem Deckel war ein kleiner goldener Stern befestigt. Als ich ihn sah, fühlte ich mich *viel* besser. Was hatte Mum mir gekauft? Die Schachtel war wirklich sehr klein. Einen neuen Tischfußballer? Einen Jacky Chapman? Und warum? Weil ich mir wegen Mrs Martin Sorgen machte? Vielleicht hatte sie doch zugehört. Obwohl ich wusste, dass ich eigentlich nicht hineinschauen sollte – aber ganz bestimmt trotzdem hineinschauen würde –, begann ich, die Schachtel zu öffnen. Aber die Türklingel ließ mich zusammenzucken, und Mum rief, ich solle öffnen. Also schob ich die kleine Schachtel zurück in ihre Tasche.

Vor der Tür stand Stefan, obwohl ich einen Augenblick brauchte, bis ich ihn erkannte. Erstens war es ein bisschen komisch, ihn hier bei Tante Mill zu sehen, und zweitens trug er normalerweise Jeans und einen Kapuzenpullover. Heute hatte er aus irgendeinem Grund ein Jackett an, *und* er hatte seine Haare nach hinten gekämmt. Außerdem sah er nervös aus. Hatte er von Tante Mills Kochkünsten gehört? Ich wollte ihn gerade beruhigen und ihm sagen, dass Mum heute Abend kochte, aber ich kam gar nicht dazu, denn Tante Mill wuselte geschäftig dazwischen.

»Oh«, sagte sie, »wie reizend!«

Sie streckte die Arme aus, um den Blumenstrauß entgegenzunehmen, den Stefan in der Hand hielt, was ein bisschen peinlich war, denn er erklärte, dass die Blumen eigentlich für Mum wären. Darauf meinte Tante Mill, das wäre schade, denn sie wären wunderschön und sie könne sich nicht erinnern, wann *sie* zuletzt von irgendjemandem Blumen bekommen hätte. Daraufhin sagte Stefan, das könne er kaum glauben, und Tante Mill wurde rot. Sie sagte, er sei ein echter Charmeur, und berührte ihn am Arm, bevor sie sich die Haare hinter die Ohren strich. Mum kam aus der Küche und schaute böse. Manchmal streiten Mum und Tante Mill, und ich dachte, sie würden vielleicht tatsächlich gleich anfangen, aber da klingelte es wieder an der Tür. Diesmal war es Juni (meine Cousine).

Juni ist ein Jahr älter als ich. Das heißt, dass sie von den meisten Menschen als »SOLCHEN Idioten« spricht, mich komplett ignoriert und geht wie der Glöckner von Notre Dame, weil offenbar irgendjemand ihre Augen mit Klebeband an ihrem Handy befestigt hat. Sie war beim Fechten gewesen. Abgesehen von ihrem Handy ist das *ihr* Ding, und wenn sie auf unserer Schule gewesen wäre, hätte Mrs Martin einen tollen Fecht-Song für sie gedichtet. Wenn sie gewinnt, ist alles gut, denn dann bricht sie ihre Regel, mich zu ignorieren, um mir davon zu erzählen. Sie beschreibt, wie sie einen Ausfallschritt nach vorn gemacht hat, um einen Gegner niederzustechen, oder wie sie zurückgesprungen ist, um einen anderen Gegner daran zu hindern, sie niederzustechen. Aber an diesem Tag schien sie nicht gewonnen zu haben. Wortlos stapfte sie herein, stieß die Kellertür auf und warf ihre Maske die Treppe hinunter. Ihren Degen schmiss sie gleich hinterher und verkündete dann, dass es auf der GANZEN Welt nur eine Sache gebe, die sie mehr hasste als Fechten.

»Und das ist meine KOMPLETT BLÖDE Mum, weil sie mich dazu zwingt, es zu TUN!«

Dann bemerkte sie Stefan.

»KENNE ich dich?«, sagte sie.

Stefan lächelte und streckte ihr die Hand hin. »Stefan«, sagte er. »Ich glaube, wir haben ...«

»Nicht sehr hilfreich«, seufzte Juni. »Was interessiert mich dein Name? Wer *bist* du?«

»Oh.« Stefan blickte um sich, aber Mum und Tante Mill waren wieder in der Küche. »Ich bin ein Freund von Janet, Cyms Mum? Ich habe ...«

»Also, wenn du *ihr* Freund bist«, sagte Juni und hielt eine Hand hoch, damit er stehen blieb, »warum bist du dann nicht bei *ihr* zu Hause?«

»Wie bitte?«

»Wenn du *ihr* Freund bist, was hast du dann *hier* zu suchen? MUM!«, schrie Juni. »Was macht dieser Freund von Cyms Mum in UNSEREM Haus?«

Da kam Tante Mill zurück und erklärte, Stefan bleibe zum Abendessen. Sie lächelte Juni steif an und fragte, ob sie *freundlicherweise* hinaufgehen und sich umziehen würde. Dann ging sie zurück in die Küche, während Juni fauchend den Kopf schüttelte, bis sie schließlich mich bemerkte. Ihre Hände wanderten zu ihren Hüften, während sie mich mit ihrem Blick fixierte.

»*À point*«, sagte sie.

»Wie bitte? ›Ah …‹?« Ich sah sie erstaunt an. Juni geht in eine sehr vornehme Schule, und ich fragte mich, ob das etwas war, was man dort lernte.

Juni schloss die Augen und öffnete sie dann wieder.

»*À point*. Bitte sag mir nicht, dass du nicht weißt, was das bedeutet.«

Ich dachte heftig nach, musste aber die Achseln zucken.

»Unglaublich! Das ist eine Garstufe beim Steak.«

»Cool. Danke, dass du mir das gesagt hast.«

»Moment. Ich sage das nicht einfach nur so – was bin ich, eine Lehrerin?«

»Dann …?«

»*Pass auf.* Donnerstag ist Steak-Abend. Sag Mum, dass ich meines *à point* möchte und dass sie es AUF KEINEN FALL zu lange garen darf. Kann dein kleines Hirn sich das merken?«

Ich wollte das gerade bejahen oder wenigstens sagen, dass ich davon ausginge, als Juni herumwirbelte, durchs Wohnzimmer marschierte und dann die Treppe hinaufstampfte.

Stefan stand mit offenem Mund da. »Ist sie immer so?«

»Sie ist netter, wenn sie gewinnt.«

»Aha.« Stefan bemerkte, dass er seine Hand immer noch ausgestreckt hatte, und zog sie zurück.

»Ich meine, ein bisschen netter.«

# 12

Ich versuchte, Tante Mill von Junis Steak-Wunsch zu erzählen. Ich bemühte mich wirklich, aber sie war schon bald damit beschäftigt, »Drinkies« einzuschenken und in der Küche mit Stefan zu reden. Und obwohl sie sagte »Ja, Cym, Liebes«, bin ich nicht sicher, ob sie wirklich zuhörte. Ich wollte abwarten, bis das Gespräch beendet wäre, aber als es so weit war, hatte ich immer noch keine Möglichkeit – wegen Stefan.

Also, ich mag ihn *wirklich*. Wie ich bereits erwähnte, ist er Mums neuer Freund. Sie gehen freitags zusammen ins Kino, und er kommt manchmal auch am Wochenende zu uns, zusammen mit seinen Töchtern. Er hat den Reifen an meinem Fahrrad repariert, der wirklich seit einer EWIGKEIT platt war, und er ist so gut in Subbuteo, dass es sich lohnt, gegen ihn zu spielen, aber nicht so gut, dass er immer gewinnt. Aber manchmal ist es komisch. In Greenwich Park merkt man, dass die Leute denken, wir würden alle zusammengehören. Eine Frau sagte einmal zu Mum, was sie für reizende Töchter hätte! Mum wurde rot. Aber jetzt hier in Tante Mills Küche machte Stefan einen *katastrophalen* Fehler, wie ihn nur ein Erwachsener machen kann.

»Und«, sagte er und hielt seine Hand über sein Weinglas, als Tante Mill ihm nachschenken wollte, »wie war's heute in der Schule?«

Erwachsene! SAGT MIR MAL, warum ihr diese Frage stellt! Liegt die Antwort nicht auf der Hand? ES WAR SCHULE! Und was sonst gibt es dazu zu sagen, solange sie sich nicht in einen riesigen Vergnügungspark verwandelt hat (höchst unwahrscheinlich)? Mich hält nur eines davon ab, komplett durchzudrehen, wenn ich gefragt werde, wie es in der Schule war, und das ist, wie ihr bestimmt wisst, dass es eine Frage gibt, die NOCH sinnloser ist. Und die lautet: *Was habt ihr heute in der Schule gemacht?* Was ich *gemacht* habe? Das ist mir nicht nur VOLLKOMMEN EGAL, sondern ich habe auch keine Ahnung, WOHER ICH DAS WISSEN SOLL? Ich bin gerade nicht IN DER SCHULE! Die Schule hat sich in dünne Luft aufgelöst, sie existiert nicht und wird nicht existieren, bis ich am nächsten Tag wieder durch das Schultor gehen muss. Noch schlimmer als die Frage, was wir in der Schule gemacht haben, ist, was Mum manchmal tut: Sie fragt mich, was ich in der Schule gemacht hätte, WÄHREND ICH DIE SIMPSONS SCHAUE.

Tut mir leid, aber ich habe mich wirklich ein bisschen geärgert, obwohl das eigentlich unnötig gewesen wäre, denn als Stefan mich an diesem Tag fragte, hieß das, dass ich endlich die Möglichkeit hatte, über Mrs Martin zu sprechen. Ich erzählte ihm von den naturwissenschaftlichen Experimenten. Dann ging ich zurück bis zu dem WV (Wackelpudding-Vorfall). Und ich erzählte ihm von meinem Kichern. Zum Schluss berichtete ich von der Explosion, und er war erstaunt. Und da hatte ich ihm noch gar nicht von der Bedeutung ihrer Tasche erzählt, ihrem wertvollsten Besitz. Als ich das tat, fiel ihm die Kinnlade herunter.

»Und du warst es nicht?«

»NEIN!!«

»Wer war es dann?«, fragte er, und ich seufzte. Daisy hatte dieselbe Frage gestellt, und sie ging mir jetzt durch den Kopf. Ich war verwirrt, obwohl ich an ein Gesicht dachte, das mir auch vor Weihnachten eingefallen wäre. Es gehörte dem Typen, der früher der Schrecken der Klasse gewesen war. Er hatte einen auf Ausflügen von hinten getreten, die Mäppchen versteckt oder alte Kaugummis in Jackentaschen gesteckt.

Billy Lee.

Aber Billy und ich waren vor Weihnachten Freunde geworden, sodass er es nicht sein konnte. *Oder?* Es muss jemand aus der Sechsten gewesen sein. Ich wollte gerade die Namen durchgehen, als Mum sagte, das Essen sei fertig.

»Juniper!«, rief Tante Mill. »Könntest du bitte kommen und den Tisch decken!«

Während wir darauf warteten, dass Juni kam und half (was niemals passieren würde), vertrödelte Mum Zeit damit zu überlegen, wer wo sitzen sollte. Tante Mill deckte den Tisch schließlich selbst und teilte uns mit, dass Clay zu einem Freund gehen wolle. Sie legte trotzdem sechs Gedecke auf, alle ganz normal, nur am Kopf des Tisches stapelte sie viele Hochglanzmagazine dort, wo eigentlich der Teller stehen müsste. Stefan sah mich an, und ich sah Stefan an, aber keiner von uns wusste, warum sie das machte. Dann kam Juni herunter. Sie stieß zuerst gegen einen Stuhl und dann gegen eine Stehlampe, als sie das Wohnzimmer durchquerte.

»Wo ist mein stinkender Bruder?«, sagte sie und tippte auf ihrem Handy herum.

»Bei einem Freund.«

»Super.« TIPP. TIPP. »Dann kriege ich sein Steak.« PLING!

»Oh«, sagte ich, »ich glaube nicht, dass es ...«

PLING! Juni hörte nicht zu. »Wo ist Dad?«, fragte sie und zog mit einer Hand an ihrem Stuhl. TIPP. TIPP. TIPP. TIPP. TIPP. PLING! TIPP. Stefan und ich wussten es nicht, konnten also nicht antworten, und sie schrie: »MUM? *Wo ist* DAD?« TIPP. PLING!

Junis Stimme klang ziemlich ärgerlich, und ich glaubte zu wissen, warum. Mein Onkel Chris hatte früher in diesem großen Glashaus (kein Gewächshaus, sondern eines mit Computern im Inneren) gearbeitet. Er war nie zu *irgendwas* zu Hause gewesen. Aber er hatte versprochen, sich zu ändern – also, wo war er?

»Und?«, wollte Juni wissen, als Tante Mill hereinkam. TIPP. TIPP. PLING! PLING! PLING!

»Weißt du, Liebes ...«, wand sich Tante Mill und starrte von der Seite auf Junis gebeugten Kopf. »Daddy musste eine kleine Reise machen.«

TIPP. »Typisch.« TIPP. PLING! »Und er ist nicht mein ›Daddy‹, sondern er ist mein ›Dad‹.« TIPP. PLING! TIPP. »Wie klein?«

»Na ja ...«

TIPP. »Ich meine, kommt er bald zurück?« TIPP. TIPP. TIPP. TIPP. »Oder erst nach dem Abendessen?«

»Weder noch. Er ist in ...«

»Seinem ...« TIPP. »... Büro?«

»Nein. In Amerika.«

»*Was?*« Mit großer Anstrengung löste Juni endlich den Blick von ihrem Handy.

»New York, um genau zu sein.«

»Aber er *macht* das nicht mehr!« PLING!

»Ich *weiß*, Liebes. Aber irgendwelche Investoren haben sich gemeldet. Er ist einfach nicht hier. Aber nur einen Abend.«

»Darum geht es nicht!« PLING! PLING! »Meine Mathe-Aufgabe muss bis morgen fertig sein!«

»Ich kann dir dabei helfen.«

»Du? Dann könnte ich ja gleich den Goldfisch fragen.«

»Wie bitte?«

»Oder Cymbeline.«

»He!«

»Nun, vielleicht musst du das nicht tun.« Tante Mill seufzte und wandte sich zu dem Zeitschriftenstapel um. Da bemerkte ich, dass sie ein iPad in der Hand hatte und oben auf den Stapel legte.

»Dein Dad sagte, er würde da sein«, murmelte sie. »Und er wird da sein. Sozusagen.«

PLING!

Tante Mill fummelte an dem iPad herum. Juni wollte wieder mit ihr diskutieren, aber hielt inne – allerdings nicht, um eines ihrer Plings zu beantworten. Mum war mit einem Tablett hereingekommen. Darauf standen drei Schüsseln, die Juni und ich beäugten, während Mum sie auf den Tisch stellte.

»Was«, fragte Juni, »ist *das?*«

Ich schlage mich ja nicht oft auf die Seite von Juni, aber ich muss zugeben, dass auch ich an der Antwort auf diese Frage interessiert war. Denn in der Schüssel, die mir am nächsten stand, war etwas, was ich nur als glänzenden braunen Schlonz bezeichnen kann. Die nächste Schüssel sah ganz ähnlich aus, nur dass der Schlonz darin gelb war. Und in der dritten befand sich auch Schlonz, aber der war grün.

Mit Stückchen darin.

»Abendessen«, sagte Mum.

Juni schüttelte den Kopf. »Nein«, sagte sie. »Ist. Es. Nicht.«

»Doch! Das ist Dal. Eine Art Curry. Hab ich zum ersten Mal gemacht. Das ist Schälerbsen-Dal mit Ingwer, das ist Linsen-Dal, und das ist Paneer.«

»Pan...?«

»Käse. Ein indischer Käse.«

»Das ist *kein* Käse.«

»Und was ist es *dann*?«, fragte Mum.

»Das«, beharrte Juni, »ist Erbrochenes.«

»Was?«

»Und so wie es aussieht, von drei verschiedenen Personen, denn das Erbrochene von einer einzigen Person sieht gleich aus. Warum stellst du Erbrochenes auf den Tisch, Tante Janet? Und Mum?!« Sie wandte sich zu Tante Mill um, die jetzt dem iPad winkte. »Warum riecht es nicht nach Steak?«

PLING!!

# »!!MUM!!«

Die Lautstärke von Junis Schrei erregte schließlich Tante Mills Aufmerksamkeit, und sie wandte sich an ihre Tochter. »Steak?«, sagte sie.

»Es ist Donnerstag.«

»Aber Stefan ist doch Vegetarier.«

»Was geht es *mich* an, was Stefan isst.«

»Er ist unser Gast, Liebes.«

»So? Und warum ist er überhaupt unser Gast?«

»Tante Janet wollte, dass wir ihn richtig kennenlernen. Steak gibt es dann ein anderes ...«

»Bist du *komplett* bescheuert?«, fauchte Juni. »Oder nur teilweise? Am Donnerstag *muss es* Steak geben, damit ich nach dem Fechten meine erschöpften Proteinspeicher auffüllen kann. Außerdem werde ich meinem Körper nichts zuführen, was aussieht, als habe es den Körper eines anderen gerade verlassen!!«

»Juniper«, zischte Mum, »sei nicht so unhöflich!«

»Was? *Du* hast mir gar nichts zu sagen.« *PLING!*

»Nun, irgendjemand muss es ja tun«, sagte Mum.

»Was soll das nun wieder heißen?« Tante Mill fuhr zu Mum herum. »Es ist meine Sache, sie zu erziehen.«

»Und warum tust du es dann nicht?«, gab Mum zurück. (PLING! PLING!) »In welchem Ton sie mit Leuten spricht! Wenn sie *überhaupt* mit jemandem redet, statt den ganzen Tag damit zu verbringen ...« *PLING! PLING! PLING! PLING! PLING! PLING!* – »Also! Wenn sie meine Tochter wäre, würde ich ...«

»Hallo, ihr alle!«, ertönte eine fröhliche Stimme vom Kopf des Tisches.

Mum und Tante Mill erstarrten. Wir alle schauten uns um, aber es gab keine Erklärung – bis Tante Mills iPad zum Leben erwachte.

»Onkel Chris!«, rief ich.

Mein Onkel Chris erschien auf dem Bildschirm und blinzelte in die Kamera (das erklärte, warum Tante Mill das Internet brauchte). Er hatte sich eine Serviette in den Hemdkragen gestopft und hinter ihm konnte ich Tische und Stühle mit Menschen darauf erkennen. Wo immer er war: Es war laut.

»Cymbo!«, antwortete er, bevor er sich umsah. »Bist du da? Mega. Oh, da sind ja ganz viele.«

»Das ist Stefan«, sagte ich. »Normalerweise ist er nur freitags da.«

»Gut. Willkommen, Stefan. Ich glaube, wir haben uns tatsächlich schon mal gesehen, oder? Tut mir leid, dass ich nicht da sein kann.« Onkel Chris streckte die Hand aus. Stefan machte dasselbe, und sie gaben sich in der Luft virtuell die Hand. Dann wandte Onkel Chris sich an Juni.

»Gürkchen!«

»ICH HAB DIR DOCH GESAGT, DASS DU MICH NICHT SO NENNEN SOLLST!«

»’tschuldigung. Tut mir leid, dass ich nicht da bin. Aber das hier geht schon, oder?«

»Nein! Vor allem nicht, wenn ich mir anschaue, was Tante Janet gerade serviert hat ...«

»Seid ihr bereit?«, sagte Onkel Chris, der offenbar nicht verstand, was Juni sagen wollte.

»Bereit?«

»Ja, Gürkchen – 'tschuldigung, nicht Gürkchen. Du hast doch nicht gedacht, ich würde dich im Stich lassen? Siehst du, wo ich bin?« Er rückte zur Seite, und wir hatten eine bessere Sicht auf all die Stühle und Tische.

»Ist das ein Restaurant, Onkel Chris?«

»Nicht nur irgendeines, Cymbo. Das ist Big Al's New York Super-Steak! Das beste Steakhaus in ganz New York. Ich habe hier ein fünfunddreißig Tage lang abgehangenes Entrecote vom Weiderind. Es ist *à point* gebraten, und ich werde gleich meine Proteinspeicher auffüllen. LOS GEHT'S!«

Mit diesen Worten bewegte Onkel Chris seine Hand zur Kamera, sodass eine große silberne Gabel ins Bild kam – mit dem saftigsten, appetitanregendsten Stück Fleisch, das ich JEMALS gesehen habe. Wenn das *à point* bedeutete, wollte ich es auch. Konnte man auch Pizza so zubereiten? Ich wollte gerade fragen, als Onkel Chris' Mund sich der Kamera näherte und das Steak darin verschwand. Dann kaute er und schwankte vor Begeisterung, als wäre ihm schwindelig! Er fiel fast von seinem Stuhl, bevor er sich zurück zur Kamera bewegte.

»Unglaublich! Oh Mann. Aber wie schmeckt deines, Gürk..., äh, Juni-Käfer? *Gut?* Wie ist es, Liebes?«

PLING!

Den folgenden Dialog kann ich nicht genau wiedergeben. Es war zu viel Geschrei. Juni war am lautesten mit:

»Das ist SO UNGERECHT!«,

»Wie KONNTEST du, Dad?!« und

»SPUCK DAS SOFORT AUS!!!«,

während Stefan versuchte, die Schuld an der ganzen Sache auf sich zu nehmen, und Mum und Tante Mill sich gegenseitig anschrien, wobei es um 1. erzieherische Maßnahmen, 2. Undankbarkeit und 3. Einmischung in das Leben anderer Leute ging. *(PLING!)* Onkel Chris (nur sein Gesicht) hockte mit der Gabel in der Hand auf dem Zeitschriftenstapel und sah verwirrt aus, während ich alles ehrfürchtig beobachtete.

Bis ich etwas spürte.

Und es war *merkwürdig*. Ein merkwürdiges Etwas bewegte sich (merkwürdigerweise) an meinen Füßen.

Und dann an meinen Beinen.

Und dann an meinem Bauch.

Und dann an meiner Brust.

Ein merkwürdiges Etwas, das außer mir niemand bemerkte, bis Onkel Chris es (von New York aus) sah: Sein Gesichtsausdruck veränderte sich von Glückseligkeit zu Panik und dann von Panik zu Entsetzen, während er mit der Gabel auf den Bildschirm einstach. **»EINE RATTE!«,** schrie er.

»BEI EUCH IM HAUS IST EINE RATTE!«

# 13

»Eine *Ratte?*«, sagte Juni. »Hat er wirklich ›Ratte‹ gesagt?«

Alle starrten auf den Bildschirm und versuchten zu sehen, wovon Onkel Chris redete.

Doch zu meinem *großen* Erstaunen war Kit-Kat, der Fast-Hamster, meine Beine und meinen Oberkörper hinaufgehuscht und saß jetzt auf meiner Schulter. Aber niemand sah zu mir herüber.

Wie war er dorthin gekommen? Hatte er sich durch einen Spalt von nebenan hereingeschlichen? Wollte er noch einmal Subbuteo spielen? Ich wollte ihn gerade fragen, aber zuerst musste ich ihn außer Sichtweite bringen.

Zum Glück achtete niemand auf mich, noch nicht, und ich schob Kit-Kat unter den Tisch und tastete in meiner Hosentasche nach einer der getrockneten Erbsen, die ich dort noch hatte. Ich wollte Kit-Kat unter meinen Pullover stecken, aber eine der Erbsen fiel auf den Boden, und er sprang hinter ihr her.

Inzwischen wedelte Onkel Chris (in New York) mit den Armen. Und dann verlor Kit-Kat seine Ballkontrolle! Statt sich die Erbse zu schnappen, versetzte er ihr versehentlich einen Stoß. Sie flog über den Boden wie ein Schuss von Harry Kane, und er trippelte hinterher. Dann hielt er inne, um an ihr zu knabbern – für alle deutlich zu sehen. Danach drehte er sich zu mir um. Offenbar wollte er noch eine Erbse. So schnell ich konnte, warf ich ihm eine hin und versuchte ihn so zu veranlassen, zurück zu mir zu kommen, aber ich war nervös, und sie rutschte an ihm vorbei. Er drehte sich um und stürzte sich auf sie, immer noch ungeschützt mitten auf dem Fußboden, als Onkel Chris brüllte:

»RAAAAAAAAAAAAAAAAAAAATTTTTTTTTTTEEEEEEEEE! Sie greift Cymbo an!«

Mum reagierte als Erste auf diese neue Information. Allerdings wandte sie sich nicht um und versuchte, ihren einzigen Sohn vor dieser plötzlichen Gefahr zu schützen. OH NEIN! Und sie sah sich auch nicht nach einem Beweis dafür um, was Onkel Chris gesagt hatte. Stattdessen schrie sie einfach, noch lauter als er. Tatsächlich so laut, dass Tante Mill *aufhörte* zu schreien. Und dann sprang Mum direkt in Richtung Stefan und benutzte ihn als eine Art Trittbrett, um auf den Tisch zu gelangen – oder eben nicht ganz. Denn statt auf dem Tisch landete Mum in der Schüssel mit dem gelben Dal-Zeug, sodass es in die Luft spritzte. Und hier verdient Juni *große* Anerkennung, denn der Dal sah jetzt *wirklich* sehr nach Erbrochenem aus. Und noch mehr nach Erbrochenem sah er aus, als er nicht mehr durch die Luft flog, sondern auf Junis T-Shirt landete.

Und in ihrem Gesicht.

Und in ihren Haaren.

Und ihr müsst nicht *Doctor Who* gesehen haben, um euch vorstellen zu können, wie sie danach aussah.

Jetzt war Juni mit Schreien an der Reihe, während gelber Schlonz an ihren Wangen und Haaren herabtropfte. Sie war fast so laut wie Mum, während Onkel Chris weiterbrüllte und mit den Armen wedelnd auf Kit-Kat zeigte. Bestimmt würde er gleich verraten, wo er war. Aber zum Glück sorgte Mums wildes Rumgetrampel auf dem Tisch dafür, dass alles wackelte, und als Onkel Chris gerade allen sagen wollte, wo Kit-Kat war, rutschte das iPad mit dem Bildschirm voraus von dem Zeitschriftenstapel und landete in dem braunen Dal. Tante Mill warf sich auf das iPad, um es zu retten, aber Mum drehte sich immer noch im Kreis und trat dabei in den grünen Dal ...

Aber keine Sorge! Der landete nicht auch noch auf Juni.

Sondern auf Stefan.

In diesem ganzen Chaos ergriff ich die Chance und warf Kit-Kat noch eine Erbse zu. Diesmal zielte ich richtig und bis hinaus in den Flur, sodass er außer Sicht verschwand. Er flitzte hinter der Erbse her und aus dem Zimmer hinaus. Ich folgte ihm, um sicherzustellen, dass er nicht wieder hereinkam.

Und da sah ich es.

Ich hatte es zuvor nicht entdeckt, aber als ich Kit-Kat aufhob und in sein freches kleines Gesicht sah, entdeckte ich ein Gummiband. Eines von diesen dünnen. Es ging ganz um seinen Bauch herum, was ich nicht verstand – bis ich es ihm über den Kopf zog.

Ein kleines gefaltetes Papierstück fiel in meine Handfläche.

Und klappte auf.

»Es geht um Nanai«, stand da.

# 14

Sonst stand da nichts.

Nur diese Wörter.

Ich betrachtete sie ganz still und ruhig und fragte mich, ob Kit-Kat sie geschrieben hatte. Ich wollte wirklich glauben, dass er es gewesen sein könnte, aber – nein – es war *definitiv* Veroniques Handschrift. Sie musste Kit-Kat vom Haus nebenan rüberge-schickt haben. Aber Nanai? Was war passiert? Ging es wieder um ihre Atmung? Oder ...? Ich schluckte, unfähig, meinen Gedanken zu beenden.

Stattdessen drehte ich mich zu dem Lärm hinter mir um und dann wieder zu Kit-Kat, den ich unter meinem Pullover versteckte. Dann starrte ich Tante Mills Eingangstür an.

Eigentlich wollte ich sie nicht öffnen. Eigentlich wollte ich zurück ins Wohnzimmer gehen.

Aber Veronique war meine Freundin, oder?

Ohne zu zögern, öffnete ich die Eingangstür.

Es war kalt draußen. Und dunkel, obwohl es das nicht lange blieb. Kaum bewegte ich mich, ging ein Licht an. Das erstaunte mich nicht, denn Onkel Chris hatte Bewegungsmelder und eine Überwachungskamera installiert, nachdem im vergangenen Jahr Einbrecher versucht hatten einzusteigen. Aber ich erschrak trotz-dem. Noch furchteinflößender als die Dunkelheit war jedoch eine

lange schwarze Gestalt vor mir, die mich zusammenzucken ließ –
bis ich bemerkte, dass es mein eigener Schatten war.

Ich folgte ihm zur Straße hinauf und wollte eigentlich zu Veroniques Haustür gehen, obwohl sie ihrem Vater vielleicht gar nicht
gesagt hatte, dass ich kommen würde. Deshalb drehte ich wieder
um. Als ich um die Ecke von Tante Mills Haus bog, schien mein
Schatten zunächst zu schrumpfen. Dann duckte er sich hinter
mich, als hätte *er* Angst. Und er blieb dort, als ich auf Tante Mills
Veranda herauskam, von wo aus ich durch die Glastüren ins Haus
schauen konnte.

Mum und Juni standen jetzt beide auf dem Tisch, während
Stefan Dal von seinem Jackett und Tante Mill Dal von ihrem iPad
wischte. Also sah niemand aus dem Fenster. Das machte ich mir
zunutze und rannte den Rasen hinunter. Das Baumhaus ragte in
der Dunkelheit auf, als wollte es sich auf mich stürzen.

Als das nicht passierte, wandte ich mich nach links und schlug
mich durch das Gebüsch, bis ich zu dem geheimen Loch kam, das
Veronique mir im Sommer gezeigt hatte. Man musste ein Brett
wegschieben, was ich machte, obwohl meine Hand etwas Schlei-
miges berührte. Eine Schnecke! Nachdem ich sie weggeschleudert hatte, krabbelte ich auf allen vieren durch das Loch und kam
auf der anderen Seite direkt bei Nanais Hütte wieder heraus.

Was würde ich tun? Was konnte ich zu Veronique überhaupt
sagen, wenn ...? Ich schluckte und dachte darüber nach, was ich
noch über Großeltern wusste. Ja, sie waren großartig. Ja, sie ver-
teilten Süßigkeiten und Ein-Pfund-Münzen.

Aber sie konnten das nicht ewig tun.

Dieser Gedanke ließ mich fast umkehren. Ich könnte Veronique ja sagen, dass ich ihre Nachricht nie bekommen hätte. Was immer Kit-Kat vorbrachte, ich könnte es einfach abstreiten. Aber ich schüttelte den Kopf und ging weiter den Garten hinauf zum Hintereingang. Doch dann blieb ich stehen.

Bei Nanai brannte Licht, ein gelbes Rechteck breitete sich vor ihrer Hütte aus wie eine Eckflagge.

Ohne richtig nachzudenken, zwang ich mich, um das Haus herum zur Vorderseite zu gehen und spähte durch die Tür hinein. Was würde ich wohl sehen? Eine Trage? Sanitäter, die sich über sie beugten?

Nein.

Nanai *war* in der Hütte. Aber sie saß ganz normal in ihrem Sessel und redete mit Veronique und ihrem Vater. Es war, als hätte jemand einen riesigen Ballon in mir platzen lassen. Ich schloss die Augen. Was ich mir gerade vorgestellt hatte, kam mir *wirklich* blöd vor, und ich holte ein paarmal tief Luft. Dann schob ich die Tür auf und blieb auf der Schwelle stehen. Veronique und ihr Dad drehten sich zu mir um, Nanai jedoch nicht.

»Hallo«, sagte ich. »Wie war's im Krankenhaus? Konnten sie deine Atmung in Ordnung bringen?«

Nanai antwortete nicht. Und sie bewegte sich auch nicht. Sie nannte mich nicht den berühmten Cymbeline *oder* fragte, was ich über Jacky Chapman (oder seinen Hubschrauber) zu sagen hätte. Das war ein bisschen merkwürdig, und ich schaute mich um, konnte allerdings nichts wirklich *Ungewöhnliches* entdecken, das erklären würde, was Veronique mit ihrer Nachricht gemeint haben könnte. Nanais Fotos hingen an den Wänden, und die üblichen drei standen auf dem kleinen Tisch neben ihrem Sessel. Der einzige Unterschied, den ich ausmachen konnte, war Nanai selbst. Sie hatte zum ersten Mal ihre Brille nicht auf. Die hing an einer Kette um ihren Hals.

Ich wandte mich an Veronique und nahm Kit-Kat aus meinem Pullover: »Da«, sagte ich. »Er ist besser als E-Mails.«

Ich dachte, das würde Veronique zu einem Lächeln veranlassen, aber sie nahm mir Kit-Kat einfach nur ab und wandte sich wieder Nanai zu. In diesem Augenblick bemerkte ich, dass etwas anders war als beim letzten Mal: die Atmosphäre. Sie war schwer und bedrückend – wie in der Schule, wenn jemand WIRKLICH Ärger bekam. Und Veronique sah noch besorgter aus als bei mir zu Hause. Das konnte ich nicht verstehen, denn Nanai war doch *da*. Aber ihr Dad sah auch besorgt aus.

»Was ist los?«, sagte ich.

Veronique biss sich auf die Lippe. Und dann zeigte sie auf Nanai, wie sie auf Marcus Breen gezeigt hatte, als er einen Wurm in ihre Klarinette gesteckt hatte.

»Es geht um sie«, sagte sie.

»Um *sie*?« Was könnte Nanai getan haben? »Hat sie dir in letzter Zeit keine Münzen zugesteckt?«

Veronique seufzte. »Nein. *Das* ist es nicht.«

»Spielt sie etwa nicht mehr Fußball? Das solltest du tun, Nanai, du bist echt begabt.«

»Cymbeline, hör zu.«

»Okay.«

»Nanai *isst nicht* mehr.«

»Willkommen im Club«, sagte ich, zog die Tür zu und ging weiter ins Zimmer hinein. »Wir auch nicht. Unser Abendessen hat sich gerade selbst die Seele aus dem Leib gekotzt.«

»Was?«

»Erzähl ich dir später. Aber was ist das, Veronique?«

Ich redete von dem Teller auf Nanais Beistelltisch, den die Fotos verdeckt hatten. Ein kleines Häufchen grüner Bohnen hockte neben einem gepflügten Acker aus Kartoffelbrei, der an manchen Stellen ganz knusprig war, und hier und da quoll Hackfleisch heraus wie Lava. Es war nicht ganz Onkel Chris' Steak, aber dennoch sehr verlockend, vor allem, weil ich es auf einmal roch – wodurch ich bemerkte, dass ich sehr hungrig war.

»Ihr Abendessen.«

»Und sie isst es nicht?«

»Nein.«

»Warum nicht?«

»Das ist es ja. Sie sagt es uns nicht.«

Ich wandte mich an Nanai. »Liegt es an den winzigen Karottenstückchen? Das verstehe ich voll und ganz. Das ist so ein fieser Trick, aber du kannst sie einfach rauspicken.«

»Du verstehst das nicht«, beharrte Veronique. »Sie mag es so.«

»*Echt?* Wo liegt dann das Problem? Ich kann alles aufessen, wenn du magst.«

»Aber wir wollen, dass *Nanai* es isst.«

»Oh. Aber ist das nicht ihre Entscheidung?«

»Ja«, seufzte Veronique. »Aber ...«

»Ich meine, sie ist immerhin erwachsen. Sie ist ungefähr so erwachsen, wie man als Mensch nur werden kann.« Ich wandte mich an die sehr alte Dame in dem Sessel. »Stimmt's, Nanai?«

»Das *wissen* wir.«

»Na dann. Ich dachte, nur Kinder müssten Dinge essen, die sie nicht essen wollen. Was für einen Sinn hat es, erwachsen zu werden, wenn man das immer noch tun muss? Magst du stattdessen ein bisschen was von unserem Dal-Zeug, Nanai? Ich könnte für dich wahrscheinlich ein bisschen was von Juni herunterkratzen.«

»Cymbeline!«, fauchte Veronique. »Es geht nicht darum, dass sie *das hier* nicht isst. Sie isst gar nichts.«

»Nichts?«

»Nichts. Sie hat vor vier Tagen aufgehört zu essen.«

»Was?«

»Vor *vier* Tagen«, sagte Veronique, bevor sie ihren finsteren Blick wieder auf Nanai richtete. Die uns alle einfach ignorierte und ins Leere starrte.

Als ich das hörte, biss ich mir auf die Lippe. Und ich verstand, warum sie besorgt waren. *Vier Tage* ohne Essen? Da würde ich wahrscheinlich sogar Artischocken vertilgen.

»Wow«, sagte ich. »Das ist … nicht gut. Was wollt ihr tun?«

»Na ja«, sagte Veronique, »eigentlich dachte ich, *du* könntest uns helfen, Cymbeline.«

# 15

Ich sah sie an.

»Ich?«

»Ja. Vor Weihnachten hast du herausgefunden, warum deine Mum krank war, oder? Also dachte ich, du könntest vielleicht auch dieses Problem lösen.«

»Ach so. Na ja ...« Ich kaute auf meiner Unterlippe. »Hast du es mit dem Flugzeug-Trick versucht? Stefans kleine Tochter isst ihren Brokkoli, wenn man das macht. Aber ich bin nicht sicher, ob das bei jemandem in Nanais Alter funktioniert. Hast du es mit Keksen versucht?«

»Ja.«

»Mit Custard Creams? Die magst du besonders gern, nicht wahr, Nanai?«

»Und Doppelschokokeksen und Vollkornkeksen und Mars-Riegeln *und* KitKats.«

»WAS?!«

»Ich mein' doch den Schokoriegel. Aber es ist völlig egal. Sie nimmt einfach *nichts*. Nur Wasser. Und der Arzt sagt ...«

»Was?«

»Du weißt doch. Was *sie* gesagt hat. Dass sie ... na ja ... dass sie ... Ich fasse es nicht ...« Veroniques Stimme klang, als würde sie keine Luft bekommen. Sie hob die Hand zum Gesicht und biss sich auf die Finger, bevor sie Nanai wieder böse anstarrte. »Ich fasse es nicht, dass sie das *absichtlich* macht.«

Da betrachtete ich Nanai genauer und stellte fest, dass sie wirklich anders aussah. Ihre Arme waren verschränkt, und ihr Gesichtsausdruck war, wie ich jetzt sah, total entschlossen. Sie wirkte verschlossen wie eine Muschel. Da sie ihre Brille nicht aufhatte, entdeckte ich die kleinen braunen Flecken unter ihren Augen und die vielen Hundert feinen Linien, die ihr Gesicht durchfurchten wie durcheinanderliegende Mikadostäbe bei einer Partie, die man unmöglich gewinnen kann. Ohne Brille sah Nanai verletzlich aus, älter und jünger zugleich. Und obwohl ihr Gesicht keine besondere Regung zeigte, wusste man, dass sie aufgebracht war. WIRKLICH aufgebracht. Und ich musste an Mum denken. Vor Weihnachten war sie genauso gewesen: verschlossen. Und *das* hatte einen speziellen Grund gehabt, deshalb sah ich Nanai in die Augen:

»Ist irgendwas passiert?«, fragte ich.

Zum ersten Mal, seit ich dort war, bewegte sich Nanai. Nur eine kleine Bewegung: Ihr Mund öffnete sich, fast als hätte sie es gar nicht gewollt, bevor sie ihre Lippen wieder zusammenpresste.

»Was meinst du damit, Cymbeline?« Veroniques Dad wandte sich an mich.

»Na ja«, sagte ich, »ich weiß, dass es ziemlich ruhig hier ist. Hier passiert nicht viel, schätze ich. Aber ist irgendwas passiert? Vor vier Tagen? Ist irgendwas passiert, weshalb du aufgehört hast zu essen, Nanai?«

Nanais Mund öffnete sich wieder. Und sie drehte sich, um mich anzuschauen. Ich lächelte, wie ich normalerweise lächelte, aber mein Lächeln fiel auf meinem Gesicht in sich zusammen. Denn Nanais Schultern hoben sich. Und sie sah verärgert aus. Wirklich verärgert, ohne im Geringsten so zu tun, als wäre sie es nicht. Als ob ich etwas *Schreckliches* gesagt hätte. Es war beängstigend, und dann wurde es noch beängstigender: Ihre gefalteten Hände ballten sich zu Fäusten, und ich dachte, sie würde mich anschreien oder – schlimmer noch – von ihrem Sessel aufspringen und mir eins überziehen! Ich hatte wirklich einen wunden Punkt getroffen. Aber stattdessen wandte sie sich zu dem Beistelltisch um. Zum Kartoffelbrei? Wieder lag ich falsch. Sie griff nach einem der Fotos. Nicht nach dem Foto von ihr und ihrer Schwester, sondern nach dem daneben, mit dem großen Schiff. Sie starrte einen Augenblick darauf und hob es hoch über ihren Kopf.

Und dann schleuderte sie es mit einem Grunzen von sich weg!

Veronique wich aus. Ihr Dad ebenfalls, aber er streckte auch die Hand danach aus – zu spät. Das Foto von dem Schiff drehte sich fast in Zeitlupe in der Luft, und wir alle sahen verwundert zu, wie es – RUMS! – gegen die Wand krachte. Der Rahmen zerbrach. Glas

splitterte. Gezackte Scherben prallten zu uns zurück, bevor sie zu Boden fielen, wo sie noch einmal SEHR LAUT in kleinere Stücke zerbrachen und zwischen unsere Füße rutschten. Dann herrschte Stille. Spannungsgeladene Stille. Dröhnende Stille. Sie hielt uns fest, bis Nanai sich in ihrem Sessel bewegte. Ihr Kopf beugte sich, und ihre Stimme klang, als käme sie aus einer Entfernung von tausend Millionen Kilometern, als sie – endlich – zu uns sprach.

»Lasst mich in Ruhe«, sagte sie.

# 16

Wir aßen das Dal-Zeug nicht. Mum kaufte uns stattdessen *Fish and Chips* (auf dem Heimweg). Wir – nur sie und ich – aßen am Küchentisch direkt aus dem Papier. Der Fisch schmeckte mir nicht besonders, aber die Pommes waren gut. Ich überlegte, ob ich ein paar für Nanai aufheben sollte, aber ich wusste, dass es nicht funktionieren würde. So wie sie sich verhalten hatte, auf keinen Fall. Zum Glück musste ich nichts zu ihr oder zu Kit-Kat erklären, denn als ich zurück zu Tante Mill kam, schrien sie immer noch, und niemand hatte bemerkt, dass ich weg gewesen war.

Als wir aufgegessen hatten, warf Mum das Papier in den Müll.

»Na ja«, sagte sie, »*das* lief ja wohl nicht so gut, oder?«

»Immerhin hat Juni ihr Steak bekommen.«

Das stimmte. Tante Mill hatte es bestellt, allerdings waren wir weg, bevor es geliefert wurde. Ein netter Mann namens Mr Uber holte uns ab und ließ Stefan auf dem Weg an der Haltestelle Lewisham aussteigen. Ich winkte, als er durch die Sperren ging, aber wahrscheinlich war er in Eile, denn er winkte nicht zurück. Mum drückte meine Hand, und Mr Uber brachte uns zu der *Fish-and-Chips*-Bude in der Nähe unseres Hauses.

Als ich an diesem Abend im Bett lag, sah ich es immer und immer wieder vor mir: das Schiff, das durch die Luft taumelte, nachdem Nanai es weggeschleudert hatte. Ich spürte noch einmal die

Stille und sah Veronique, die Nanai anstarrte, bevor sie auf einmal herumwirbelte, aus der Hütte stürzte und den Garten hinauf zum Haus rannte, während ihr Dad und ich ihr einfach nur hinterherschauten. Dann wandten wir uns zu Nanai um, die jetzt die Augen geschlossen hatte. Ihre Hände lagen zu Fäusten geballt in ihrem Schoß. Mr Chang legte mir die Hand auf den Nacken und schob mich über das zerbrochene Glas hinweg hinaus in die Nacht. Ich wollte Veronique sehen, aber er sagte, er werde sich vergewissern, dass es ihr gut gehe, und brachte mich zurück zu Tante Mill. Bevor ich hineinging, drehte ich mich um und wollte ihn etwas fragen, aber gleichzeitig wollte ich es auch nicht fragen.

Wie lange kann man ohne Essen sein?

»Ja, Cymbeline?«

»Ach nichts«, sagte ich und ging hinein.

Veronique sah ich erst wieder am nächsten Morgen. Ich wartete am Schultor auf sie, bis sie von der Straße herübergelaufen war, wo ihr Vater den Wagen geparkt hatte. Es war nicht besonders kalt, aber sie sah verfroren und blass aus. Und müde. Und was das Schlimmste war: Sie sah aus wie damals, als sie ganz neu an unserer Schule gewesen war und niemanden gekannt hatte. Verloren. Einsam. Ich beobachtete sie und hatte tatsächlich ein bisschen Angst vor ihr – wie früher –, aber dann gab ich mir einen Ruck und ging ihr entgegen. Ich wollte sie fragen, ob sie Nanai an diesem Morgen schon gesehen hatte, aber Daisy Blake packte mich am Arm.

Sie nahm ihre Zuckerstange aus dem Mund und zischte: »Cymbeline! Schau mal!«

Ich versuchte, sie abzuschütteln und mich wieder Veronique zuzuwenden, aber das ist bei Daisy so gut wie unmöglich (sogar, wenn sie nur eine Hand benutzt). Also drehte ich mich in die Richtung, in die Daisy zeigte, und sah Billy Lee und Marcus Breen, die zusammen lachten. Ich hob den Blick, aber Daisy zerrte weiter an meinem Arm.

»Nicht sie!«, sagte sie, und dann sah ich es: Vor dem Rektorat stand Mr Baker und redete mit Mr Gorton. Dem Vertretungslehrer!

»Nein!«, sagte ich. »Ist Miss Phillips krank?«

Daisy schüttelte den Kopf.

»Dann vielleicht auf einer Fortbildung? ›Wie quält man Kinder mit Rechtschreibung‹?«

»Ich hab sie gerade gesehen.«

»Also ...?«

»Er ist für die Drittklässler hier!«

Ich seufzte erleichtert, bis mir klar wurde, was Daisy meinte.

Mr Gorton war für *Mrs Martin* gekommen.

Als Lance mit seinem Rennrad ankam, wickelte Daisy ihre Zuckerstange ein, steckte sie in ihre Tasche und erzählte ihm, was los war.

»Kein Wunder«, sagte er. »Ich wette, sie ist am Boden zerstört wegen ihrer Tasche. Denkt ihr, dass sie überhaupt *jemals* wiederkommt?«

Das war ein schrecklicher Gedanke – und zwar nicht nur für die Drittklässler, sondern für alle Schüler und die Lehrer und alle im Förderverein. Daisy riss verzweifelt die Augen auf, und Lance sah elend aus, weil er es überhaupt erwähnt hatte. Beide redeten weiter darüber, was sie tun könnten. Daisy sagte sogar, sie hätte einen Plan, aber ich musste über Veronique nachdenken. Gestern Abend hatte sie mich um Hilfe gebeten.

Deshalb befreite ich mich aus Daisys Griff und versuchte zu Veronique zu kommen. Sie war jedoch schon vorbeigegangen und trottete eben durch die Eingangstür. Als ich oben ankam, war die Klasse ruhig, und alle waren in ihre Morgenlektüre vertieft.

»Setz dich rasch hin, Cymbeline«, sagte Miss Phillips.

Während des Unterrichts hatte ich keine Chance, mit Veronique zu sprechen. Deshalb suchte ich in der ersten Pause den Schulhof ab. Ich sah sogar hinter dem Schuppen mit den Sportsachen nach, falls sie dort allein säße. Aber sie war nicht da. Ich wollte gerade wieder hineingehen, um in der Bibliothek nach ihr zu suchen, als mich wieder jemand am Arm packte. Diesmal war es Vi. Auch gegen sie kann man sich kaum zur Wehr setzen, und sie zog mich praktisch hinüber zu Lance und Daisy auf den Kunstrasen. Sie standen genau dort, wo Mrs Martins Tasche explodiert war.

»Schau dir das an«, flüsterte Daisy und warf einen Blick über den Schulhof, bevor sie in die Hocke ging.

Ich dachte, Daisy würde den verkohlten Fleck direkt zu ihren Füßen meinen. Aber das war es nicht. Sie öffnete den Reißverschluss ihrer Tasche und hielt sie auf. Vi und Lance knieten sich neben sie, sodass niemand sonst hineinschauen konnte. Ich blickte in die Tasche, sah die lange rote Zuckerstange und zog sie heraus.

»Cool«, sagte ich. »Ich liebe Zuckerstangen. Allerdings sagt meine Mum, das wären absolute Zahn-Killer. Woher hast du sie?«

»Von meinem Dad«, sagte Daisy. »Er war letztes Wochenende weg. Aber darum geht's nicht. Schau dir *das* an.«

Daisy hielt die Tasche weiter auf, und ich sah noch einmal hinein – auf eine Plastikbox.

»Was ist das?«

Daisy schaute sich noch einmal um und wartete, bis einer aus der sechsten Klasse vorbeigegangen war. »Ein Detektivkasten.«

»Cool«, sagte Lance. »Interessierst du dich dafür?«

»Schon. Mein Dad ist einer.«

»Du meinst, ein Polizist?«

»Das war er früher. Jetzt hat er seine eigene Firma.«

»Die Ermittlungen anstellt?«

»Ja. Das hat er mir zu Weihnachten geschenkt.«

»Glückspilz«, sagte ich und war unwillkürlich interessiert. Der Inhalt war außen auf der Box abgebildet. Es gab eine Brille zur Tarnung, Füller mit unsichtbarer Tinte, ein Vergrößerungsglas und ein Stempelkissen für Fingerabdrücke. Aber Lance runzelte die Stirn.

»Du hast die Box ja noch fast gar nicht benutzt!«, rief er.

»Ich weiß. Zu gefährlich.«

»Hä?«

»Na ja, am zweiten Weihnachtsfeiertag hat irgendjemand alle Printen aufgegessen.«

»Alle was?«

»Weihnachtsgebäck. Spezielle Lebkuchen aus Aachen in Deutschland. Meine Mum ist von da. Jedenfalls liebt mein Vater Printen, und als er es gemerkt hat, ist er AUSGERASTET. Er wollte wissen, wer es getan hatte, aber niemand hat es zugegeben. Ratet, was er gemacht hat?«

»Fernsehverbot für alle?«

»JA!«

»Eltern«, sagte Vi, »sind SO UNGERECHT!«

»Ich weiß. Jedenfalls wollte *ich* das nicht einfach hinnehmen, klar, oder? Also habe ich den Fingerabdruck- Kasten herausgeholt. Ich habe die Fingerabdrücke von der Lebkuchenbox *und* aus allen Schlafzimmern genommen. Dann habe ich bewiesen, dass es mein Bruder gewesen war.«

»Toni?«

»Nein. Milo.«

»Oh. Der hat sich bestimmt gefreut.«

»Nicht direkt – er hat mir mit der Keksdose eins über den Kopf gezogen. Man sieht die Schramme immer noch.« Daisy schob die Haare beiseite. Sie hatte recht.

»Du musst also vorsichtig sein«, sagte ich. »Aber warum hast du den Kasten mitgebracht?«

»*Weil*«, erklärte Daisy, »jemand Mrs Martins Tasche berührt haben muss.«

»Und?«

»Wir bestäuben sie, um die Fingerabdrücke sichtbar zu machen, und nehmen Proben.«

»Von *allen*?« Ich sah mich auf dem wuseligen Schulhof um.

»Wir fangen mit unserer Klasse an. Mit den Tischen. Wenn wir einen Treffer landen, sagen wir Miss Phillips Bescheid. Ja?« Daisy nickte mit weit aufgerissenen Augen.

Vi und Lance nickten auch, aber ich schüttelte den Kopf.

»Mrs Martin ist heute nicht da.«

»Na und?«

»Sie hat ihre Tasche wahrscheinlich mit nach Hause genommen. Oder sie hat sie weggeworfen. Sie hatte ein riesiges Loch!«

»Mist, daran hab ich gar nicht gedacht. Mann! Was können wir dann tun?«

Wir alle waren ernüchtert, aber Daisy sah aus, als würde sie gleich weinen. Ich wollte ihr gerade sagen, dass ich keine Ahnung hätte, aber dann seufzte ich. Mir war ein Gedanke gekommen. Das wollte ich nicht, *ich wollte doch nur über Veronique nachdenken.* Aber er war wahrscheinlich deshalb in meinem Kopf, weil auch ich herausfinden wollte, wer es getan hatte.

»Wartet bis zur Mittagspause«, sagte ich und wich Daisy aus, als sie wieder versuchte, mich festzuhalten. »*Mittagspause*«, beharrte ich. Ich sah Mrs Stebbings in ihrem Charlton-Shirt, die mir durchs Küchenfenster zuwinkte. Ich winkte zurück, und nachdem Daisy mir ihre Zuckerstange wieder abgenommen hatte, ging ich endlich los und suchte Veronique.

Wir mussten herausfinden, wer Mrs Martins Tasche in die Luft gejagt hatte. Das wusste ich.

Aber *zuerst* musste ich herausfinden, was mit Nanai los war.

# 17

Veronique war in unserem Klassenzimmer. Aber sie las nicht. Sie löste nicht einmal ein Kreuzworträtsel aus ihrem *The Sunday Times*-Buch, sondern saß einfach an ihrem Platz, starrte auf den Tisch und zupfte an einem losen Faden an ihrem Ärmel. Ich beobachtete sie durch die Tür und bekam wieder ein bisschen Angst, sodass ich fast kehrtmachte und wieder hinausging. Aber wieder sagte ich mir, dass ich das nicht bringen könne. Also schob ich die Tür mit der Schulter auf (ist zur Gewohnheit geworden) und ging hinein.

»Hast du Nanai heute Morgen gesehen?«

Veronique drehte sich um und schaute mich lange an, bevor sie nickte. »Ich musste Klavier üben«, erklärte sie.

»Für deine Stufe fünf?«

»Ja. Aber ich konnte mich nicht konzentrieren. Also habe ich ein bisschen Porridge gekocht und ihn zu ihr hinuntergebracht. Normalerweise *liebt* sie Porridge.«

»Aber sie hat ihn nicht angerührt?«

Veronique schüttelte den Kopf. »Sie hat nur Tee getrunken.«

»Hast du sie noch mal gefragt? Ich meine, warum sie nicht isst?«

Veronique seufzte. »Sie verrät es nicht. Eigentlich hat sie gar nichts gesagt. Sie hat nur vor sich hin gestarrt.«

»Auf das Foto?«

»Nein. Dad hat das Glas aus dem Rahmen genommen. Ich wollte ihr das Bild geben, aber sie hat es nicht genommen.«

»Hast du sie gefragt, warum sie es geworfen hat?«

»Sie hat nicht *geantwortet*, Cymbeline.«

Diesmal seufzte *ich*. »Sie hat es geworfen, nachdem ich sie gefragt hatte, ob sie nicht mehr isst, weil etwas passiert ist.«

»Ich weiß.«

»Und, *ist* etwas passiert?«

»Ich weiß es nicht«, sagte Veronique. »Und Dad auch nicht. Wir wissen es einfach nicht, Cymbeline.«

Und ich auch nicht. Was *könnte* in Nanais Häuschen vorgefallen sein? Sie konnte nicht einmal eine E-Mail erhalten haben, die sie nun durcheinanderbrachte, weil sie das Internet nicht nutzt. Und ein Telefon hat sie auch nicht, also konnte sie auch keinen Anruf bekommen haben. Oder eine Textnachricht. Offenbar gab es einfach gar nichts, deshalb saßen Veronique und ich schweigend zusammen. Sie zupfte an ihrem Ärmel und sah dabei so verzweifelt aus, dass ich schon fast ihre Hand nehmen und selbst an ihrem Finger knabbern wollte. Aber ich machte es nicht (natürlich nicht). Dafür kam mir ein anderer Gedanke.

»Glaubst du, sie hat es mit Absicht gemacht?«

»Was?«

»Das Foto geworfen?«

»Sie hat es nicht versehentlich gemacht, oder?«

»Nein. Aber ich meine, wollte sie einfach nur irgendwas werfen? Oder wollte sie genau *dieses* Foto werfen?«

Veronique zuckte die Achseln. »Woher sollen wir das wissen?«

Ich hatte keine Ahnung, deshalb schwiegen wir, bis der Rest der Klasse hereinmarschierte.

»Also!«, sagte Miss Phillips. »Holt eure Ordner raus.«

Wir griffen beide nach unseren Taschen, und als ich in meine hineinschaute, merkte ich gleich, dass ich wohl Mums Probleme mit Ordnung in Taschen geerbt habe. Da waren ein paar Match-Attax-Karten aus der zweiten Klasse, drei Socken (die nicht zueinander gehörten), eine Unterhose (nicht meine), zwei Pullover und etwas ganz unten am Boden, was wie Schorf von einem aufgeschürften Knie aussah, aber in Wirklichkeit eine Handvoll geschmolzene Skittles (ich sitze direkt an der Heizung) war. Außerdem sah ich den Brief, den uns Mr Baker nach dem WV (Wackelpudding-Vorfall) für zu Hause mitgegeben hatte. Ich zuckte zusammen, denn ich hatte ihn Mum nicht gegeben. Sie würde ärgerlich sein. Der Anblick des Briefs ließ mich jedoch innehalten, allerdings nicht, weil ich einen Anpfiff bekommen würde. Irgendetwas war mit dem Brief. Aber ich wusste nicht was, deshalb zog ich meinen Hausaufgabenordner heraus, während Miss Phillips vor das Whiteboard trat.

»Die Römer«, schrieb sie in großen Buchstaben, das M war ein bisschen schief, weil das Whiteboard einen Riss hat.

Wir hatten uns schon im letzten Schuljahr mit den Römern beschäftigt, sodass ich wusste, dass sie (a) Ponyfrisuren trugen und (b) auf großen Plätzen herumliefen. An diesem Morgen lernte ich, dass sie tatsächlich zweimal in Großbritannien einmarschiert waren. Das erste Mal blieben sie aber nur zwei Wochen.

»Wahrscheinlich hat es geregnet«, sagte Lance.

Als die Römer zum zweiten Mal einmarschierten, blieben sie auf Dauer. Und sie brachten Toiletten, Geld, Straßen, Wein, die Zentralheizung, die Toga, das Christentum und Kaninchen mit.

»Aber nichts davon ist das Allerwichtigste, was sie uns gebracht haben«, sagte Miss Phillips. »Wer möchte mir sagen, was das war? Nein, nicht *du*, Veronique.«

Der Rest von uns hatte jedoch keine Ahnung, sodass Miss Phillips es selbst sagen musste:

»Die Schrift!« Sie strahlte und erwartete offenbar, dass wir beeindruckt wären. Ich war es aber nicht. »Wir müssen uns also bei den Römern für Bücher und Theaterstücke und Gedichte bedanken!«

»Und für Diktate«, sagte ich, und meine Achtung vor den Römern sank in den Keller. »Jetzt weiß ich auch, warum Boudicca sie alle töten wollte.«

Bis zur Mittagspause beschäftigten wir uns mit den Römern und lernten auch, dass sie eine große Mauer bauten, um die Schotten fernzuhalten.

Während des Mittagessens wollte ich noch einmal mit Veronique sprechen. Es war wunderbar gewesen, Veronique kennenzulernen, aber ich hatte das Gefühl, dass sie irgendwie wieder verschwand, als hätte sie den Rückwärtsgang eingelegt und wäre wieder wie in der ersten Zeit an unserer Schule. Selbst wenn uns nicht einfiel, wie wir Nanai helfen könnten, sollte sie wenigstens wissen, dass es mir wichtig war. Aber es waren einfach zu viele Leute um uns, weil wir an dem Tag in der ersten Runde waren, die

Mittagspause hatte. Außerdem erinnerte mich Lance daran, dass ich einen Plan für die Sache mit Mrs Martin vorlegen *musste*. Also ließ ich Veronique vorausgehen und ging zusammen mit Lance und Vi und Daisy in den Speisesaal. Sie steuerten direkt unseren üblichen Tisch am Fenster an, aber ich zog sie weg.

»Hierher«, sagte ich.

Wir setzten uns an einen Tisch weiter vorne, und ich bat um Daisys Fingerabdruck-Kasten.

»Aber du hast doch gesagt, die Tasche wäre gar nicht hier«, flüsterte sie.

»Es geht gar nicht um die Tasche.«

»Worum dann?«

»Um den Wackelpudding.«

Daisy schnitt eine Grimasse. »Du kannst von Wackelpudding keine Fingerabdrücke nehmen!«

»*Weiß* ich doch. Gib ihn mir einfach rüber, bitte!«

Daisy schaute mich an, als wäre ich verrückt. Aber sie tat es. Und ich erläuterte meinen Plan: Der Wackelpudding, den wir in der Schule bekommen, wird ganz anders geliefert als der zu Hause. Er kommt nicht in Päckchen, sondern in kleinen Bechern, und jeder bekommt einen. Aber diese Becher müssen in einer Schachtel angeliefert werden ...

»Und irgendjemand muss die Schachtel, in der der Wackelpudding geliefert wurde, berührt haben, als er den Becher rausnahm, um Mrs Martins Schuhe zu befüllen«, sagte ich.

»Äh«, meinte Daisy, »hätte er nicht einfach den Wackelpudding vom Essen aufheben können?«

»Nein«, sagte ich. »Es gab schon seit einer Ewigkeit keinen Wackelpudding. Er muss ihn direkt aus der Küche geholt haben. Deshalb nehmen wir die Fingerabdrücke von der Schachtel, in der der Wackelpudding geliefert wird, statt von Mrs Martins Tasche. Hoffentlich. Und wenn die Fingerabdrücke nicht von Mrs Stebbings oder einer der anderen Küchendamen stammen, haben wir den Fall geklärt. Stimmt's?«

»Stimmt!«, sagten alle.

Ich nahm den Kasten, stellte ihn auf meine Knie, damit niemand ihn sah, und las die Anleitung. Dann bat ich Vi und Daisy, die Küchentür im Auge zu behalten. Wenn die Küche leer war, würde ich hineinrennen, die Schachtel mit den Wackelpuddingbechern auf Fingerabdrücke untersuchen und *BINGO!*

Doch bald schon merkte ich, dass wir ein Problem hatten. Es stand einfach *immer* jemand an der Tür. Wir haben drei Küchendamen, und an diesem Tag eilten sie dauernd mit großen Stahltöpfen, aus denen es dampfte, oder Stapeln von schmutzigen Tellern hin und her. Sogar als Mrs Stebbings eine kurze Pause einlegte, tat sie das in der Tür und schaute zu uns heraus. Ihr glänzendes Gesicht hatte dieselbe Farbe wie ihr Charlton-T-Shirt. Es führte einfach kein Weg an ihr vorbei, nicht einmal, wenn wir unser Essen holten. Und dann wurde das Problem noch größer, denn wir hatten in unserer Schicht nur noch fünf Minuten.

»Wir brauchen ein Ablenkungsmanöver«, sagte Daisy.

Damit biss sie die Zähne zusammen und riss sich ein paar Haare aus. Ich hatte keine Ahnung, was sie vorhatte, bis sie die Haare in Lance' Karamellpudding fallen ließ.

»He!«, fuhr er sie an, aber Daisy zeigte auf die Durchreiche.

»Geh hin und beschwer dich. Bitte um einen anderen.«

»Ich sollte einfach deinen essen!«

»Es geht doch darum, dass Cym sich in die Küche schleichen kann!«

Lance war immer noch SEHR verstimmt, aber er verstand, was sie meinte. Er murmelte zwar vor sich hin, er hätte auch SEINE Haare in IHREN Pudding tun können, aber er zog los. Leider brachte es nichts. Während Lance mit der einen Küchendame sprach, blieb Mrs Stebbings einfach in der Tür stehen.

»Ich hab noch nicht mal einen anderen Pudding bekommen«, schmollte Lance, als er zurückkam. »Sie hat einfach deine Haare herausgefischt und noch mehr Vanillesoße drübergegossen.«

Daisy seufzte, obwohl ihr Lance' Pudding egal war. Sie war jetzt echt frustriert. Als sie sich umsah, fiel ihr Blick auf Veronique, die allein am Nachbartisch saß.

»Komm, setz dich zu uns«, rief Daisy ihr zu.

Veronique schaute auf ihren Teller hinunter. »Nein, danke. Keine ...«

»Komm zu uns rüber«, beharrte Daisy und zog Veronique fast über die Bank. Veronique hatte keine Wahl. Sie schwang ihre Beine über die Bank und legte ihren Apfel vor sich hin. Einen Apfel – statt Mrs Stebbings' Karamellpudding! Das zeigte, wie schlecht es ihr ging. Daisy bemerkte es allerdings nicht.

»Wir brauchen einen Plan«, verkündete sie.

»Einen ...?«

»*Plan*. Wir müssen herausfinden, wer Mrs Martin so was antut.

Richtig?« Daisy schaute sie an, aber Veronique reagierte nicht. Es war, als ob ihr jedes einzelne Wort von Daisy Schmerzen bereitete – so sehr wünschte sie sich, allein zu sein. »Ist dir das etwa *egal?*«, fügte Daisy hinzu.

»N-Nein«, stammelte Veronique, »aber …«

»Was?«

»Also, weißt du, ich habe …«

»Was?«

»Ich meine …« Veronique schaute wieder auf den Tisch hinunter. »Andere Dinge. Über die … Über die ich nachdenken muss. Es tut mir leid …«

»Was für andere Dinge?«

»Na ja …«

»Siehst du nicht, wie wichtig das hier ist?«

»Natürlich sehe ich das. Aber weißt du …«

»Weiß ich was? Wie kannst du nur so *egoistisch* sein?«

»Daisy …«, fing ich an.

»Nein, Cym. Sie ist *wirklich* intelligent. Sie sollte sich etwas ausdenken. Einen Plan. Aber sie tut es nicht. Es ist erbärmlich.«

»Ist es nicht. Sie …«

Aber Daisy hörte nicht zu. Sie fuhr wieder zu Veronique herum. »Du hasst Sport, nicht wahr?« Sie hatte nicht ganz unrecht. Veronique versuchte immer, sich vor dem Sportunterricht zu drücken. »Du warst nicht mit auf der Heide, oder?«

»Ich war erkältet.«

»Dann könntest du es gewesen sein! Willst du *darum* nicht helfen? Hast *du* es getan? Und …« Daisys Augen wurden auf einen

Schlag ganz groß. »Du wärst schlau genug, um ihre Tasche explodieren zu lassen!! Hast DU all das gemacht?«

Daisy beugte sich zu Veronique hinüber. Veronique schaute sie nur an. Sie wusste nicht, was sie sagen sollte, sah verängstigt und ungläubig aus, während ich versuchte, Daisy zu sagen, dass sie kein Idiot sein solle. Aber dann tauchte Marcus Breen auf, zusammen mit Billy Lee.

»Siri«, sagte er, »was trägt ein Mädchen, wenn sie sich die Haare hinten am Kopf zusammenbindet? Einen Pferde...?«

Veronique sah verwirrt aus. Sie wollte einfach nur, dass Marcus wegging. Deshalb sagte sie: »Schwanz.«

Marcus klatschte Billy ab. »Du hast Schwanz gesagt! Jetzt was anderes. Was ist das Gegenteil von Reh hinterm Haus?«

»Wen interessiert das?«

»Mich. Sag es mir.«

Veronique war aufgebracht und warf den Kopf wie ein in die Enge getriebenes Kaninchen hin und her. Sie sah Marcus an und wollte gerade antworten. Offenbar hoffte sie, er werde sie dann in Ruhe lassen.

Aber dann hielt sie inne.

»Pass auf«, beharrte Marcus und kam mit seinem Gesicht ganz nah an ihres heran. »Das Gegenteil von *hinter* ist *vor*. Also MUSS es heißen Reform...?«

Er versuchte, die Antwort aus ihr herauszukitzeln. Aber Veroniques Hals war ganz steif geworden und der Blick aus ihren Augen hart.

»Hau. Ab.«

»Aber du hast es fast gesagt, Siri. Los, komm!«

»Ich hab dir gesagt: HAU AB!«, schrie Veronique. Und dann STIESS unser Klassengenie (das Klavier und Klarinette und Violine spielt und den Zauberwürfel schneller löst, als ich sagen kann »löst den Zauberwürfel«) Marcus Breen gegen die Brust!

Marcus schüttelte den Kopf. Er konnte es kaum glauben – bis Billy ihn zurück in Veroniques Richtung schubste. Er fiel direkt auf sie, was eigentlich nicht seine Schuld war, aber Veronique ließ es sich nicht gefallen. Sie stieß ihn wieder weg. Und zwar noch heftiger, sodass er eigentlich gegen den Tisch hinter ihm fliegen sollte, aber stattdessen stieß er gegen ...

Mr Gorton, den Vertretungslehrer, schlug ihm das Tablett aus der Hand, sodass die Teller wie fliegende Untertassen davonsegelten, bis sie auf dem Tisch der Zweitklässler eine Bruchlandung hinlegten.

Oh nein.

In der Zwischenzeit warf sich Marcus wieder auf Veronique und wollte sie angreifen. Aber sie war, wahrscheinlich wegen ihres Fechtunterrichts, zu schnell. Sie packte ihn an den Haaren und schüttelte seinen Kopf, während Marcus jammerte, Mr Gorton die beiden zu packen versuchte und Miss Phillips sich von der Schlange vor der Ausgabe einen Weg zu uns bahnte. Sie bekam Veronique zu fassen, und dann griffen auch noch die Küchendamen ein. Ich versuchte, alles zu stoppen, aber Lance hatte mich am Arm gepackt, und bevor ich ihn wegstoßen konnte, hielten Daisy und Vi mich auch fest und drehten mich zur Küchentür um.

Zur offen stehenden, *leeren* Küchentür!

Drei Sekunden später war ich hindurch.

Nach drei weiteren Sekunden war ich auf allen vieren und schob zwei Regenwassereimer beiseite.

Und noch mal drei Sekunden später zog ich einen Karton vom Regal, auf dem an der Seite in GROSSEN Buchstaben das Wort **WACKELPUDDING** prangte.

Und wieder drei Sekunden später hörte ich stampfende Schritte hinter mir.

»Iglu!«, dröhnte eine Stimme. »Was zum Teufel MACHST du da eigentlich, JUNGE?«

# 18

Und jetzt sollte ich euch wahrscheinlich ein bisschen was über Mr Baker erzählen (unseren neuen Rektor). Vor Weihnachten war ich auf einem Schulausflug ein *winziges bisschen* streitlustig gewesen und wurde zu Mrs Johnson bestellt (unserer letzten Rektorin). Das »Wörtchen«, das sie mit mir redete, war schrecklich, auch wenn sie mich zum Schluss in den Arm nahm.

Aber als ich jetzt zu Mr Baker hinaufsah, sagte mir etwas, dass die nächsten fünf Minuten noch schlimmer werden würden.

Er hat irgendetwas an sich – und das liegt nicht nur daran, dass niemand wollte, dass Mrs Johnson in den Ruhestand geht. Sie war streng, aber auf eine funkelnde Art und Weise. Die Schule fühlte sich richtig an, wenn sie da war, und falsch, wenn sie nicht da war. So ähnlich, wie wenn die Queen nicht im Buckingham-Palast ist und keine Fahne gehisst wird. Sie war in einer Art und Weise für uns zuständig, dass man sich sicher fühlte, dass man das Gefühl hatte, jemand schaut nach der ganzen Schule und allen, die sich in ihr aufhalten.

Mr Baker dagegen wirkt, als würde er immer über etwas anderes nachdenken. In Gegenwart von Eltern knipst er seine Aufmerksamkeit an, aber wenn sie nicht da sind, ist es ein bisschen so, als wären wir Schüler irgendwie im Weg. Er geht, ohne zu grüßen, an uns vorbei, was Mrs Johnson niemals gemacht hätte, oder er telefoniert, als wäre es Wochenende und wir wären gar nicht da. In Versammlungen wirkt er irgendwie gehetzt, aber bei der Zeugnisausgabe, wenn auch die Eltern da sind, ist er ruhig und freundlich und lässt sich darüber aus, dass wir eine Gemeinschaft sind, dass eine Schule so viel mehr ist als ihre Gebäude und Räume. Es ist fast, als hätten wir zwei Mr Bakers – und ich wusste genau, welcher gerade vor mir stand.

Ich drehte mich um und schaute zu unserem Rektor auf, der die Arme vor der Brust verschränkt hatte. Ein Ring an seinem kleinen Finger funkelte im Licht, das durch das Fenster fiel. Als ich merkte, dass meine Hände immer noch auf der Schachtel mit dem Wackelpudding lagen, zog ich sie zurück, und in mir verkrampfte sich alles.

»W-Was ich w-was ...?«, stammelte ich.

»Du hast mich sehr wohl verstanden. MACHST! Was du da MACHST? In dieser Schule sind einige schreckliche Dinge passiert, und es sieht so aus, als hätte ich gerade einen weiteren Vorfall verhindert. UND?«

»Was? Nein! Bitte – das war ich nicht. Nichts davon. Auch das hier ... Ich ...«

»JA?«, sagte eine Stimme, die aber nicht zu Mr Baker gehörte. Sie kam von hinter ihm und war lauter und SOGAR NOCH ÄRGERLICHER.

Und da sah ich Mrs Stebbings. Sie musterte Mr Baker – nicht sehr angetan davon, ihn hier zu sehen – und dann mich. Dann drängte sie sich an Mr Baker vorbei und hätte ihn dabei umgestoßen, wenn er nicht rechtzeitig zur Seite gesprungen wäre.

Ihre Augen wurden groß wie Suppenteller.

»Was«, wollte sie wissen, »machst *du* hier drin?«

Ich wollte antworten, aber mein Mund war zu trocken. Ich konnte nicht sprechen, also leckte ich mir die Lippen, um es noch einmal zu versuchen, aber Mr Baker war schneller.

»Ich habe ihn gesehen!«, rief er.

»Wobei?«

»Wie er hineingeflitzt ist. Er hat die Unruhe draußen als Ablenkung genutzt!«

Mrs Stebbings richtete sich mit einem Ruck auf. »Tatsächlich? Aber *wozu* um Himmels willen, Mr Baker?«

»Ist das nicht offensichtlich?«

»Für mich nicht! Cymbeline ist ein prima Junge und ...«

»Nun ja, er wollte offensichtlich etwas stehlen, oder?«

»STEHLEN?!« Mrs Stebbings ging auf Mr Baker los, als wäre er verrückt. Und sie wollte ihm das sogar gerade sagen, als sie den Karton mit dem Wackelpudding sah. Ihr Gesichtsausdruck veränderte sich, Empörung und Zweifel verwandelten sich in Betroffenheit.

»Was?«, sagte sie. »Ist dir mein Karamellpudding nicht gut genug?«

»Doch!«, beharrte ich.

»Sieht nicht so aus.«

»Aber es ist so. Ehrlich. Es ist meine zweitliebste Lieblingsspeise aller Zeiten! Und wenn man damit Pizza belegen könnte, würde er auf Platz eins vorrücken. Ich wollte nicht *stehlen*.«

»Aber er hat dich doch auf frischer Tat ertappt!«, sagte Mrs

Stebbings. »Obwohl es mir lieber wäre, Mr Baker, wenn *niemand* ungebeten in meine Küche käme. Vielen Dank. Cymbeline Iglu, das hätte ich NIEMALS von dir gedacht!«

»Aber ich habe nicht, ich ...«

»Was, junger Mann? Na? NA?«, donnerte Mrs Stebbings, und ihre Hände ballten sich zu Fäusten, die sich in ihre Seiten stemmten wie der Henkel eines Fußballpokals.

Und dann sahen sie und Mr Baker mich wütend an.

Also beichtete ich alles. Ich musste. Ohne Daisy, Lance und Vi zu erwähnen und indem ich den Rektor und die Chef-Küchendame im Glauben ließ, dass der Fingerabdruck-Kasten *mir* gehörte, erzählte ich alles darüber, wie ich versuchte, die Person zu finden, die *blauen Wackelpudding in Mrs Martins Schuhe gefüllt hatte.*

»Und damit auch die Person, die ihre Tasche in die Luft gejagt haben muss«, endete ich.

»Die nicht du bist?«

»Nein! Ich mag Mrs Martin sehr. Wir alle mögen sie. Ich wollte herausfinden, wer es WIRKLICH war. Und ...«

»Ja?«

»Wenn ich den Wackelpudding hätte stehlen wollen, hätte ich ja wohl keinen Fingerabdruck-Kasten mitgebracht, oder?«

Darauf wackelte Mr Bakers Gesichtsausdruck ein bisschen. Und ich war zufrieden. Es waren die richtigen Worte gewesen. Mrs Stebbings dagegen sah SOGAR NOCH ärgerlicher aus. Ich hatte gedacht, Mrs Stebbings wäre diejenige der beiden, die leichter zu überzeugen wäre. Ich mag sie *wirklich,* und ich *weiß,* dass sie mich mag. Aber jetzt war sie FUCHSTEUFELSWILD.

»Du denkst, jemand hätte in MEINE Küche eindringen können? Und meinen Wackelpudding stehlen? Die Tür ist immer abgeschlossen.«

»Aber ich bin reingekommen, oder?«

»Egal. Das war Zufall. Und außerdem bin ich ja jetzt hier, oder? Und, Cymbeline, wie viele Jahre kennst du mich schon?«

Ich wusste nicht, worauf sie hinauswollte. Oder warum sie fragte.»Seit ich hier bin?«, antwortete ich zögernd.

»Also vier Jahre?«

»Ja, aber ...«

»Dann weißt du also, von wem ich Fan bin?«

»*Fan?*«, entfuhr es Mr Baker. »Was hat das damit zu tun, dass ...«

Mrs Stebbings wandte sich mit finsterem Blick an Mr Baker. »Ja«, wiederholte sie.»Fan. Und?«

»Charlton«, sagte ich.

»Natürlich! Neunundfünfzig Jahre lang, als Frau und als Mädchen. Hatte über vierzig Jahre eine Dauerkarte, nicht wahr?!«

»Nun, das ist wirklich beeindruckend, Mrs Stebbings, aber was hat das damit zu tun, dass ...?«

»Alles. In welcher *Farbe* spielen wir, Cymbeline?«

»Farbe?«

»Du hast mich sehr wohl verstanden.«

»Rot!«

»Natürlich. Und welche Mannschaft spielt in ... *Blau?*«

»Chelsea«, sagte ich. »Und Leicester. Außerdem natürlich noch Milw- ...«

»WIE MEINEN!?«

»'tschuldigung!«, sagte ich und verschluckte den Namen unseres nächsten und tödlichsten Rivalen so schnell wie ein Zauberer, der den Namen »Voldemort« nicht aussprechen darf. »Die Mannschaft, deren Name nicht genannt werden darf?«, korrigierte ich mich.

»Genau!«, brüllte Mrs Stebbings. »Und *du* kommst *hier* rein und suchst BLAUEN Wackelpudding? BLAUEN Wackelpudding in MEINER Küche? Niemals! Was zum Teufel, denkst du, würde Jacky Chapman dazu sagen?!«

# 19

Die Antwort auf Mrs Stebbings' Frage lautete, *dass ich es nicht wusste.* Jacky Chapman hatte immer noch nicht auf meinen Brief geantwortet. Aber was ich wusste, war: Wer auch immer Mrs Martin ins Visier genommen hatte, hatte seinen eigenen (blauen) Wackelpudding mit in die Schule gebracht, um ihn in ihre Schuhe zu füllen. Das wäre ziemlich ärgerlich, denn das bedeutete ja, dass es gar keine Fingerabdrücke zu nehmen gab, also auch keine Möglichkeit herauszufinden, wer es getan hatte. Was Mrs Martin betraf, käme also immer noch ich in Betracht!

Im Augenblick machte ich mir allerdings ein bisschen mehr Sorgen um meine unmittelbare Zukunft, aber zwei Dinge sprachen für mich.

1. Nachdem ich mich bei Mrs Stebbings entschuldigt hatte, sagte sie: »Gut, kein Wort mehr darüber.«

2. Obwohl klar war, dass es mit Mr Baker schwieriger werden würde, hatte ich Glück. Genau in diesem Augenblick nämlich trat Miss Phillips herein. Nach einem neugierigen Blick hinunter zu mir sagte sie Mr Baker, dass er gebraucht würde. Er schüttelte den Kopf und eilte davon. Ich seufzte erleichtert, während mein Herz in meinem Brustkorb wie wild schlug.

»Verschwinde«, sagte Mrs Stebbings kopfschüttelnd. »Blauer Wackelpudding, also wirklich!«

Und ich verschwand.

Daisy war immer noch im Speisesaal. »Hast du sie?«, wollte sie wissen. Ich schüttelte den Kopf und erzählte ihr, was passiert war. Dann gab ich ihr den Fingerabdruck-Kasten zurück.

»Und was machen wir jetzt?«, fragte sie.

Ich wollte helfen. Wirklich. Aber jetzt musste ich los und Veronique suchen. Denn ich hatte einen Einfall gehabt: Ich wusste, was bei Nanai passiert sein musste! Kein Internet, kein Telefon … Dann gab es nur eine mögliche Erklärung.

Aber Veronique war wegen der Rangelei mit Marcus bei Mr Baker. Und als mir das klar wurde, zuckte ich zusammen. Veronique ist für Lehrer wahrscheinlich nicht die einfachste Schülerin. Sie stellt DAUERND Fragen und korrigiert Miss Phillips jedes Mal, wenn eine Jahreszahl ein bisschen falsch ist oder sie irgendeine Kleinigkeit vergisst. Doch Veronique hat noch nie wirklich Ärger bekommen. Mr Baker kannte sie nicht und würde wütend sein. Ich seufzte und wollte eigentlich gleich los, um mich für sie einzusetzen und ihm zu sagen, dass sie provoziert worden war und sich nur gewehrt hatte. *Und* dass sie auch zu Hause mit Dingen belastet war. Ich kam sogar bis zur Tür des Rektorats, aber gerade als ich genug Mut zusammengerafft hatte, um zu klopfen, trat Miss Phillips heraus.

»Hau ab«, sagte sie. »Und zwar schnell, wenn ich du wäre.«

Ich bewegte mich von der Tür weg, hing jedoch im Flur herum, damit ich Veronique sah, wenn sie herauskam. Aber zwei Minuten später klingelte es.

»Cymbeline«, sagte Miss Phillips, und ich drehte mich um. Sie hatte auf mich gewartet. Sie trat beiseite, hob den Blick, und ich musste wohl oder übel an ihr vorbeigehen.

Nach der Mittagspause machten wir mit den Römern weiter. Sie nahmen ihr Essen im Liegen zu sich. Mum hätte gerufen »Was sind das für Tischmanieren!« und wäre überhaupt ausgeflippt. Sie hatten also Glück, dass sie in der Moderne lebt.

Veroniques Platz blieb leer.

Sie kam nicht einmal zu unserer Lesestunde. *Krieg und Frieden* lag verlassen auf ihrem Platz, bis ich das Buch nahm und die erste Seite aufschlug. Allerdings benutzte ich das Buch nur, um durch das Fenster die Rektoratstür im Auge zu behalten. Als Veronique herauskam, freute ich mich, aber dann sah ich ihre Mum neben ihr, die offenbar von ihrer Musiktournee wieder zurück war. Sie war wohl in die Schule gebeten worden, was bedeutete, dass es *wirklich* ernst war. Und die beiden gingen nicht zurück in Richtung Schule, sondern durch das Tor hinaus, das sie aufstießen, weil die grünen Knöpfe nicht mehr funktionieren. Ich starrte hinter ihnen her und versuchte Veronique so dazu zu bringen, sich umzudrehen, was sie erstaunlicherweise auch tat. Allerdings sah sie mich nur kurz an, bevor sie in ihren Volvo einstieg.

Miss Phillips' Stimme drang durch die Stille.

»Konzentrier dich bitte, Cymbeline, aber du hast eine gute Wahl getroffen, muss ich sagen. *Noch* ein Tolstoi-Fan! Ich bin schon sehr gespannt auf deinen Lesebericht. Wie es aussieht, hast du nur noch ungefähr achthundert Seiten vor dir.«

Na prima.

Fünf Minuten später schaute ich noch einmal verstohlen aus dem Fenster, aber in der Reihe von Autos auf der Straße klaffte eine breite Lücke. Sie erinnerte mich an Mrs Martins Lächeln.

Nach der Lesestunde holten wir unsere Hefte mit der Personen-Präsentation heraus. Alle fingen an zu schreiben, aber ich konnte nichts tun. Miss Phillips bemerkte es.

»Immer noch keine Antwort?«, fragte sie und trat neben mich.

»Nein.«

»War ein Schuss ins Blaue, oder? Ich weiß, du wolltest etwas Persönliches. Und in seinem Hubschrauber mitfliegen. Aber wir können nicht viel machen, was?«

»Spielt keine Rolle.«

»Ach so?«

»Ich schreibe nicht mehr über Jacky Chapman.«

Miss Phillips lachte. »Über wen dann? Neymar? Oder Ronaldo?«

»Diese Person ist noch erstaunlicher als ein Fußballspieler.«

»Und wie heißt er?«, fragte sie.

»*Sie* heißt Nanai«, antwortete ich.

# 20

Ich will das erklären.

Ich meine, ich mochte Jacky Chapman immer noch sehr, und NATÜRLICH wünschte ich mir immer noch, dass er mit seinem Hubschrauber zu unserer Schule fliegt und mich zu einem Spiel abholt.

Aber ich MUSSTE mir auch etwas einfallen lassen, wie ich mit Nanai sprechen könnte. Ich hatte nicht vor, sie zu verärgern, sondern wollte sie nur etwas fragen: Hatte sie vor vier, nein, inzwischen vor *fünf* Tagen einen Brief bekommen? Einen Brief, der sie aus irgendeinem Grund aufgeregt hatte?

*Das* war mein Gedanke, und je mehr ich über ihn nachdachte, desto überzeugter war ich, dass es so gewesen sein *musste*. Was hätte sonst passiert sein sollen? Sie hatte kein Telefon und kein Internet. Wenn jemand zu Besuch gekommen wäre, wüssten Veronique oder ihre Eltern davon. Es *musste* ein Brief sein – NICHTS ANDERES ergab einen Sinn.

Allerdings konnte ich Mum auf keinen Fall bitten, mich dorthin zu bringen. Veroniques Mum hatte vorhin SO sauer ausgesehen. Bestimmt hatte Veronique Hausarrest. Aber vielleicht würde Mum mich wieder zu Tante Mill bringen? Dann könnte ich im Garten Fußball spielen und durch den Zaun hindurchklettern oder vielleicht sogar von Tante Mills Gästezimmer aus etwas gegen Veroniques Fenster werfen und auf ihrer Dachbodenleiter hinüberkrabbeln.

Aber Mum sagte Nein.

Die Schule war schon vorbei. Wir waren draußen auf der Heide, und alle spielten Fußball oder standen am Eiswagen an oder flitzten auf Fahrrädern herum. Alle, weil es – JA – Freitag war. Aber ich kümmerte mich nicht darum. Ich kreuzte die Finger hinter dem Rücken und fragte Mum wegen Tante Mill.

Aber sie schüttelte den Kopf.

»Und warum nicht?«, nölte ich.

Mum zuckte die Achseln. »Mill antwortet nicht auf meine Nachrichten. Wahrscheinlich ist sie sauer wegen des Abendessens. Ehrlich, meine Schwester ist SO empfindlich.«

»Aber kannst du dich nicht einfach entschuldigen?«

Mum sah mich an. »*Ich!?* Wofür?«

»Äh, weil du ihr gesagt hast, wie sie ihre Kinder erziehen soll? Weil du ihr Haus mit Dal versaut hast? Ganz zu schweigen von ihrem iPad?«

»Sehe nicht ein, dass das meine Schuld war, nicht, solange *sie* es nicht schafft, ihr Haus nagetierfrei zu halten. Das iPad wollte ich allerdings reparieren lassen. Warum willst du überhaupt dorthin?«

»Um Nanai zu besuchen.«

»Wirklich? Warum?«

Ich wollte es ihr erklären, aber es war zu kompliziert. »Ähm, Clays Drohne«, sagte ich. »Er hat mir schon vor einer Ewigkeit einen Probeflug versprochen.«

»Na ja, vielleicht ist das iPad ja schon repariert. Lass uns nach-fragen, ob es fertig ist, ja?«

Das war das Beste, was ich bekommen konnte, deshalb wil-ligte ich ein. Ich hoffte einfach, dass das iPad repariert wäre und Mum es zurückbringen könnte. Eigentlich dachte ich, sie wolle dazu einfach schnell nach Blackheath Village reinfahren, aber als ich merkte, was sie *wirklich* gemeint hatte, stöhnte ich auf.

Wir fuhren zum Einkaufszentrum Lewisham.

Und das Problem mit Einkaufszentren ist natürlich, dass es dort Läden zum Einkaufen gibt. Ohne sie wären die Einkaufszent-ren gute Orte, wo man bei Regen Skateboard fahren oder Nerf-Schlachten austragen konnte. Ein oder zwei Läden wären ja okay, aber es gibt dort SO viele, und Eltern NUTZEN DAS AUS. Ein Bei-spiel: Bei Argos das Geburtstagsgeschenk für Lance zu kaufen hätte fünf Minuten dauern sollen.

Und es dauerte fünf Minuten.

Aber dann sagte Mum, wir müssten nur noch »kurz« bei WHSmith nach Tinte schauen, im 1-Euro-Laden nach Teelichtern, bei TK Maxx, ob es Turnschuhe gibt, und dann nur noch einen Blick in M&S werfen. Dieser Blick dauerte, wie sich herausstellte, Stunden, weil sie mich zwang, Kleidung anzuprobieren (sowieso eine völlig sinnlose Übung, weil sie sie immer SEHR GROSS kauft. Offenbar ist es ihr egal, dass ich zwei Jahre lang wie ein Garten-zwerg aussehe, bis ich hineingewachsen bin). DANACH musste ich *noch* länger warten, weil sie selbst etwas anprobierte, was WIRK-LICH peinlich war, denn es waren BHs. »Keine Ahnung, welcher der schönste ist!«, sagte ich nach dem sechsten. »Und du trägst sie doch unter anderen Kleidern, was spielt es für eine Rolle, wie sie aussehen?«

Aber diesmal war es noch schlimmer.

Ich dachte, wir könnten einfach das iPad abholen und es bei Tante Mill vorbeibringen. Aber der Mann in der Reparaturwerkstatt sagte, das iPad wäre noch nicht ganz fertig und wir sollten später noch mal vorbeikommen. Das führte dazu, dass Mum mich von oben bis unten musterte. Und dann wieder oben anfing. Danach wollte sie mir, wie sie sagte, einen »HaarSCHNITT« verpassen lassen, was sich allerdings als »HaarMASSAKER« herausstellte. Dann wurde ich gezwungen, mit juckendem Nacken zu Sainsbury's zu gehen, was noch länger dauerte als sonst, weil Mum bei jedem einzelnen Produkt die E-Nummern kontrollierte (ihr neuestes Hobby).

Bald fühlte es sich an, als krabbelten rote Ameisen in meinem Kragen. Um sie zur Eile anzutreiben, sagte ich: »Musst du dich nicht fertig machen?«

»Wofür?«

»Fürs Kino?«

»Oh«, sagte Mum, schluckte und sah weg. »Nein. Ich ... ich glaube nicht, dass ich heute gehe.«

»Aber es ist Freitag. Läuft nichts, was du sehen möchtest?«

»Nein ... Eigentlich nicht. Möchte viel lieber bei dir bleiben, Cym.«

Mum lächelte mir kurz zu, zog dann aber ihr Handy heraus und warf einen Blick auf den Bildschirm, bevor sie es wieder in die Tasche schob.

Endlich konnten wir auch das iPad abholen.

»Und was war das für ein Zeug?«, fragte der Mann.

Er wollte, dass Mum überprüfte, ob die Apps funktionierten, aber wir hatten Tante Mills Passwort nicht. Mum rief sie an, und nachdem sie eine Nachricht hinterlassen hatte, rief Tante Mill *tatsächlich* zurück. Mum entsperrte das iPad, und alles schien zu funktionieren. Mum sprach weiter mit ihr, während sie bezahlte. Zuerst wirkte sie verärgert, aber dann *sah* es so aus, als würden sie und Tante Mill sich wieder vertragen. Sie lachte, und ich war froh, denn das bedeutete, dass ich *vielleicht dorthin kommen würde.* Mum lachte noch mehr.

»Es ist Onkel Chris«, sagte sie, nachdem sie Mill gebeten hatte, einen Augenblick zu warten. »Als er ›Ratte‹ gerufen hatte, meinten die Gäste im Steakhaus, das Tier wäre *dort.* Und es gab eine panische Flucht zur Tür! Jetzt hat er lebenslang Hausverbot!«

Ich fand das ziemlich lustig. Mum dagegen sah wieder ein bisschen ernster aus und sagte, nachdem sie sich von mir abgewandt hatte, zu Tante Mill, dass jemand sie den ganzen Tag nicht angerufen habe. Ich war frustriert, weil ich ja nur wissen wollte, ob ich *kurz zu Tante Mill kommen darf.* Aber da ich gerade nichts tun konnte, suchte ich auf dem iPad nach Minecraft. Tante Mill hatte es nicht installiert (manche Leute sind schon komisch), aber dafür gab es Flow Free. Ich ging hinaus in das Shoppingzentrum und setzte mich auf eine Bank. Gerade als ich meinen Finger bewegte, um das Flow-Free-Icon anzuklicken, erregte etwas meine Aufmerksamkeit. Ein Ordner, ein paar Icons weiter, oben in der linken Ecke des Bildschirms:

## CCTV

Ich wusste, dass Tante Mill eine CCTV-Videoüberwachung besaß. Nachdem Einbrecher versucht hatten, ins Haus einzudringen, hatte Onkel Chris darauf bestanden, die Überwachung selbst zu installieren. Er liebte solche technischen Spielereien. Da Juni und Clay sich nicht dafür interessierten, zeigte er mir, wie die Überwachung funktionierte. Die Kamera war über ihrer Eingangstür angebracht und sandte Bilder an ihr iPad, wo sie gespeichert wurden. Onkel Chris bat mich, so zu tun, als wäre ich ein Einbrecher, und dann schauten wir uns beide an, wie ich herumgeschlichen war. Die Kamera sprang jedoch erst an, wenn das Licht anging, deshalb installierten sie die automatischen Lampen, die auch gestern aufleuchteten, als ich nach draußen trat. Warum das meine Aufmerksamkeit von Flow Free abgelenkt hatte, weiß ich nicht.

Bis es mir dämmerte.

Wenn Nanai einen Brief bekommen hatte, wegen dem sie jetzt nichts mehr aß, MUSSTE JEMAND IHN GEBRACHT HABEN. Das kann nicht der Postbote gewesen sein, denn Veronique und ihr Vater hätten ihn gesehen. Und keiner von beiden konnte sich an IRGENDETWAS erinnern, das Nanai bekommen haben könnte. Also musste ihn jemand anderes gebracht haben. Wahrscheinlich, als alle anderen außer Haus waren.

Ich warf einen Blick in den Reparaturladen.

Mum redete immer noch.

Also klickte ich auf den CCTV-Ordner.

# 21

In dem Ordner waren viele kleine Dateien mit Datumsangaben. Die letzte stammte von gestern. Nach einem weiteren kurzen Blick in Richtung Laden öffnete ich die Datei und erkannte sofort Tante Mills Straße. In der unteren Ecke wurde die Zeit angezeigt: 6:34 Uhr. Ich war ganz aufgeregt, obwohl ich noch nicht richtig erkannte, wie viel von der Straße die Kamera eingefangen hatte. Um das herauszufinden, bewegte ich den Cursor weiter bis 8:15 Uhr – wenn Veronique, wie ich wusste, zur Schule musste. Und JA – wie ich gehofft hatte, zeigte die Kamera tatsächlich ihr Haus. Und da war Veronique, und auch ihr Vater. Sie warf sich die Tasche über die Schulter, als sie sich die Straße hinunter auf den Weg machte. Wenn also jemand zu Nanai gekommen wäre, hätte Tante Mills CCTV-Kamera das aufgezeichnet!

Ich versuchte, meine Aufregung zu bändigen und zählte die Tage zurück. Nanai hatte vor fünf Tagen aufgehört zu essen. Zumindest hatte Veronique das gesagt. Und das wäre ... Sonntag gewesen. Nach einem weiteren Blick zum Laden schloss ich die Datei von gestern und suchte die von Sonntag. Als ich sie öffnete, wurde 6:39 Uhr angezeigt, also scrollte ich weiter und hielt Ausschau nach Menschen. Um 7:12 Uhr kam eine Frau ins Bild, die einen Hund spazieren führte. Sie blieb nicht stehen, aber ihr Hund ließ etwas fallen, mitten auf der Straße (pfui!).

Ich scrollte weiter, und um 7:35 Uhr fuhr ein Auto vorbei. Um 7:48 Uhr kam wieder ein Spaziergänger mit Hund (und trat in die Hinterlassenschaft des ersten Hundes). Um 8:06 Uhr ging ein Junge vorbei, der Chips aß und dann die Tüte einfach fallen ließ (pfui!). Ich schüttelte den Kopf: Nein, ich würde mich vom Verhalten der menschlichen Rasse nicht demoralisieren lassen. Dann sah ich ein paar Radfahrer, pummelige Papas, die in Lycra®-Anzügen steckten wie die Wurst in der Pelle. Ich machte weiter, bis ein rotes Auto in Sicht kam. Eigentlich wollte ich es gar nicht beachten, aber es wurde langsamer und hielt an. Allerdings stieg niemand aus, deshalb scrollte ich weiter, bis ich sah, wie Veronique zusammen mit ihrem Vater das Haus verließ. Natürlich nicht, um in die Schule zu gehen, denn es war ja Sonntag. Sie trug ihren Geigenkasten und ihre Fechttasche und stellte beides in den Kofferraum, bevor sie davonfuhren.

Jetzt hatten alle das Haus verlassen: Veronique, ihr Dad und ihre Mum. Nanai war allein dort.

Ich kratzte mich am Kopf und warf einen Blick auf die Zeit unten auf dem Bildschirm: 9:45 Uhr. Bei der Aussicht, dass ich vielleicht noch den ganzen Tag durchkämmen musste, seufzte ich und wollte den Film wieder weiterlaufen lassen. Aber gerade als ich den Finger ausstreckte, um ihn auf die Zeitleiste zu legen, nahm ich eine Bewegung wahr. Sie kam von dem Auto, dem roten, das angehalten hatte.

Die Tür ging auf. Ich zog meinen Finger zurück und ließ den Film einfach weiterlaufen. Ein Mann stieg aus. Zunächst war ich enttäuscht – er sah überhaupt nicht aus wie jemand, der Post zustellt. Er war sehr groß und trug einen Anzug mit Krawatte. Während er Veroniques Haus betrachtete, knöpfte er sein Jackett zu. Irgendetwas an ihm ließ mich die Stirn runzeln, aber bevor ich herausfand, was es war, bewegte sich der Mann. Er ging direkt auf das hölzerne Tor neben Veroniques Haus zu, das hinunter in den Garten führte.

Und zu Nanais Häuschen.

Ja!

Ich versuchte ruhig zu bleiben und beobachtete, wie der Mann die Tür öffnete und hindurchging. Es hatte also einen Besucher gegeben – einen Besucher, der gewartet hatte, bis alle anderen das Haus verlassen hatten.

Ich war total begeistert, dass ich (irgendwie) recht behalten hatte, und konnte meine Augen nicht vom Bildschirm lösen, während die nächsten zwei Minuten verstrichen. Dann drei, vier ... bis ich merkte, dass ich – *oh Mann* – das Video auch vorspulen konnte. Ich machte es ganz langsam, damit ich nichts verpasste, bis sich das Seitentor wieder öffnete.

Und derselbe Mann wieder herauskam.

Wieder betrachtete ich ihn mit zusammengekniffenen Augen. Es war immer noch etwas an ihm, was ich irgendwie nicht benennen konnte. Eigentlich schien er ganz normal zu sein, aber wieder dachte ich, dass er einfach nicht aussah wie jemand, der etwas zugestellt hatte. Verwirrt beobachtete ich, wie er zurück zu seinem Auto ging. Dort stieg er nicht ein, sondern lehnte sich dagegen und zündete sich eine Zigarette an (pfui!). Er zog daran und sah aus irgendeinem Grund unglücklich aus. Ich schüttelte den

Kopf und wollte gerade noch einmal zurück zu der Stelle gehen, wo er erstmals aus dem Auto gestiegen war, da klopfte mein Herz auf einmal in meiner Kehle.

»Was machst du da?«, sagte Mum.

Mum war aus dem Laden gekommen. Ich ließ fast das iPad fallen und sah auf: »Äh ... ich teste Tante Mills Apps.«

»Oh«, sagte Mum und betrachtete stirnrunzelnd den Bildschirm. »Du hättest wirklich auf mich warten sollen. Wer weiß, *was* meine Schwester da so alles drauf hat.«

»'tschuldigung.«

»Schon gut. Aber ...« Mum spähte mir über die Schulter. »Was ist das?«

Ich zuckte die Achseln. »Ich bin mir nicht *ganz* sicher«, sagte ich. »Aber ich *glaube,* es ist ihre CCTV-Videoüberwachung.«

»Du hast recht.« Mum nickte, stellte ihre Einkaufstaschen ab und setzte sich zu mir auf die Bank. »Ein bisschen paranoid, wenn du mich fragst. Ihr Haus ist wie Fort Knox. Je mehr du hast, umso mehr Sorgen musst du dir machen. PS4s, Drohnen, Xboxes, iPads... Oh –« Mum spähte auf den Bildschirm. Dann rutschte sie näher zu mir heran.

»Was ist los?«, fragte ich.

»Das ist ja lustig.«

»Was?«

Mum sagte nichts, bis ich sie anstieß. »'tschuldigung. Aber ...«

»Was?«

»Na ja ...« Mum lachte. »Das ist doch Mills CCTV, oder?«

»Ja.«

»Und dieser Wagen parkt vor Veroniques Haus?«

»Jap.«

»Dann frag ich mich, was Graham da macht?«

»Graham?«

Mum nahm mir das iPad aus der Hand und betrachtete den Bildschirm noch einmal ganz genau. Dann zeigte sie auf den Mann, der an dem Wagen lehnte. »Was macht er in Blackheath?«

»Was macht *wer* in Blackheath?«

»Sie wohnen doch in Greenwich, oder?«

»Wer?«

»Ja, da bin ich mir sicher.«

»*Wer*, Mum?«

»Unten beim Bahnhof, gleich hinter St Alfege. Ich bin mir sicher.«

»*Wer* wohnt in Greenwich beim Bahnhof?!«

»Entschuldigung.« Mum gab mir lächelnd das iPad zurück. »Daisy ist in deiner Klasse, oder?«

»Daisy?«

»Blake. Du kennst sie doch.«

»Natürlich kenne ich sie. Aber warum *um Himmels willen* fragst du?«

»Weil«, sagte Mum, beugte sich wieder zum iPad runter und zog den Bildschirm mit den Fingern auseinander, sodass das Gesicht des Mannes ihn ganz ausfüllte, »das ihr Dad ist, oder nicht?«

# 22

Der **Dad** von Daisy aus meiner Klasse?

Besucht Veroniques **Oma**?

Heimlich?

An einem **Sonntag**?

An dem Tag, als sie aufhörte zu **essen**?

???????????????????????

!!? WAAAAAAS ?!!

?????????????????????????

# 23

Zum Abendessen gab es Gemüselasagne (von Sainsbury's). Mum hatte sich versichert, dass sie keine E-Nummern enthielt, und meiner Ansicht nach hätte man auch das Gemüse weglassen können. Ich pickte es heraus und dachte an Nanai.

Und an Daisy Blake.

Und an ihren Vater.

Ich hätte nie gedacht, dass ich das einmal sagen würde, aber das war eine größere Anstrengung für mein Gehirn als Rechtschreibung.

Ich *musste* mit Veronique sprechen.

Allerdings war es unmöglich, das noch an diesem Abend zu bewerkstelligen. Ich konnte nicht einmal Tante Mill besuchen, weil Onkel Chris heimgekommen war und sie einen Familienabend machten. Könnte ich vielleicht bei Daisy vorbeischauen?

»Zu spät«, sagte Mum. »Du siehst sie doch morgen sowieso.«

Das stimmte. Also seufzte ich nur und versuchte, gegen meine Ungeduld anzukämpfen. Und nett zu Mum zu sein. Sie kam mir traurig vor, sogar während des Films, den wir angemacht hatten (*Schwere Colts in zarter Hand*, ihr Lieblingsfilm). Dauernd schaute sie auf ihr Handy und legte es dann wieder weg. Nach dem Film guckte sie noch einmal, seufzte und brachte mich ins Bett. Als sie mein Zimmer verlassen hatte, gähnte ich und erinnerte mich an die kleine Schachtel, die ich in ihrer Tasche gesehen hatte, aber jetzt war es zu spät. Vielleicht würde ich sie morgen bekommen.

Am Samstagmorgen darf ich allein zur Heide hinaufgehen. An diesem Morgen war es kalt (vor allem an meinen Ohren – nach dem Haarmassaker). Dicke, niedrige Wolken zogen über den Himmel wie die Büffelherden, die ich in einem Film von David Attenborough gesehen hatte. Irgendwie waren sie ein bisschen furchteinflößend, sodass ich den ganzen Weg rannte. Ich hielt nur an, als ich an unserer Schule vorbeikam, weil dort wieder dieselben Männer waren, die ich nach dem WV (Wackelpudding-Vorfall) gesehen hatte. Diesmal zeigten sie mit Laserpointern auf verschiedene Stellen. Ich fragte mich wieder, ob sie von der Polizei waren, aber sie sahen nicht so aus, und außerdem redete Billy Lees Vater mit ihnen. Ich ließ sie stehen und ging dorthin, wo wir immer spielen.

Und suchte Daisy.

Aber Daisy war noch nicht da. Vi allerdings schon. Sie stand neben ihrem Vater und unserem anderen Trainer Dave, die die Tore aufstellten. Bei Vis Anblick sank mir der Mut. Nicht etwa, weil ich sie nicht mag, aber sie übte Rainbow Flicks, und die waren *echt gut*. In EINER Woche begann der Lewisham Cup. Wir trainierten seit *Jahren* dafür, da man erst ab der vierten Klasse mitmachen darf. All die Jahre war ich sicher gewesen, dass ich in der Mannschaft sein würde – aber Vi wird immer besser! Und Daisy auch. Sie ist eine Abwehrspielerin, mit der man sich auf KEINEN FALL anlegen will. Außerdem machen beide etwas, was wir Jungs HASSEN – sie SPIELEN den Ball tatsächlich AB. Vis Dad und Dave klatschen immer heftig, wenn sie das tun, und in letzter Zeit habe ich Zweifel bekommen, ob ich wohl in der Startaufstellung sein würde. AUF KEINEN FALL wollte ich auf der Bank beginnen. Wir *haben* nicht mal eine Bank, sondern stehen einfach mit übergezogener Jacke an der Mittellinie rum.

Aber ich schüttelte diese Gedanken ab. Von Blackheath Village näherten sich noch mehr Kinder, Billy und dahinter Lance und Darren Cross. Dann kamen noch mehr, *nur Daisy nicht.* Ich dachte schon, sie würde gar nicht kommen, als sie zusammen mit Elizabeth Fisher, die noch nie dabei gewesen war, aus der anderen Richtung auftauchte. Noch ein Mädchen! Wenn sie den Ball auch abspielte, dann waren wir Jungs erledigt. Ich schüttelte den Kopf und wollte Daisy gerade entgegenrennen, da blieb ich stehen.

Die Mädchen waren nicht allein gekommen.

Die Eltern unterhielten sich alle. Normalerweise bleiben einige während des Trainings da und tun so, als könnten sie es nicht leiden, wenn sie den Ball zu uns zurückkicken müssen. Die meisten setzen ihre Kinder ab, kommen aber dann wieder, um bei den Spielen zuzuschauen. Daisys Vater zum Beispiel macht das, und er war da. Er trug eine neonfarbene Laufmontur, und mir wurde klar, *warum* ich ihn auf dem Überwachungsvideo nicht erkannt hatte. Ich sehe ihn *ausschließlich* beim Fußball, und er sah in einem Anzug SO anders aus. Wenn Mum ihn nicht erkannt hätte, wäre ich nie auf ihn gekommen. Mit ihm zu reden wäre sogar noch viel besser, als mit Daisy zu reden, deshalb rannte ich los, bevor ich Schiss bekommen konnte.

»Mr Blake!«, rief ich.

»*Ja?*« Er drehte sich um und musterte mich stirnrunzelnd, während er gleichzeitig an seiner Uhr herumnestelte. »Cymbeline, richtig? Was kann ich für dich tun, junger Mann?«

Tun? Keine Ahnung. Ich wollte ihn natürlich fragen, was er letzten Sonntag vor Veroniques Haus getan hatte. Aber das konnte ich nicht bringen, oder? »Äh ...«

»Spuck's aus.«

»Also ...«

»Um was geht es? Um die Hand meiner Tochter?«

»NEIN!?«

»War natürlich nur ein Spaß. Übrigens würde die Antwort Ja sein. Zu *allen*. Aber ich hab nicht den ganzen Tag Zeit.« Er sah von seiner Uhr auf. »Mal sehen, ob ich Seb Coes Meilenrekord brechen kann.«

»Echt?«

»Nein. Ein Spaß. Und?«

»Entschuldigung, es ist nur ...«

»Nur?«

»Na ja« – ich holte Luft –, »Sie sind Polizist, oder?«

»Wer hat dich auf diese verrückte Idee gebracht?«

»Daisy. Sie hat es mir gesagt.«

Mr Blake lachte. »Na ja, das ist wie der größte Teil ihrer Hausaufgaben: ungefähr richtig. Warum fragst du?«

Ja, *warum* fragte ich? »Ich, äh, dachte, dass ich das *vielleicht* auch werden könnte.«

»Da musst du noch ein bisschen wachsen.«

»Ich meine, wenn ich älter bin.«

»Klar. Nun, ich *war* Polizist. Habe meine Handschellen an den Nagel gehängt und untersuche die Fälle jetzt selbst. Beantwortet das deine Frage?«

»Nicht ganz. *Was für Fälle* untersuchen Sie?«

Daisys Vater rieb sich das Kinn. »Scheidungen sind ein großer Teil der Arbeit.«

»Wie bitte?«

»Ach. Wenn ein Ehemann – oder eine Ehefrau – glaubt, dass seine Frau – oder ihr Mann – etwas tut, was er oder sie nicht tun sollte, dann versuche ich das herauszufinden.«

Tat Nanai etwas, was sie nicht tun sollte? Mit dem Mann oder der Frau von irgendjemand? Wahrscheinlich nicht. »Sonst nichts?«

»Nein ... Heutzutage geht es auch oft um Online-Sicherheit.«

»Online ...?«

»Firewalls aufmöbeln und so was.«

»Sonst noch was?«

»Betrug am Arbeitsplatz.«

»Betrug ...?«

»Ein Typ sagt, dass er zu krank ist für einen Tag ehrlicher Arbeit, aber dann finde ich heraus, dass er zum Snowboarden in die französischen Alpen gefahren ist.«

»Das ist alles?«

»Ja, so ungefähr.«

Verflixt. Er konnte Nanai nicht wegen irgendeiner Scheidungssache besucht haben. Sie ist nicht verheiratet. Firewalls? Nanais Häuschen ist aus Holz gebaut. Sie würde niemals so etwas haben.

Und ich war sicher, dass Nanai weder in den französischen Alpen noch sonst irgendwo beim Snowboarden war.

Seufzend wollte ich Mr Blake gerade danken, als er sagte: »*Manchmal* kommen auch interessantere Sachen rein.«

»Was zum Beispiel?«

»Gebäudeüberwachung. Menschen suchen.«

Menschen suchen? »Also, wenn jemand vermisst wird?«

»Nein. Um vermisste Personen kümmert sich die Polizei.«

»Was dann?«

»Nun, wir ...« Daisys Vater hielt inne. Und sah ein bisschen traurig aus. »Manche Menschen versuchen, Menschen aus ihrer Vergangenheit ausfindig zu machen.«

»Was sind das für Menschen?«

»Das ist ganz unterschiedlich.« Er zuckte die Achseln. »Jemand hat vielleicht den Kontakt zu einem Freund verloren. Oder zu einem Arbeitskollegen. Oder zu jemandem, der ...«

»Ja?«

Wieder hielt er inne, und ich sah ihn an. Er erwiderte meinen Blick und wirkte auf einmal ein bisschen argwöhnisch. »Lassen wir es einfach dabei bewenden, okay?«

»Okay, aber finden Sie sie immer?«

»Traurigerweise nicht. Aber ...«

»Ja?«

»Na ja ...« Er lächelte in sich hinein und schüttelte den Kopf. »Ob du's glaubst oder nicht, manchmal ist es schlimmer, Menschen zu finden. Schlimmer, als wenn ich sie nicht gefunden hätte.«

Ich wollte ihn fragen, was er damit meinte, aber er drehte sich um und joggte mit großen Schritten in Richtung Greenwich Park davon.

Ich dachte darüber nach, was er gesagt hatte, aber dann kam Vi angerannt und zeigte mir, wie sie mit dem Ball jonglierte. Sie benutzte BEIDE Füße und schlug meinen aktuellen Rekord um SECHS – aber das würde ich ihr unter keinen Umständen sagen. Ich wollte gerade losgehen, um Daisy zu suchen, da trat sie zu uns. Ihre Zuckerstange war inzwischen ganz spitz, und es war viel Weiß zu sehen, aber sie hatte immer noch ungefähr die Hälfte übrig. Nachdem sie noch einmal daran gelutscht hatte, holte sie sich Vis Ball, köpfte ihn und fing ihn dann mit dem Nacken auf.

Na prima.

Und dann, bevor ich Daisy nach ihrem Vater fragen konnte, riefen uns die Trainer zusammen.

Ich seufzte, konnte aber nichts dagegen tun. Also rannte ich hinter Vi her, während Daisy ihre Zuckerstange wegpackte. Dann (nach den üblichen ECHT WITZIGEN Kommentaren zu meinem Haarschnitt) machten wir unsere TOTAL langweiligen und VOLL-KOMMEN sinnlosen Dehnübungen. Ich meine, wenn du während eines Spiels versuchst, deine Zehen zu berühren, macht der Gegner jede Menge Tore, oder? Danach spielten wir zwei gegen zwei, was mehr Spaß machte, auch wenn ich nicht mit Daisy in einem Team war, sodass ich nicht mit ihr sprechen konnte. Und beim Eckball-Training ergab sich auch keine Möglichkeit. Als wir dann sechs gegen sechs spielten, war sie in der gegnerischen Mann-schaft. Es hatte keinen Sinn, über Nanai auch nur nachzudenken, also konzentrierte ich mich auf das Spiel und dachte sogar daran, den Ball abzuspielen (zweimal). Das erste Mal war Lance so überrascht, dass der Ball hinter ihm landete. Beim zweiten Mal war ich auf dem Weg zum Tor, aber da es schräg vor mir lag, entschied ich mich gegen den Ruhm und spielte den Ball stattdessen zu Billy Lee in der Mitte. Als er mit diesem **ABSOLUT EINFACHEN** Abstauber ein Tor schoss, demonstrierte er auf der Stelle, warum wir grundsätzlich nicht abspielen: Bedankte er sich etwa bei mir? Nein – er schlug sich vorn auf sein Hazard-Shirt und wirbelte herum, als wäre alles *sein* Verdienst. Sein Dad war von der Schule herübergekommen und brüllte »WEITER SO, MEIN SOHN!«, ohne *von mir* auch nur Notiz zu nehmen. Nicht dass mir das etwas ausgemacht hätte, ich wollte einfach nur, dass der Abpfiff kam. Und als er ertönte, rannte ich *endlich* rüber zu Daisy.

»Dein Dad«, sagte ich schwer atmend, während Daisy einen Rainbow Flick machte, der genauso gut war wie der von Vi. »Dein Dad!«

»Ich habe ihn schon gefragt.«

»Du hast was?«

»Wegen Mrs Martin. Und er wird gar nichts machen. Er sagt, auch wir sollten die Finger davon lassen. Aus seiner Sicht sollen wir es den Lehrern überlassen.«

»Oh«, sagte ich. »Wie schade. Aber das habe ich nicht gemeint.«

»Was dann?«

Ich zögerte und wollte ihr gerade von Veronique und Nanai erzählen, aber dann erinnerte ich mich daran, wie sie sich am

Freitag gegenüber Veronique verhalten hatte. Ich wusste, dass ich wirklich wütend auf sie sein sollte, aber dafür hatte ich keine Zeit.

»Redet er von seiner Arbeit? Über die Fälle, die er gerade untersucht?«

»Machst du Witze? Das ist alles streng geheim. Verschwiegenheitspflicht gegenüber dem Kunden nennt er es. Nicht einmal meiner Mum erzählt er etwas. Und sein Büro in unserem Haus ist immer abgeschlossen, wenn er weg ist.«

Großer Mist.

»Egal«, fuhr Daisy fort, »wir müssen uns einen anderen Plan für Mrs Martin ausdenken! Auch wenn er vermutlich bis Montag warten muss.«

»Muss er das?«

»Wenn du übers Wochenende verreist.«

Das war eine merkwürdige Bemerkung von Daisy, und ich sah sie erstaunt an. »Wenn ich übers Wochenende ...?«

»Verreist. Wie Lance.«

Lance fuhr mit seinem Club zum Fahrradfahren, aber warum fragte Daisy, ob ich auch verreisen würde? Die Antwort wurde mir erst klar, als ich merkte, dass sie über meine Schulter hinweg hinter mich schaute. Und ich drehte mich um und sah Mum. Sie kommt immer, um am Ende des Trainings bei den Spielen zuzuschauen und mich abzuholen. Kurz überlegte ich, ob sie meinen Lauf und meinen Pass gesehen hatte, und dann fragte ich mich, ob sie wohl mit Tante Mill darüber gesprochen hatte, dass wir an diesem Tag vorbeikommen wollten.

Aber dann unterbrach ich meine Gedanken, denn ich sah, was Daisy meinte. Und in mir erstarrte alles, als ob mir jemand eine Schüssel Eis die Kehle hinuntergekippt hätte.

Mum stand neben einem Koffer.

# 24

Aber was ist so schlimm an einem Koffer?

Wenn ihr das jetzt denkt, will ich es euch erklären: Vor Weihnachten wurde Mum krank. Also, richtig krank.

Sie musste ins Krankenhaus und blieb dort eine Ewigkeit. Ich dachte schon, sie würde gar nie wieder rauskommen. Sie nahm damals einen Koffer mit, und jetzt stand sie da mit DEMSELBEN Koffer. Und gestern war es ihr nicht gut gegangen. Ich sah sie also an und fragte mich, was los wäre, bis sie die Hand vor den Mund schlug.

»Oh nein!«, sagte sie. »Mach dir keine Sorgen!«

Ich schluckte. »Dann bist du also nicht …?«

Mum nahm meine Hände und stieß einen langen Seufzer aus, während sie vor mir in die Hocke ging. »Ich habe nicht daran gedacht, dass du das annehmen könntest. Wie dumm von mir. Aber nein. Schau, Liebes, mir geht es absolut gut.«

»Gestern schien es dir nicht so gut zu gehen.«

»Ich weiß. Das war blöd von mir. Aber es geht mir gut. *Wirklich.*«

Ich bemühte mich, meine Erleichterung nicht zu zeigen. »Was ist es dann?«

»Ach. Na ja. Es ist nur …«

»Was?«

»Stefan«, sagte Mum.

Ich verstand nicht, was sie damit meinte. Als sie auf den Koffer hinunterblickte, wurden meine Augen groß.

»*Da* drin?«, rief ich.

»Nein!« Mum hob den Blick. »Hör zu, am Donnerstag bei Tante Mill lief alles ein bisschen schief, oder?«

»Das könnte man so sagen.«

»Und ich dachte ...« – Mum schaute nach rechts und nach links –, »... dass er mich nicht mehr mag.«

»Weil du ihn mit Essen vollgekleckert hast?«

»Und alles andere.«

»Aber er mag dich noch?«

»Nun ja, er hat mich heute Morgen angerufen.«

»Und er möchte dich immer noch besser kennenlernen?«

»Ja. Und deshalb hat er ...«

»Was?«

»Also, er hat uns Tickets gebucht.«

»Für Charlton?!«

»Nicht direkt.«

»Wofür dann?«

»Paris«, sagte Mum.

»Paris!« Ich starrte sie an und wurde beim Gedanken an Veronique von Panik erfüllt. »Aber ich kann nicht!«, rief ich. »Ich muss *hier* sein.«

»Alles gut«, sagte Mum. »Beruhige dich. Er hat kein ... Pass auf, es ist jammerschade, dass du nicht mitkommen kannst, aber ich sagte ihm, dass du wahrscheinlich sowieso nicht könntest.«

»Danke. Aber warum hast du dann den Koffer dabei?«

»Ähm.« Mum holte Luft. »Nun, ich dachte – aber nur, wenn das für dich okay ist –, dass *ich* allein mit ihm fahre.«

»Nach Paris? Für einen Tag?«

»Zwei Tage. Stefans Töchter gehen zu seiner Mum.«

»Aber sind die Filme dort nicht alle auf Französisch?«

»Das kriegen wir hin.«

»Dann ... bleibe ich bei Dad?«

Mum seufzte, und ich war mir unsicher, welche Antwort ich mir wünschte. Ich kenne meinen Dad nämlich nicht besonders gut. Er ist erst vor Kurzem in meinem Leben aufgetaucht, und ich sehe ihn nur jedes zweite Wochenende. Und auch dann nicht immer, weil er als Schauspieler oft beruflich unterwegs ist. Ich würde ihn wirklich gerne sehen, aber er lebt in North London, und das ist *meilenweit* weg.

»Er ist auf Tournee«, sagte Mum. »Und Onkel Bill ist verreist. Lance auch. Und Mill reagiert nicht. Sie liegt wahrscheinlich immer noch im Bett.«

»Also?«

»Du kommst mit zu uns nach Hause«, sagte eine Stimme hinter mir.

Und als ich mich umdrehte, konnte ich es einfach NICHT fassen, wer mit mir gesprochen hatte.

Es war schon merkwürdig genug, Veronique und ihre Mum überhaupt beim Fußball zu sehen – Veronique sollte eigentlich in der Klavierstunde sein. Sie hatte bald ihre Prüfung. Und – noch merkwürdiger – ihre Mutter lächelte. Wenn ich beim Rektor einbestellt worden wäre, wäre meine Mum ungefähr ein Jahr lang wütend gewesen, aber Veroniques Mum sah nicht einmal *verärgert* aus. Dann hatte Veronique *keinen* Hausarrest? Und selbst wenn nicht? Machten sie sich nicht so große Sorgen um Nanai, dass sie nicht auch noch nach mir schauen konnten?

Ich war verwirrt, aber ich würde mich auf keinen Fall dagegen sträuben. Das war SUPER! Ich könnte Veronique von dem CCTV-Video erzählen. Dann könnten wir *beide* Nanai zur Rede stellen. Ich nickte und sah zu, wie Mum meine Übernachtungstasche an Veroniques Mum übergab und mit ihr besprach, wann sie wieder zurück sein würde. Ich dankte unseren Trainern und sah dann hinüber zu Daisy, deren Vater gerade zu ihr joggte. Vor ihren Füßen lag ein Ball, den er ihr abnehmen wollte, aber sie spielte den Ball mithilfe eines Hackentricks zu Vi, die ihn mit einer Rabona an Lizzie abgab, die sich wiederum um 360° drehte und ihn zurück zu Daisy spielte. Sie zeigte ihrem Vater das Loser-Zeichen und lachte sich schlapp.

»Oh, schau mal«, sagte Mum. »Der Bus!«

Ich ließ Daisy stehen und begleitete Mum zur Bushaltestelle, wo die Nummer 386 gleich losfahren würde. Mum stieg ein und winkte. Ich winkte zurück, bis der Bus Richtung Greenwich Park weggefahren war. Dann drehte ich mich zu Veronique um, die mir mit ihrer Mum entgegenkam. Ich konnte es *kaum erwarten*, mit ihr zu reden, fragte mich aber, ob das in Anwesenheit ihrer Mum gehen würde. Doch Veronique sah merkwürdig aus. Sie war nicht mehr blass. Sie sah weder verloren noch besorgt aus wie zuvor in der Schule. Sie sah sogar nicht einmal besonders ernst aus wie normalerweise, als würde sie über eine schwierige Addition nachdenken oder so.

Veronique *grinste*.

»Es geht um Nanai!«, rief sie, ohne dass ich gefragt hatte. »Sie isst wieder!«

# 25

Das war wirklich eine überraschende Nachricht. Es war eine wunderbare Nachricht. Eine fantastische Nachricht! Die beste Nachricht überhaupt! Aber sie war auch merkwürdig und, wie ich beschämt zugeben musste, ein bisschen enttäuschend. Ich war *so* auf Nanai konzentriert gewesen. Ich hatte etwas herausgefunden, was ihr hätte helfen können, und ich war wirklich stolz darauf. Und jetzt wurde das auf einmal nicht mehr gebraucht. Aber ich wusste, dass das ein dummes Gefühl war, und sagte nur: »Super!« Und fragte, wann sie es bemerkt habe.

»Heute Morgen. Fantastisch, was?«

Ich sagte Ja, hatte aber immer noch ein merkwürdiges Gefühl. Irgendwie kam mir das unwirklich vor. Außerdem dachte ich an Mum, die so enttäuscht wäre, wenn sie wüsste, dass ich doch mit ihr nach Paris hätte fahren können!

Kurz überlegte ich, ob ich Veroniques Mutter dazu bringen könnte, Mum anzurufen, aber der 386er-Bus war schon außer Sicht. Es war jetzt wahrscheinlich zu spät, und außerdem gab es noch eine andere Frage, auf die ich eine Antwort wollte. Deshalb zuckte ich nur die Achseln und folgte Veronique und ihrer Mum durch Blackheath hindurch, bis ihre Mum vor dem Obstladen stehen blieb, um mit einer Freundin zu reden.

»War sie nicht wütend?«, flüsterte ich.

Veronique runzelte die Stirn. »Weswegen?«

»Marcus, natürlich.«

»Ach so.« Veronique nickte. »Sie drehte total am Rad. Ich dachte, die Decke von Mr Bakers Büro würde abheben.«

»Wow. Aber ...«

»Ja?«

»Wie kommt es dann, dass ich zu dir darf?«

»Was? Sie war nicht wütend auf *mich*.«

Ich sah sie erstaunt an. »Nein?«

»Nein! Sie hat sich total über Marcus beschwert, weil er mich dauernd drangsaliert. Und die Schule absolut *nichts* dagegen tut. Mr Baker wollte ihr sagen, dass mein Verhalten inakzeptabel sei, aber sie riss ihm fast den Kopf ab. Ich glaube, sie hat schließlich sogar beschlossen, dass ...«

»Was?«

Veroniques Mund öffnete sich, aber sie verkniff sich zu sagen, was immer es war. »Egal«, murmelte sie, gerade als ihre Mum sich von ihrer Freundin verabschiedete.

Wir gingen weiter zu ihrem Haus, das ungefähr zehn Minuten außerhalb des eigentlichen Viertels liegt. Als wir dort ankamen, wurde mir klar, was Nanai dazu verführt hatte, wieder zu essen.

Veroniques Dad war in der Küche, die kleiner ist als Tante Mills Küche nebenan, weil sie einfach alles so gelassen hatten, wie es war, statt die Wände und so herauszureißen. Es ist aber netter dort, denn während Tante Mills Küche so glänzt, dass es in den Augen wehtut, ist Veroniques Küche alt und bewohnt, mit Schubladen, die nicht richtig schließen, und gemalten Kunstwerken der dreijährigen Veronique am Kühlschrank. Und es riecht auch immer supergut dort, an diesem Tag allerdings nicht, weil irgendetwas gekocht wurde.

Ihr müsst wissen: Veroniques Mutter ist Französin. Deshalb war ihr Vater zu der französischen Bäckerei in Blackheath gegangen und hatte Croissants gekauft, um sie nach ihrer Musiktournee zu Hause willkommen zu heißen. Veronique hatte zwei davon zu Nanai hinuntergebracht – und Nanai hatte sie gegessen. Ich sagte noch einmal »Super«, aber die Erleichterung, die sie alle verspürten, erschien mir immer noch ein bisschen merkwürdig. Und als Veronique mir eines der Croissants anbot, war ich argwöhnisch: Ich verstand nicht, warum sie Nanai verführt hatten. Sie waren nicht einmal mit Schokolade gefüllt. Aber dann kostete ich eines, und es schmeckte fantastisch! Überhaupt nicht nach Pappe wie die, die Mum manchmal kauft, sondern total buttrig und so blättrig, dass es aussah, als würde ein Haufen Herbstblätter auf meinem Teller liegen, als ich fertig gegessen hatte. Kit-Kat war ganz offensichtlich auch ein Fan – er versuchte, auf meinen Teller zu springen. Veronique schnappte ihn sich.

»Sie sind seine absolute Leibspeise, nicht wahr, kleine Ratte? Aber sie sind zu fettig. Sie sind überhaupt nicht gut für dich.«

Sie setzte Kit-Kat auf den Boden und gab ihm stattdessen ein paar Erbsen. Dann brachte sie noch mal einen Teller mit zwei Croissants hinunter zu Nanai. Wieder zurück, wandte sie sich an mich.

»Was sollen wir jetzt machen?«, sagte sie.

Das war wirklich eine interessante Frage. Und sie bedeutete

natürlich, dass ich mit einem Mädchen verabredet war. Keiner der Jungs in meiner Klasse hätte mir diese Frage gestellt, denn obwohl wir gerade den ganzen Vormittag lang Fußball gespielt hatten, wären wir selbstverständlich nach draußen gegangen, um zu kicken. Aber ich war froh, dass sie gefragt hatte: Da Nanai wieder aß, konnten wir uns dem anderen Problem zuwenden.

»Wir müssen über Mrs Martin nachdenken«, sagte ich.

Zuerst diskutierten wir den WV (Wackelpudding-Vorfall). Veronique bemerkte, dass blauer Wackelpudding tatsächlich sehr ungewöhnlich sei.

»Dann such ihn in der Schule«, sagte sie.

Danach analysierten wir die eT (explodierende Tasche). Wir notierten alles, was wir dazu wussten, auf einem Stück Papier – aber uns fiel nichts auf. Schließlich gaben wir auf.

»Wir müssen einfach wachsam sein«, beharrte Veronique, »falls der Schuldige erneut straffällig wird.«

»Ja«, stimmte ich zu. »Und wir müssen die Augen offen halten, falls die Person, die es getan hat, noch einmal zuschlägt.«

»Das habe ich gerade gesagt.«

»Tatsächlich? Wunderbar. Dann sind wir einer Meinung.«

»Ich frage mich, wie es ihr geht«, sagte Veronique, und ich stellte mir vor, wie Mrs Martin das ganze Wochenende zu Hause verbrachte, möglicherweise in dem riesigen Grüffelo-Overall, den sie am Weltbuchtag immer trägt. Wie sie einfach da saß und überlegte, ob sie jemals wieder an einen Ort zurückkehren wollte, wo ihr so schreckliche Dinge angetan worden waren. Ich habe bisher noch gar nicht erwähnt, dass Mum mir einmal erzählt hat,

Mrs Martin hätte überhaupt NUR an der St Saviour's gearbeitet. Die Schule musste ihr wie ein Zuhause vorkommen.

»Können wir denn gar nichts tun?«, fragte ich.

»Eigentlich«, sagte Veronique, »schon.«

Veronique erzählte mir von *ihrer* Personen-Präsentation. Ihr Wissenschaftler hätte oft lange Spaziergänge unternommen, sagte sie, um den Kopf freizubekommen. Nicht über ein Problem nachzudenken, sei offenbar sein Weg gewesen, die Lösung zu finden. Mit meinen Hausaufgaben hat das zwar kein einziges Mal funktioniert, aber ich willigte ein, obwohl ein Spaziergang nicht infrage kam – die Wolken-Büffel hatten sich zusammengedrängt und es regnete. Stattdessen spielten wir Mikado, und die aufgehäuften Mikadostäbe erinnerten mich an Nanais Gesicht.

»Was jetzt?«, fragte ich.

»Wir könnten Scrabble spielen«, schlug Veronique vor.

»Ja, aber wir könnten uns stattdessen auch erschießen. Wie wäre das?«

»Was?« Veronique war erstaunt. »*Gefällt* dir Scrabble etwa nicht?«

»*Dir* etwa? Das ist doch voll die Schnarchveranstaltung. Wörter? Buchstabieren? Da könnten wir genauso gut Schule haben.«

»Bist du etwa nicht gern in der Schule?«, fragte sie ebenso erstaunt.

Ich antwortete nicht. Das hatte keinen Sinn. Veronique ist ... nun, Veronique ist Veronique. Aber ich seufzte. Ich würde natürlich total PLATTGEMACHT werden, wenn wir Scrabble spielten, allerdings hatte Veronique bei mir zu Hause auch Subbuteo gespielt, oder?

Also stimmte ich mit einem lauten inneren Stöhnen zu. Veronique rannte los, um die Schachtel zu holen wie jemand, der einen Eiswagen gehört hat, während ich seufzte. Sie stellte die Schachtel auf den Küchentisch und packte das Brett aus, während ich nach dem Beutel mit den Buchstaben griff. Ich zog ein B, und sie ein M. Das bedeutete, dass ich anfangen durfte, also schob ich meine Hand noch einmal in den Beutel und versuchte, die Buchstabensteine ohne Aufschrift zu ertasten, aber ich bekam keinen einzigen, und deshalb seufzte ich noch einmal. Danach bereitete ich mich innerlich auf die TOTALE Demütigung vor und legte meine Buchstaben auf das Plastikbänkchen.

Und starrte sie an:

# A S B T S I E

Und dann starrte ich sie noch einmal an.

Und starrte.

Und starrte.

Und starrte.

Und dann starrte ich sie an.

Und starrte.

Und starrte.

Und starrte.

Und dann starrte ich sie an.

Und starrte.

Und starrte.

Und starrte.

Und dann starrte ich sie an.

Und starrte.

Und starrte.

Und starrte.

Und dann starrte ich sie an.

Und starrte.

Und starrte.

Und starrte.

Und dann starrte ich sie an.

Und starrte.

Und starrte, bis Veronique zischte. Ich hatte nicht mit Absicht langsam gemacht! Aber bisher war mir nur »EI« eingefallen! Aber das konnte ich nicht legen! Das war sogar mir ZU BESCHEUERT! Ich starrte *wieder* auf die Buchstaben und dann WIEDER, während Veronique anfing zu zappeln und ihren Kopf in einer Art und Weise, die WIRKLICH nervig war, von einer Seite zur anderen bewegte. Und da erkannte ich »EIS«. Ja! Das war schon ein bisschen besser, und obwohl es immer noch ziemlich hoffnungslos war, beschloss ich, das zu legen.

Aber dann hielt ich inne.

Ein Wunder!

Ein Wort sprang mir in den Kopf. Vollkommen ohne Vorwarnung, als ob ein Frosch in mein Gehirn gehüpft wäre! Und außerdem enthielt es ALLE meine Buchstaben! Alle SIEBEN. Hier sind sie noch einmal:

# A S B T S I E

Schaut mal, ob ihr auch draufkommt.

WEITER!

# A B S E I T S

Habt ihr es?

Ja, ich kam drauf, und es brachte mir den doppelten Buchstabenwert *und* weitere fünfzig Zusatzpunkte, weil ich alle meine Buchstaben benutzt hatte!

»Achtundsechzig Punkte!«, rief ich.

»Genau«, sagte Veronique. »Gut gemacht. Denke ich. Aber kannst du das nächste Mal ein bisschen schneller machen?«

Ich sagte, das würde ich tun, und dann war Veronique an der Reihe. Sie legte ein Wort, das ich nicht einmal kannte. Dann war wieder ich dran, und wieder seufzte ich, weil ich dachte, mein erster Lauf wäre einfach nur Zufall gewesen. Aber wie beim letzten Mal sprang wieder ein Wort-Frosch in meinen Kopf! Ich bekam die folgenden Buchstaben und fügte sie zu dem A in ABSEITS hinzu.

# A F B F P I F

Was denkt ihr, hab ich rausbekommen?

Nein, lest erst weiter, wenn ihr's wisst!

Ja –

# A B P F I F F

Das war noch ein doppelter Buchstabenwert und brachte mir noch einmal zweiundvierzig Punkte! Veronique sagte wieder »Gut gemacht«, obwohl sie es diesmal eher zischte (sie bekam nur zwölf Punkte und dann fünfzehn). Danach versuchte sie aufzuholen, aber sie hatte keine Chance, denn ich legte ABSPIEL, AUSZEIT, TORWART, TRAINER, ANPFIFF, SPIELER, PFOSTEN und ANSPIEL. Für alle Wörter brauchte ich alle meine Buchstaben auf und sammelte Punkte. Veronique funkelte mich die ganze Zeit *böse* an, was merkwürdig war, denn Scrabble ist doch nur ein Spiel, oder? Und als ich zu meinem letzten Wort kam, schäumte sie. Das Säckchen war leer, und ich hatte nur noch sechs Buchstaben übrig (C, E, L, O, N und A), die ich zu einem Wort hinzufügte, das Veronique bereits gelegt hatte.

»JA!«, jubelte ich.

»Das GEHT nicht!«, schrie Veronique.

»Warum nicht?«

»BARCELONA?«

»Was ist daran falsch?«

»Es ist ein Eigenname!«

»Aber wenn es ein Eigenname ist, dann KANN ich ihn benutzen. Die meisten *deiner* Wörter habe ich nie zuvor gehört. Wahrscheinlich hast du sie erfunden.«

Veronique wollte diskutieren, aber sie war bloß eine schlechte

Verliererin. BARCELONA lag auf einem dreifachen Buchstaben-wert, und ich bekam noch mal die doppelte Punktzahl, weil ich die letzten Buchstaben aufgebraucht hatte.

»Sechsundneunzig!«, brüllte ich. »Und du musst ein paar Punkte abziehen, weil du noch Buchstaben übrig hast. Das bedeu-tet …« Ich sah Veronique an, aber auf einmal war sie gar nicht so erpicht darauf, eine Rechenaufgabe zu lösen. »Ich gewinne mit … *siebenhundertdrei* Punkten!!«

Ich konnte es kaum erwarten, Miss Phillips davon zu erzählen.

# 26

Veronique stopfte alle Buchstaben zurück in den Beutel, während ich mich vor Freude über meinen Sieg auf dem Boden wälzte. Sie verlangte Revanche, aber ich wollte sie nicht noch einmal plattmachen. Außerdem hatten wir ja nur gespielt, um unseren Köpfen eine Pause von Mrs Martin zu geben.

»Ist dir inzwischen irgendwas eingefallen?«, fragte ich.

Veronique schüttelte den Kopf, also schlug ich vor, wir sollten uns noch ein bisschen mehr ablenken und Fußball spielen. Das machten wir dann auch, und zwar mit dem Ball, den ich ihr zu Weihnachten geschenkt hatte (und der IMMER NOCH verdächtig sauber aussah). Ich brachte ihr bei, den Ball mit der Fußinnenseite zu spielen statt mit den Zehenspitzen. Um sie zu ermutigen, erzählte ich ihr noch einmal, dass Vi, Frieda und Daisy auch Fußball spielten.

»Ich weiß! Ich hab sie schon gesehen. Sie sind supergut, nicht wahr? Lizzy spielt auch fantastisch.«

Na prima.

Danach machte Veronique etwas sehr Merkwürdiges. Haltet euch fest! Sie schlug vor, dass wir Hausaufgaben machten! Ich wiederhole: Veronique (NICHT ihre Mum oder ihr Dad) schlug vor, dass wir freiwillig hineingingen, unsere Schultaschen hervorzogen und Hausaufgaben machten! Als ich antwortete, dass ich meinen Ordner nicht dabeihätte, meinte Veronique nur, meine Mum hätte gesagt, er sei in meiner Tasche. Oben in ihrem Zimmer sah ich, dass sie recht hatte, und seufzte – bis mir etwas einfiel. Ich würde meine Hausaufgaben *zusammen* mit Veronique erledigen! Also schmiss ich meinen Ordner auf ihren *wirklich sehr aufgeräumten* Schreibtisch.

»Aber nein«, sagte sie. »Du gehst lieber auf den Boden. Ich meine – was, wenn du versehentlich was bei mir sehen würdest? Oder ich bei dir? Du willst doch nicht, dass wir schummeln?«

»Nein«, sagte ich, »natürlich nicht.«

Drei Minuten später saß ich auf dem Boden und betrachtete die vor mir liegenden Rechtschreibprobleme. Sie waren echt schwer – und dann wollte Kit-Kat auch noch spielen! Er fing an, an meinem Blatt zu nagen, bis ich ihn wegschob. Dann starrte ich auf den ersten Satz: »Ei_ soll man in Ma_en und nicht in Ma_en genie_en.«

Es ging um »s«, »ss« oder »ß«. Ich sollte sie an der richtigen Stelle einfügen. Das kam mir ausnahmsweise leicht vor. In die erste Lücke kam eindeutig ein »ß«, aber als ich es einfügen wollte, biss Kit-Kat mich in den Finger. Und er biss noch einmal, als ich »ss« schreiben wollte. Also schrieb ich »s«, was bestimmt falsch war. So machten wir das ganze Übungsblatt: Ich schrieb den aus meiner Sicht richtigen Buchstaben, aber Kit-Kat biss mich, sodass ich den falschen nahm. Als ich fertig war, arbeitete Veronique immer noch.

»Fertig mit den verschiedenen ›S‹?«

»Miss Phillips hat mir keine gegeben.«

»Glückspilz! Was hast du bekommen?«

»Strichpunkte.«

»Aha, und wenn du die richtig hast, gibt sie dir dann auch ein paar Punkte ohne Striche?«

»Ach, Cymbeline«, sagte Veronique, allerdings eher zu sich selbst als zu mir.

Als Veronique fertig war, schob sie nicht einfach ihr Buch zur Seite, sondern packte es tatsächlich wieder in ihre Schultasche, bevor sie an dem großen Wandplaner einen Haken setzte. In einem Feld las ich »Übernachtung bei Cymbeline«, während in einem anderen stand »Cymbeline kommt«. Für morgen sah ich »CNF«.

»Was bedeutet das?«, fragte ich, aber Veronique schüttelte den Kopf und meinte, ich würde schon sehen. Dann gingen wir wieder nach unten, und von diesem Augenblick an geriet der ganze Tag aus den Fugen.

Veroniques Dad kam gerade aus dem Garten und sah das Scrabble-Brett.

»Lust auf ein Spiel?«, fragte er Veroniques Mum.

»Okay«, antwortete sie. »Mach dich auf deinen Untergang gefasst. Aber zuerst wasche ich noch ab.«

»Oh nein«, sagte ich. »*Ich* mach das, Mrs Chang.«

Also, der Grund, warum ich dieses Angebot machte, war nicht, dass ich auf einmal eine *absonderliche* Vorliebe fürs Spülen entwickelt hätte. Zu Hause habe ich in meinem ganzen Leben kein einziges Mal angeboten, den Abwasch zu machen, und an dieser Regel will ich festhalten, bis ich ausziehe (in meine eigene Villa, wenn ich für Charlton spiele). Aber Mum liegt mir dauernd damit in den Ohren, dass ich mich BEI ANDEREN LEUTEN anständig benehmen soll, weil sie will, dass andere Leute denken, sie hätte einen hilfsbereiten, ordentlichen und höflichen Sohn aufgezogen. Und nicht mich. Und das macht nicht nur sie. Ihr solltet Lance sehen. Bei sich zu Hause stopft er seine schmutzige Hose hinter sein Bett, weil er zu faul ist, sie in den Schmutzwäschekorb zu schmeißen. Als seine Mum ihn einmal bat, den Tisch abzuräumen, fing er tatsächlich an zu weinen. Aber bei uns zu Hause ist er so damit beschäftigt, *seine Dienste anzubieten,* dass wir kaum dazu kommen, etwas zusammen *zu machen.* Über kurz oder lang wird den Eltern das Offensichtliche klar werden: Wenn sie ihre Kinder dauernd austauschen würden, wäre ihr Leben SEHR viel leichter.

Nachdem ich *so getan hatte,* als wäre ich hilfsbereit, damit Mum hören würde, dass ich hilfsbereit *war,* reichte mir Veroniques Mum eine Bürste (die, wie ich annahm, etwas mit dem ganzen Spülprozess zu tun hatte). Ich trug sie hinüber zur Spüle, wo das Spülen – *höchstwahrscheinlich* – stattfand. Aber dann blieb ich stehen und betrachtete die Eisberge aus Schaum, die im Spülbecken auf mich warteten und das schmutzige Geschirr daneben. Die Kaffeekanne, der Milchkrug, eine Butterdose. Und die Teller. Und ich schluckte.

»Veronique«, sagte ich und versuchte, meine Stimme normal klingen zu lassen, »könntest du bitte Nanais anderen Teller holen, damit ich alles spülen kann?«

Veronique hüpfte durch die Verandatür, und ich sah zu, wie sie zu Nanais Häuschen hinunterging. Mir war nicht nach Hüpfen zumute, ich war voller Zweifel, sogar nervös. Um mich abzulenken, ging ich hinüber zum Tisch, wo Veroniques Mum ihre erste Buchstabenfolge betrachtete. Sie legte ein ziemlich gutes Wort, und dann war Veroniques Dad an der Reihe. Widerstrebend seufzend legte er BALL, bis ich auf seine übrigen Buchstaben deutete.

»Nein«, sagte ich. »FUßBALL.«

»Muss man für ›ß‹ nicht ›ss‹ legen?«, protestierte Mrs Chang. Ihr Mann zog die Spielanleitung hervor und stieß dann die Faust in die Luft.

»Da steht zumindest nichts davon, dass man den Joker nicht für ›ß‹ verwenden darf! JA! Sechsundachtzig – einschließlich doppeltem Buchstabenwert und doppeltem Wortwert und noch fünfzig Zusatzpunkte, weil ich alle meine Buchstaben gelegt habe!«

»Das will ich sehen.«

»Sechsundachtzig!«, rief Veroniques Dad und klatschte mich ab, während ihre Mum in der Spielanleitung blätterte, um sicherzustellen, dass er nicht schummelte. Danach sah sie mich mit demselben finsteren Blick an wie Veronique früher am Tag. Diese Leute hier nahmen Scrabble wirklich ernst.

Veronique kam mit Nanais Teller und einem breiten Grinsen im Gesicht den Garten herauf.

»Ta-da!«, sagte sie und hielt den leeren Teller hoch. Dann wackelte sie mit dem Zeigefinger in meine Richtung: Nanai hatte wieder daran geknabbert!

Veronique reichte mir den Teller und erzählte von Nanai und wie SEHR ihr die Croissants geschmeckt hätten. Aber ich ging hinüber zum Spülbecken. Ich grinste nicht. Überhaupt nicht. Inzwischen zweifelte ich nicht nur, sondern ich war nervös. Und mehr als nervös: Ich war erschrocken. Meine Hände zitterten, als ich mich dem schmutzigen Geschirr zuwandte. Der Kaffeekanne und dem Milchkrug und der Butterdose. Und dann den Tellern. Es waren sechs Teller. Vier von uns: von Veronique, ihrer Mutter, ihrem Vater und mir. Sie alle waren voller Croissant-Krümel, nur einer wurde von ein paar weißen Linien durchzogen, wo ich meinen Finger befeuchtet und die Krümel aufgenommen hatte. Aber die beiden anderen Teller, Nanais Teller, sahen nicht so aus.

Veronique und ihre Eltern redeten immer noch über Nanai und darüber, wie erleichtert sie alle waren, dass sie wieder aß, und was für ein furchtbarer Schreck das gewesen war.

»Wie kommst du voran, Cymbeline?«

»Gut«, sagte ich, mit dem Rücken zu ihnen, und wandte mich den letzten beiden Tellern zu. Nanais Tellern. Die sauber waren. *Total* sauber.

Ohne einen einzigen Krümel.

# 27

In dieser Nacht schlief ich in Veroniques Zimmer auf einem Ausziehbett. Nachdem ihre Mum das Licht ausgeknipst hatte, sprach Veronique über Nanai und fragte sich, ob sie jetzt wohl auch andere Dinge essen würde. Ich antwortete nicht. Ich hatte Tage damit zugebracht, mir zu überlegen, warum sie aufgehört hatte. Veronique ließ sich weiter darüber aus, wie großartig es war, aber ich sagte nichts dazu. Ich dachte an Daisys Dad. Ich hatte Veronique immer noch nicht von ihm erzählt, und ich würde es auch nicht tun. Nicht jetzt. Veronique war SO glücklich, während ich immer nur Nanais Teller vor Augen hatte.

Du bist blöd, sagte ich mir. Es bedeutet gar nichts.

Aber war das so?

»Danke für deine Hilfe«, sagte Veronique gähnend. »Das war wirklich nett von dir. Jetzt können wir uns wieder damit beschäftigen, wer Mrs Martin so schreckliche Dinge antut. Daisy wird sich freuen, oder?«

Ich murmelte ein Ja, sagte aber nichts weiter, sondern wartete einfach ab, und schon bald bewegte sich Veronique nicht mehr. Dann wurde ihr Atem gleichmäßig. Ich wartete weiter, starrte an die Decke und versuchte, nicht die Gedanken zu denken, die ich hatte. Ich vermisste Mum und wünschte, ich könnte mit ihr über meine Überlegungen sprechen. Der Gedanke an Mum machte mich jedoch schläfrig, deshalb schüttelte ich den Kopf und beschäftigte mich damit, zu überlegen, was ich bekäme, wenn ich es – irgendwie – schaffen würde, JACKYCHAPMAN auf ein Feld mit dreifachem Wortwert zu legen.

Dann öffnete sich die Tür einen Spalt.

»Gute Nacht, Kinder«, flüsterte Veroniques Mum.

Ich antwortete natürlich nicht, und die Tür schloss sich. Die Bodendielen knarrten. Ein Wasserhahn lief. Noch ein Wasserhahn. Eine Toilettenspülung. Die darauffolgende Stille war eigentlich keine Stille, weil ich gelegentlich Autos hörte und Hundegebell. Und eine Polizeisirene. Aber all diese Geräusche kamen von außerhalb des Hauses, und als ich *sicher* war, dass *drinnen* Ruhe herrschte, stieß ich meine Decke zur Seite. Ich stand auf und wollte gerade auf Zehenspitzen zur Tür gehen, als ich in der Ecke ein kratzendes Geräusch vernahm.

»Kit-Kat«, flüsterte ich, »geh wieder schlafen.«

Aber Kit-Kat gehorchte nicht. Er rüttelte weiter an den Gitterstäben seines Käfigs. Offenbar dachte er, ich würde aufstehen, um mit ihm zu spielen. Oder noch mehr Rechtschreibaufgaben zu lösen. Wieder sagte ich ihm, er solle still sein, aber Veronique drehte sich im Schlaf. Sie fing an zu murmeln und wollte sich gerade aufsetzen, aber es gelang mir, sie wieder zu beruhigen. Ich musste unbedingt Kit-Kat zur Ruhe bringen, stellte aber fest, dass mir das nicht gelang.

»Dann komm eben mit«, flüsterte ich, öffnete seinen Käfig und setzte ihn mir auf die Schulter. »Aber benimm dich, okay?«

Kit-Kat knabberte an meinem Ohr, was ich für ein Ja nahm.

Es war dunkel in Veroniques Zimmer, und als ich die Tür zum Flur öffnete, war es noch dunkler. Ich konnte kaum etwas erkennen, deshalb beugte ich mich zu der Tasche, die Mum für mich gepackt hatte. Ich mag es nicht, im Dunkeln zu schlafen, deshalb packe ich mir bei Übernachtungen immer mein Nachtlicht ein, falls ich nachts aufwache. Nachdem ich es herausgezogen hatte, ließ ich Kit-Kat daran schnüffeln, weil er neugierig war, und nahm es mit aus dem Zimmer hinaus. Ich schaltete es an und sah die Treppe direkt vor mir, knipste es dann aber sofort wieder aus, falls das Licht die nächste Treppe hinauf bis zum Schlafzimmer von Veroniques Eltern reichen würde. Das Haus ist groß, aber als ich einmal gesehen hatte, wo die Treppen waren, wusste ich, dass ich meinen Weg finden würde. Allerdings beruhigte mich *das* überhaupt nicht.

Was MACHTE ich hier eigentlich?

Ich versuchte, nicht weiter darüber nachzudenken, und näherte mich der Treppe. Allerdings ging ich nicht hinunter, weil die Stufen wirklich laut knarrten, sondern rutschte stattdessen das Geländer hinab, stieg unten ab und ging in die Küche. Dort war es zwar ein bisschen heller, aber nicht viel, deshalb knipste ich das Nachtlicht wieder an und betrachtete die Schränke. Der Schlüssel war bestimmt im letzten Schrank, und ich hatte recht. Ich brauchte einen Stuhl, um den Haken zu erreichen, aber dann nahm ich den Bund mit hinüber zur Terrassentür, wo ich mich noch einmal fragte: *Soll ich das wirklich tun?* Was, wenn jemand aufwachte und mich erwischte? Was würde ich sagen? Ich könnte nichts zu meiner Entschuldigung vorbringen. Fast kehrte ich wieder um, weil ich am Morgen auch einfach mit Veroniques Mum und Dad sprechen könnte. Aber nein. Sie waren genauso glücklich wie Veronique, dass Nanai wieder aß.

Ich musste Gewissheit haben.

Ich fand den richtigen Schlüssel an dem Ring und öffnete die Terrassentür. Ein Stoß kalter Luft kam herein, sodass ich mir wünschte, ich hätte Veroniques Bademantel ausgeborgt. Aber deswegen konnte ich nicht noch einmal zurückgehen, also trat ich hinaus auf die eiskalte Veranda. Ein Stückchen vor mir konnte ich Nanais Häuschen gerade noch so erkennen – ein gespenstisch schwarzes Rechteck in der Dunkelheit. Ich zog die Tür hinter mir zu und knipste das Nachtlicht aus, damit ich nicht entdeckt würde, falls jemand aus einem der Fenster sah. Dann dirigierte ich meine Füße über die Veranda in Richtung Wiese. Das Gras war nicht ganz so kalt, aber feucht und fühlte sich merkwürdig an unter meinen nackten Füßen. Da ich die Sache hinter mich bringen wollte, ging ich schnell, obwohl ich fast laut aufschrie, als mein linker Fuß gegen Veroniques Fußball stieß. Er rollte von mir weg, bis er etwas traf, etwas Kleines, Rundes, das ich andernfalls vielleicht gar nicht bemerkt hätte. Ein rascher Klick an dem Nachtlicht zeigte mir, dass es ein Igel war, ein Tier, das ich nie zuvor draußen gesehen hatte und das mich eine Sekunde lang in Aufregung versetzte. Ich blieb stehen, weil Kit-Kat in meinem Nacken aufgeregt herumscharrte. Er fürchtete sich, und ich wusste nicht, warum, bis ich aufsah und die schwarze Silhouette eines RIESIGEN Fuchses oben auf Nanais Häuschen erblickte.

Ich hatte Angst, aber der Fuchs floh zum Rand des Daches, sah zu mir herüber, machte einen Satz und verschwand in den Büschen bei Tante Mills Garten. Ich atmete hörbar aus und ging weiter, wobei ich nach weiteren Igeln Ausschau hielt.

Als ich Nanais Tür erreichte, hatte ich ein Problem. An dem Schlüsselring waren noch andere Schlüssel, aber ich hatte keine Ahnung, welcher passte. Schließlich fand ich den richtigen und stieß die Tür auf in der Hoffnung, dass Nanai wach wäre. Sie schlief tagsüber so viel, dass ich dachte, sie würde jetzt vielleicht nicht schlafen. Und zunächst schien es auch so, als hätte ich recht. Nanai besitzt ein kleines Steckdosenlicht, und in seinem schwachen Schimmer sah ich sie: nicht in ihrem schmalen Bett, sondern in ihrem Sessel.

»Nanai«, flüsterte ich, »ich bin's, Cymbeline. Kann ich bitte mit dir sprechen?«

Keine Antwort.

Ich seufzte, trat einen Schritt vor und blickte auf Nanai hinab. Ihre Hände lagen gefaltet in ihrem Schoß, und ihre Brille hing ihr an einer Kette um den Hals. Ihre Augen waren geschlossen. Wieder überlegte ich, wie alt sie wohl war, und fand es merkwürdig, dass wir beide, sie und ich, Menschen waren, denn sie sah so anders aus als ich. Schon so alt zu sein wie Clay oder Juni schien mir fast unmöglich, aber *so* alt? Ich schüttelte den Kopf, weil ich eigentlich weiter darüber nachdenken wollte, aber das musste ich wohl auf später verschieben. Ich wollte sie wecken. Wollte sie fragen, was los war. Aber würde sie sich nicht total erschrecken, wenn ich plötzlich vor ihr stand? Ich seufzte, weil mir klar war, dass ich das nicht tun konnte. Aber auf einmal erkannte ich, dass ich es auch nicht tun müsste.

Ich musste ja nur das Häuschen durchsuchen.

Nach den Croissants.

Kit-Kat sprang von meiner Schulter herab auf die Lehne von Nanais Sessel. Ich sah zu, wie er an ihren Haaren schnüffelte und dann vorsichtig die Armlehne hinunterkletterte, bevor er auf ihren Fußschemel sprang.

»*Bleib da*«, befahl ich ihm.

Zuerst sah ich im Papierkorb neben Nanai nach, war allerdings nicht überrascht, dass ich nichts fand. Nanai war zu schlau, um die Croissants dort hineinzuwerfen – WENN sie tatsächlich nur so getan hatte, als würde sie sie essen. Sie wusste, dass sie dort jemand finden würde. Ein besseres Versteck wäre in einer der Schubladen, also öffnete ich eine nach der anderen und fühlte mich sehr unwohl dabei, als ich in ihren Kleidern stöberte. Weil ich nichts fand, ging ich auf die Knie und sah unter ihrem Bett nach. Währenddessen hüpfte Kit-Kat wild auf Nanais Schemel herum. Offensichtlich wollte er spielen, aber ich seufzte.

»Hilf mir lieber«, sagte ich zu ihm.

Ich suchte *überall*: im Kleiderschrank, in dem kleinen Bad, unter ihrem Sessel, in einem Koffer und in ihrer Handtasche. Ich hob das Foto von Nanai und ihrer Schwester auf dem Beistelltisch hoch und auch das von dem großen Schiff, in dessen Rahmen kein Glas mehr war. Ich nahm sogar das Nachtlicht mit nach draußen und schaute hinter der Hütte nach, falls sie die Croissants aus dem Fenster geworfen hatte. Aber auch dort war nichts.

Langsam ging es mir besser. Offenbar hatte ich Gespenster gesehen. Nanai hatte die Croissants gegessen und sogar alle Krümel feinsäuberlich verputzt. Sie musste die Teller *abgeleckt* haben! Hungrig genug war sie wohl gewesen. Es gab keine Croissants in dem Häuschen, weil sie alle in Nanais Bauch waren! Sehr erleichtert machte ich mich auf den Weg zurück zu Kit-Kat, um ihn wieder mitzunehmen.

Aber Kit-Kat wollte nichts davon wissen.

Veroniques Fast-Hamster weigerte sich rundweg, Nanais Fußschemel zu verlassen. Als ich versuchte, ihn hochzuheben, krallte er sich in dem Bezug fest. Ich musste ihn loslassen, weil er sonst den Stoff zerrissen hätte. Ich versuchte es noch einmal, aber er klammerte sich noch fester an das Polster, und als ich seine Pfoten einzeln lösen wollte, hielt er sich gleich wieder fest. Dann wich er meiner Hand aus. Ich war jetzt richtig sauer und wollte ihn einfach packen, aber da kratzte er am vorderen Rand des Fußschemels herum. Ich hatte Angst, dass das Geräusch Nanai wecken könnte – an ihrem Sessel war ein Knopf, den sie drücken konnte, um Veroniques Mum oder Dad zu alarmieren. Was, wenn sie herbeieilen würden?!

»Kit-Kat«, presste ich zwischen den Zähnen hervor.

»LASS ES!«

Aber dann sah ich, worauf er hinauswollte.

Im Schein von Nanais Nachtlicht konnte ich etwas Metallisches erkennen. Ich betrachtete es angestrengt und erkannte, dass es ein Haken war.

Nanais Schemel ließ sich aufklappen.

Mir wurde bang ums Herz – und nicht nur, weil Nanais Füße auf dem Schemel lagen. Ich würde sie wegheben müssen. Ich machte es – SEHR VORSICHTIG – und untersuchte dann den Schemel, den ich eigentlich gar nicht aufklappen wollte. Aber Nanai bewegte sich, und Kit-Kat spielte total VERRÜCKT. Er würde sie wecken, ganz bestimmt. Deshalb hob ich, ohne nachzudenken, den Deckel ab, und Kit-Kat stürzte sich ins Innere des Schemels.

Auf die Croissants.

Es waren vier Stück darin. Genauso, wie ich es mir gedacht hatte. Sie zu sehen war schrecklich. Ich stellte mir vor, wie Veronique dort oben voller Glück aufwachen würde. Einen Augenblick lang war ich SO wütend auf Nanai, dass ich sie fast geweckt hätte, um sie anzuschreien. Aber als Kit-Kat anfing, an dem ersten Croissant zu knabbern, hielt ich inne.

Weil ich gesehen hatte, was unter den Croissants lag.

# 28

Ich starrte auf das Foto, das mit der Vorderseite nach unten im Schemel lag.

Kit-Kat drehte völlig durch, deshalb hob ich ihn heraus – mitsamt den vier Croissants, die Nanai angeblich gegessen hatte. Dann richtete ich meine Aufmerksamkeit auf das Foto und knipste mein Nachtlicht an, damit ich es richtig betrachten konnte. Es war nicht in einem Rahmen oder einem Umschlag (den könnte Nanai auch weggeworfen haben). Das Foto war klein und auf der Rückseite stand etwas geschrieben, und zwar auf Chinesisch, wie ich erkennen konnte, als ich mit dem Nachtlicht näher ranging. Natürlich konnte ich nicht entziffern, was dort stand, deshalb drehte ich das Foto um und blinzelte überrascht, als ich Veronique erkannte. Es war ein Foto von ihr, wie sie eine Geige hält und in die Kamera lächelt. Ich runzelte die Stirn. War das einfach irgendein altes Foto? Nein. Nanai hatte es zusammen mit den Croissants in ihren Schemel gelegt – wo sie offenbar Dinge VERSTECKTE. Ich hatte das Foto nie zuvor gesehen. Hatte Daisys Vater es ihr gebracht? Und wenn ja, warum? Und wer hatte es ihm gegeben? Hätte man es nicht einfach per Post schicken können? Ich hatte keine Möglichkeit, das in Erfahrung zu bringen, deshalb drehte ich das Foto wieder um, damit ich die Schrift sehen konnte. Dann ließ ich den Blick über Nanais Beistelltisch wandern, wo neben der Lampe und den gerahmten Fotos auch ihr Sudoku-Buch zusammen mit einem Stift lag.

Ich war gerade fertig damit, die chinesischen Zeichen auf meinen Handrücken abzuschreiben, als ich erstarrte.

Nanai bewegte sich.

Ich sah sie an, blieb aber ganz still stehen, während sie ein paar mir unverständliche Worte murmelte. Als sie schließlich wieder ruhig geworden war, atmete ich langsam aus und wandte mich Kit-Kat zu, dessen lautes Mampfen sie wahrscheinlich gestört hatte. Ich nahm ihm die Croissants weg und packte sie wieder zurück in den Schemel. Dann setzte ich mir Kit-Kat auf die Schulter, spähte in den dunklen Garten hinaus und flitzte rasch – falls der Fuchs noch da sein sollte – zurück zum Haus, wobei ich es gerade noch schaffte, dem Igel auszuweichen. Dann hängte ich den Schlüssel zurück, kletterte das Treppengeländer hinauf (gar nicht so einfach) und steckte Kit-Kat zurück in seinen Käfig.

Fünf Minuten später war ich eingeschlafen.

Und es kam mir vor, als würde mich nur *weitere* fünf Minuten später Veroniques Stimme aus dem Schlaf reißen.

»Oh nein!«, hörte ich sie jammern.

Ich drückte mich auf einem Ellbogen hoch und blinzelte den wenigen Schlaf, den ich gehabt hatte, aus den Augen. Veronique kniete auf der anderen Seite des Zimmers vor Kit-Kats Käfig. Ich sah zu, wie sie ihn herausholte.

»Was ist los?«

»Er ist ganz schlaff!« Veronique hob Kit-Kat hoch und untersuchte ihn. »Und schau nur!«

»Was?«

»Überreste eines Croissants!«

»Aha.«

»Mum!«, rief Veronique, bevor ich weitersprechen konnte. »Sie weiß, dass Kit-Kat keine Croissants essen soll, aber sie kann ihm nicht widerstehen, nicht wahr, du ungezogene kleine Ratte? Wenn er mit der Nase zuckt, ist es um sie geschehen. Nun, das wird dir eine Lehre sein, nicht wahr?«

Ich kletterte aus dem Bett und ging hinüber, während Veronique Kit-Kat wieder in seine Streu setzte. Er legte sich hin und sah ganz grün um die Nase aus (wenn Ratten überhaupt grün aussehen können). Tatsächlich sah er so schlecht aus, wie ich mich fühlte, also streckte ich die Hand aus und kraulte ihn unter dem Kinn.

»Danke«, formte ich tonlos mit den Lippen, obwohl ich nicht wusste, wofür ich ihm danken musste. Wie zur Hölle sollte ich Veronique erzählen, was ich letzte Nacht entdeckt hatte? Nicht nur den Beweis, dass Nanai IMMER NOCH NICHT aß, sondern auch ein merkwürdiges neues Foto von IHR, Veronique, mit chinesischen Zeichen auf der Rückseite, das in Nanais Fußschemel versteckt lag und möglicherweise der Auslöser für alles war!

Die Aufgabe, ihr das zu erzählen, wurde noch schwerer, als sie aufstand und hinüber zur Tür hüpfte. Ich folgte ihr wie benebelt in die Küche hinunter. Mir fehlte die Ruhe, um darüber nachzudenken, was ich entdeckt hatte. Wir waren wieder genauso weit wie zuvor. Wir MUSSTEN herausfinden, was mit Nanai los war. Daisys Vater *musste* ihr irgendetwas gesagt oder das Foto gebracht haben. Aber was bedeutete es? Ich wollte mit Veronique darüber sprechen, doch sie werkelte nur geschäftig herum, knallte drei Schachteln mit Cornflakes auf den Tisch und holte dann die Müslischüsseln.

»Aber iss nicht zu viel«, sagte sie.

»Warum nicht?«

»Weil wir heute in ein Restaurant gehen, wo du das beste Mittagessen bekommst, das du jemals in deinem ganzen LEBEN gehabt hast!«, sagte ihre Mum, die gerade die Küche betrat.

Ich lächelte: »Super!« Aber eigentlich war es mir egal. Ich MUSSTE mit Veronique reden, und zwar (irgendwie) so, dass ich sie nicht vollkommen aus der Fassung brachte.

Ich dachte immer noch darüber nach, wie ich das bewerkstelligen könnte, als sie hinaufging, um sich anzuziehen. Ihre Mum sagte, ich solle mir die Zähne putzen, was ich tat, obwohl meine Mum vergessen hatte, mir meine Zahnpasta mitzugeben und ihre echt falsch schmeckte, eher so wie Alien-Zahnpasta. Und als ich das Bad verließ, erschien mir noch etwas anderes merkwürdig: Veroniques Dad trug einen Anzug, und Veronique selbst hatte ein schickes, glänzend rotes chinesisches Kleid an. Auch ihre Mum trug eines (obwohl sie Französin ist), während ich ein bisschen betreten auf mein Charlton-Trikot hinunterblickte.

»Alles in Ordnung«, sagte Veroniques Dad. »Fan von Jacky Chapman? Hast du seinen Hubschrauber gesehen?«

»Ja«, antwortete ich und dachte daran, dass ich jetzt an meiner Präsentation über Nanai arbeiten sollte. Na ja, über *sie* hatte ich tatsächlich einiges herausgefunden, oder?

»Kommt, wir gehen!«, sagte Veronique.

Ich hatte es immer noch nicht geschafft, mit Veronique unter vier Augen über die chinesischen Zeichen zu sprechen, und jetzt gingen wir alle zusammen aus, was sich merkwürdig anfühlte. Sie alle glaubten, alles wäre in bester Ordnung – wie gestern Abend. Aber das war es nicht. Und sie alle freuten sich offenbar auf den Ort, wohin wir gingen, obwohl Veronique mir nicht sagte, wo das war.

Den ganzen Weg zum Bahnhof von Blackheath plapperte sie vor sich hin, weil sie einerseits total begeistert war von unserem Ausflug, aber auch, wie ich bemerkte, davon, dass ich dabei war. Eigentlich hätte ich mich darüber freuen sollen: Ich wollte schon immer mit Veronique befreundet sein, und jetzt waren wir echte Freunde. Aber ich hatte ein Geheimnis und bewahrte es vor ihr. UND es betraf ihre Nanai. Das machte mir ein schlechtes Gewissen und entfernte mich innerlich von ihr. Ich wollte dieses Gefühl unbedingt loswerden, konnte aber nur seufzen, während Veronique mit ihrer Mum plauderte und sie fragte, ob sie daran gedacht hätte, dem Klavierlehrer für heute abzusagen.

Wir passierten das Musikzentrum von Blackheath, wo Veronique ihre Klavierstunden hat, und gingen dann hinüber zum Bahnhof. Ich dachte, dort könnten wir vielleicht ein bisschen ungestörter sein, aber das klappte leider nicht. Da der Zug überfüllt war, saßen wir alle dicht nebeneinander, und es war ganz merkwürdig: Viele Leute, die in unserer Nähe saßen, waren Chinesen. Und als der Zug in Lewisham anhielt, stiegen noch mehr Chinesen ein, die meisten von ihnen elegant gekleidet. An der London

Bridge kamen noch mehr hinzu. Und als wir Charing Cross erreichten, waren da TAUSENDE Chinesen!

Charing Cross liegt mitten in London. Die Straße, auf der man herauskommt, heißt Strand. Das weiß ich, weil Mum in der National Gallery am Trafalgar Square Kunstworkshops gibt. Der Strand war BRECHEND voll, und auf dem Trafalgar Square WOGTEN die Menschenmassen. Das allein genommen wäre schon sehr erstaunlich gewesen, aber dann sah ich, was dort durch die Straßen tanzte.

»Schau mal!«, rief Veronique, obwohl man mich nicht eigens darauf hinweisen musste.

»Was ist hier los?«, fragte ich.

»Das ist das chinesische Neujahrsfest! Warst du noch nie dabei?«

Nein, war ich nicht. Ich hatte nicht einmal davon gehört, obwohl ich das nicht zugab. Also trottete ich einfach hinterher, als Veroniques Mum ihre Tochter an der Hand nahm und auf den Platz führte. Wir wurden von den vielen Menschen hin und her geschubst, während wir versuchten, uns der tanzenden Figur zu nähern, die, wie ich jetzt sah, ein Drache war.

Kein echter Drache, sondern eine RIESIGE Puppe, die von ungefähr dreißig Menschen getragen wurde. Sie hatte riesige weiße Zähne in einem roten und goldenen Maul, wo kleine Glöckchen bei jeder Bewegung klingelten. Die Männer, die den Drachen trugen, hatten goldene Hosen und blaue Westen an. Ein paar Frauen vorne hatten ganz weiß geschminkte Gesichter und diese UNGLAUBLICHEN Kopfbedeckungen. Hinter dem Drachen folgte eine Reihe von Trommlern, die den Drachen offenbar zum Tanzen brachten. Die Menschen machten Selfies und tanzten herum, wobei sie rote Flaggen schwenkten oder eigene kleine Drachenfiguren.

»Und?« Veronique drehte sich um und lächelte mich an. Sie freute sich so, und ich konnte TOTAL verstehen, warum. Diese ganze Sache war fantastisch, aber sie versetzte mir wieder einen Stich. Ich bemühte mich trotzdem, ihr Lächeln zu erwidern, während der Drache sich auf eine große Bühne zubewegte, die zwischen den beiden Löwenstatuen auf dem Trafalgar Square aufgebaut war.

Danach gab es Musik und Tanz. Wir schauten eine Weile zu und gingen dann an der National Gallery vorbei, wo alle Straßen gesperrt waren. Am Leicester Square war ein NOCH GRÖSSERER Drache, und dann blieb mir der Mund buchstäblich offen stehen. Ich war zuvor schon einmal in Chinatown gewesen, aber heute hingen überall rote Papierlaternen, und unter ihnen tanzten viele kleine Drachen zu noch mehr Trommlern. Und die Musik war SEHR laut, weil sie von all den Gebäuden zurückhallte. Es gab Männer mit Roben in Rot und Gold und langen falschen Bärten, deren Hüte wie Schlangen aussahen. Wieder dachte ich, ich müsste versuchen, mit Veronique zu reden, aber sie zog mich immer weiter, um dies zu sehen und jenes, bevor sie zum Ende der Straße zeigte. Eine weitere Prozession marschierte auf uns zu, diesmal mit riesigen luftgefüllten Pandas, die direkt über unseren Köpfen schwebten. Es war überwältigend, und einen Augenblick lang fühlte es sich an, als wäre ich nach China katapultiert worden.

Aber hier waren nicht *nur* Chinesen, sondern auch weiße und Schwarze und asiatisch aussehende Menschen. Vor einem Geschäft standen ein paar sehr britische Polizisten mit kleinen Flaggen, die an ihren Uniformen steckten. Wir waren also nicht in China: Das war *meine* Stadt. Die Stadt, in der ich lebe. *Mein* London. All das gab mir das Gefühl, größer zu sein, als ob mehr an mir wäre, als mir bewusst war. Ich sah zu Veronique hinüber und hatte ein ähnliches Gefühl, während ich daran dachte, wie Veronique mir zum ersten Mal von Nanai erzählt hatte. Ich hatte immer gedacht, dass der chinesische Teil von Veronique irgendwie gar nichts mit *mir* zu tun hätte. Aber wenn dieses Fest hier stattfand, wo ich lebte, dann war dieser Teil von Veronique auch mit mir verbunden. Dieser Teil von ihr war nicht fremd. Ihr chinesischer Anteil hatte sich mit ihrem britischen Anteil vermischt. Und wenn dieses Fest hier stattfand, wo ich lebte, dann war auch ich ein Teil davon.

Und trotz allem, was ich letzte Nacht herausgefunden hatte (und obwohl es mich in solche Verwirrung gestürzt hatte), musste ich lächeln. Ich konnte nicht anders, die Farben und der Lärm rissen mich mit. Aber bald schon wurde ich hungrig, und die Begeisterung schwand. Ich war nervös – Veronique hatte von Mittagessen gesprochen, und ich dachte nicht EINE EINZIGE SEKUNDE lang, dass sie Pizza gemeint haben könnte.

Hatte sie auch nicht.

# 29

Wir schauten noch eine Weile den Tänzern zu und hörten uns Gesänge an, aber dann sagte Veroniques Mum, es sei Zeit, zum Essen zu gehen.

»Und was gibt es?« Ich versuchte, die Aufregung in meiner Stimme zu unterdrücken.

»Dim Sum.«

»Was ist das?«, fragte ich Veronique, während wir uns den Weg, den wir gekommen waren, wieder zurück bahnten. »Klingt wie etwas aus dem Kinderkanal.«

»Es ist etwas zu essen.«

»Und was?«

Veronique sagte, ich solle einfach abwarten, also seufzte ich und folgte ihr durch die Menschenmenge hindurch.

Schon bald saß ich in dem lautesten Restaurant, das ich jemals besucht hatte (nicht dass ich schon in vielen Restaurants gewesen wäre). Ich wollte unbedingt wissen, was Dim Sum war, aber auf dem Tisch entdeckte ich keine Speisekarte. Noch einmal fragte ich Veronique, aber sie hörte nicht zu, sondern verrenkte sich den Hals und zeigte dann auf eine Tür am anderen Ende des Raums. Eine Frau war herausgetreten. Durch die Menschenmenge hindurch sah ich, dass sie offenbar einen hölzernen Servierwagen schob, auf dem sich Bambuskörbchen stapelten. Veronique winkte, und der Servierwagen bewegte sich in unsere Richtung. Dann redete Veronique mit der Frau, die den Servierwagen schob. Aber sie sprach nicht Englisch, sondern Mandarin, deshalb wandte ich mich an ihren Dad.

»Frag mich nicht«, sagte er achselzuckend.

»Wie bitte? Hat Nanai es Ihnen nicht beigebracht?«

Mr Chang schüttelte den Kopf. »Nö. Sie wollte, dass ich Engländer bin. Und, Veronique? Was gibt es?«

Wir alle drehten uns zu Veronique, als die Servierwagendame einen kleinen Korb vor uns stellte. Veronique grinste. »*Niu chang*«, sagte sie. »Mögt ihr was davon?«

Veroniques Mum und Dad verstanden wohl ein bisschen Mandarin, denn sie beide sagten Ja. Ich schwieg, als Veronique den Deckel von dem Körbchen hob und vier weiße, schleimig aussehende Rollen zum Vorschein kamen, von denen Dampf aufstieg. Ich starrte in das Körbchen und versuchte, Mums Regel zu verdrängen, dass »man isst, was auf den Tisch kommt«. In der Vergangenheit hatte ich diese Regel mit Blumenkohl, Sellerie, Reispudding und sogar mit Artischocken befolgt, und ich wusste, dass ich es auch jetzt tun müsste. Aber nachdem Veronique sich eine der Rollen auf den Teller gelegt und diese dünne braune Soße darübergegossen hatte, wandte sie sich an mich.

»Keine Sorge«, sagte sie. »Es gibt genügend anderes. Das ist Sinn und Zweck von Dim Sum: Du musst nur essen, was du magst.«

»Okay«, sagte ich und versuchte, nicht allzu erleichtert auszusehen. »Dann, äh, warte ich auf das nächste Gericht. Okay?«

»Klar«, sagte Veronique, aber schon bald wünschte ich, dass ich mir von den *Niu chang* genommen hätte. Veronique und ihre Eltern verspeisten sie schmatzend. Dann kam wieder ein Servierwagen vorbei, auf dem etwas stand, was Veronique *Niu bay ye* nannte.

»Lecker«, sagte ich.»Aber was *ist* das?«

»Kutteln.«

»Fantastisch! Aber was ist *das*?«

»Pansen.«

»PANSEN?!«

»Lass das lieber auch weg, Cymbeline«, sagte Veroniques Mum und streckte die Hand aus, um mich am Arm zu berühren.

»Ich bin auch nicht sehr erpicht auf *Niu bay ye.*«

Diesmal sahen wir beide zu, während Veronique und ihr Dad den Pansen verschlangen. Was würde auf dem nächsten Servierwagen stehen? Hirn? Zunge? Die Antwort war noch überraschender.

»Schneebälle!«, rief Veronique, als sie die Körbchen sah.

Ich runzelte die Stirn. Die Servierwagendame stellte noch ein Körbchen auf den Tisch, und als Veronique es öffnete, sah ich, was sie meinte. Wenigstens waren die Schneebälle – anders als die *Niu chang* und die *Niu bay ye* – nicht glibberig. Ich schaute auf vier weiße Teigkugeln, die ich probieren MUSSTE. Es führte kein Weg daran vorbei. Während Veronique mich angrinste, nahm ich meine Gabel, spießte den nächstliegenden Schneeball auf und hob ihn zu meinem Gesicht. Ich schnüffelte daran, wie Kit-Kat es getan hätte, und entspannte mich. Der Geruch war nicht schlecht, und als ich daran knabberte, war ich TOTAL ERLEICHTERT. Allerdings schmeckte es auch nicht wirklich gut, trocken und langweilig wie Brot ohne Butter. Aber ich würde es essen können, deshalb nickte ich und ahmte Veronique nach, die ihren Schneeball zwischen den Fingern hielt und die Zähne hineingrub. Und dann quoll mir die Soße in den Mund! Der Schneeball war gefüllt! Ich richtete mich auf, und meine Augen wurden groß, als ich mich verzweifelt nach einer Serviette umsah – bis ich wieder innehielt.

Denn das war das ALLERköstlichste, was ich JEMALS in meinem LEBEN probiert habe.

»Ich wusste, dass dir die Schneebälle schmecken würden!« Veronique lachte.

Und sie schmeckten mir tatsächlich. Da Veroniques Mum und Dad nichts dagegen hatten, aß ich meinen *und* die beiden, die noch in dem Körbchen lagen. Sie bestellten noch ein Körbchen, und ich hob den Deckel an, weil ich wusste, dass ich ZEHN Stück davon essen könnte. Dann sah ich mich in dem Restaurant um. Kinder, die oft sogar noch jünger waren als ich, verspeisten die unterschiedlichsten Dinge. War ich etwas Besonderes?

»Nein«, sagte ich und legte den Deckel wieder zurück. »Bitte gebt mir auch was von dem glibberigen Essen!«

Und obwohl mir die Schneebälle am besten schmeckten, waren fast alle anderen Gerichte AUCH gut (nur der Pansen nicht). Und als ich satt war, war ich stolz auf mich. Aber beim Anblick der Menschen an unserem Tisch legte sich ein Schatten auf meine Seele. Es war das Geheimnis, das ich seit letzter Nacht hütete, das schreckliche Geheimnis. Es trennte mich von den Menschen um mich herum. Und dann wurde es noch schlimmer: Veronique wickelte zwei Schneebälle in eine Serviette.

»Für Nanai!«

Veronique wusste nicht, dass Nanai sie nicht essen würde. Wie sollte ich ihr das sagen? Sie war *so* glücklich. Konnte ich es ihren Eltern erzählen? Aber die waren auch glücklich, und außerdem würde es bedeuten, dass ich ihnen beichten müsste, *wie* ich die Croissants gefunden hatte. Nein. Das würde ich nicht tun, noch nicht. Ich würde erst versuchen, alles selbst herauszufinden.

Rasch ging ich in Gedanken durch, was ich wusste. Ich konzentrierte mich auf Nanai, die in ihrem Sessel saß und mich wütend anfunkelte und dann das Foto quer durch das Zimmer schleuderte. Hatte es damit zu tun? Ich holte Luft und sah mich im Restaurant um. Es gab auch andere Menschen, aber die meisten Gäste waren Chinesen. Wie Nanai. Ich wandte mich an Veroniques Dad, der eine kleine Tasse Tee trank.

»Mr Chang«, sagte ich, »glauben Sie, dass sonst noch jemand hier ein Flüchtling war?«

Veroniques Dad stellte seine Tasse ab. »Ich weiß es nicht«, sagte er. »Warum?«

»Ich habe mir Nanai als Thema für meine Präsentation ausgesucht«, erklärte ich. »Ich würde gerne wissen, wie es auf den Booten zuging, auf denen sie geflüchtet ist. Aber sie erzählt nichts darüber, oder?«

Mr Chang schüttelte den Kopf. Dann seufzte er. »Es fällt ihr zu schwer. Sie wollte immer nur in der Gegenwart leben.«

»Aber waren Sie nicht neugierig?«

Er nickte.»Natürlich. Aber es brachte nichts, Nanai zu fragen.«

»Also?«

»Also fand ich es auf anderen Wegen heraus.«

»In einer Bibliothek oder so?«

»Ja, aber nicht nur. Komm mit«, fügte er hinzu und sah sich nach einem Kellner um.»Ich zeig es dir. Es ist ganz in der Nähe.«

# 30

Veroniques Dad winkte dem Kellner und bezahlte die Rechnung, während Veronique nur die Achseln zuckte. Auch sie hatte offenbar keine Ahnung, wohin wir gingen. Draußen stürzten wir uns wieder in die vollen Straßen, aber nicht für lange. Um die Ecke befand sich ein Café mit fantastischen Drachenkuchen, -schnecken und -brötchen im hell erleuchteten Fenster. Ich glaubte nicht, dass ich auch nur noch einen Bissen runterkriegen würde, aber wir waren nicht wegen des Essens hierhergekommen.

Sondern wegen der Wände.

Der Ort hieß Café Hoa. Ich betrachtete das Schild und dann Mr Chang.

»Die Hoa waren die Flüchtlinge«, sagte ich, »nicht wahr? Die Flüchtlinge, die dann später Boat People genannt wurden?«

Veroniques Dad nickte, erklärte aber auch, dass nicht alle Hoa geflüchtet waren. Unter den Flüchtlingen waren auch Vietnamesen gewesen. Als wir uns dann in das volle Café gedrängt hatten, zeigte er an die Wände – und mir wurde klar, warum er uns hierhergebracht hatte: Die Wände waren bedeckt von Speisekarten und Preisen, aber *auch* von Fotografien.

Die meisten Fotografien stammten aus Zeitungen. Sie waren schwarz-weiß und zeigten Boote. Die Boote waren total überfüllt: Menschen drängten sich auf den Decks oder klammerten sich an die Bordwände und Masten. Einige Boote hatten Schräglage und wurden von gewaltigen Wogen bedrängt, während andere gesunken und in Einzelteile zerbrochen waren, sodass nur noch Trümmer im Wasser trieben. Auf einem Foto schwamm ein Boot mit dem Kiel nach oben, als ob es sich überschlagen hätte, wie das Boot auf dem Bild, das Nanai an die Wand geworfen hatte. Die Menschen saßen benommen und erschöpft auf dem umgedrehten Boot, während ein Mann schrie. Auf einem anderen Bild waren so viele Menschen übereinandergestapelt, dass ich kaum das Boot sehen konnte. Und es kam noch schlimmer. Auf dem nächsten Foto war kein Boot zu sehen, sondern eine Frau im Meer, die verzweifelt versuchte zu schwimmen, allerdings nicht, um sich selbst zu retten. Sie schwammen in die Richtung von drei kleinen Kindern.

Ich starrte auf das Foto und schluckte, bevor ich den Blick abwandte, obwohl das nächste Foto mir noch viel näher ging. Es zeigte eine andere Frau, nicht im Meer, sondern am Strand. Sie lag schreiend auf den Knien, und einen Augenblick lang wusste ich nicht, warum sie schrie. Sie war doch in Sicherheit, oder? Dort im Sand? Aber vor ihr lag ein Bündel – nur ein Bündel Lumpen, dachte ich zuerst –, bis ich die zwei winzigen Füße sah, die unten herausguckten.

Ich blinzelte.

In meinem Inneren wurde es sehr still, und ich wandte mich an Veronique, die dasselbe Foto betrachtete. Dann sahen wir uns einen Augenblick in die Augen, bis Veronique den Kopf schüttelte. Ich wusste, was sie dachte, weil ich es auch dachte: Das hieß es also, ein Flüchtling zu sein. Davor hatten wir beide zwar gewusst, dass Nanai ein Flüchtling gewesen war, aber hatten keine Ahnung gehabt, *was* sie alles durchgemacht hatte. Kein Wunder, dass sie nicht darüber sprechen wollte. Ich war überwältigt und kam mir dumm vor, weil mir das nicht klar gewesen war, und noch dümmer, weil ich es ein bisschen merkwürdig gefunden hatte, dass Nanai nicht über ihre Flucht reden wollte. Wie konnte sie sich ganz normal und lustig verhalten und wirklich freundlich sein und mich nach Fußball und so fragen, nachdem sie DAS erlebt hatte? *Warst du nicht immer total überwältigt davon,* wollte ich sie fragen, *von den Erinnerungen an das, was du alles gesehen und erlebt hast? Und ganz besonders, weil deine Schwester es nicht geschafft hat?*

Und dann fiel mir etwas anderes ein: etwas, das ich in den Nachrichten gesehen hatte, über Libyen und Italien, über Menschen, die versuchten, über das Meer zu fliehen. Aber das war nicht dasselbe wie das hier, oder? Niemand würde es zulassen, nicht heute, nicht in dem Wissen, dass es schon einmal geschehen war. Ich wandte mich wieder an Veronique und fragte mich, ob sie es vielleicht wusste, aber ihr Blick war schon zur nächsten Wand gewandert.

Und diese Wand war anders.

Auch hier hingen Fotos. Aber die meisten Menschen auf ihnen saßen nicht in kleinen Booten. Sie befanden sich auf größeren Schiffen, auf Decks oder an Land, und sie sahen auch nicht verängstigt aus. Einige standen in Schlangen an. Sie waren offensichtlich müde, wirkten aber geduldig. Nicht ängstlich. Auf manchen Fotos lächelten sie sogar. Ein Foto zeigte einen großen Mann in einer britischen Marineuniform, der einem sehr glücklich aussehenden Chinesen die Hand schüttelte. Es gab weitere ähnliche Fotos, auf denen Flüchtlinge neben anderen Menschen standen, die vermutlich ihre Retter waren. In einem Rahmen war ein Zeitungsartikel mit der Überschrift »WIR FANDEN EINE HEIMAT!« und einem großen Foto daneben von einer Ansammlung von Menschen, die verfroren aussahen und Schirme in der Hand hielten, obwohl sie alle lächelten. Waren sie Flüchtlinge, die gerettet worden waren? Die ein neues Land gefunden hatten, wo sie leben konnten? So wie unseres? Die Antwort musste Ja gewesen sein, denn das größte Bild war ein echtes Foto, in Farbe, während der Rest schwarz-weiß war. Es zeigte eine Familie, die sich um einen Mann in einer Marineuniform schart, ein Mann umarmt ihn, die anderen lächeln. Und auf einmal bemerkte ich etwas: Das Foto war genau dort aufgenommen worden, wo ich gerade stand! Als ich zur Theke aufblickte, sah ich, dass ein paar der Leute dahinter auch auf dem Bild waren.

Ich schüttelte den Kopf und ging zurück zur ersten Wand, um nachzusehen, ob ich dort vielleicht Menschen entdecken würde, die auch unter den Menschen auf den Fotos von den Schiffen waren oder unter denen, die gerettet wurden. Ich fand einige wenige, glaubte ich wenigstens, aber es war schwer, das sicher zu sagen.

Dann suchte ich Nanai.

Ich suchte sie unter all den Menschen, die sich an Masten klammerten oder zusammengekauert in den Booten hockten, und dann suchte ich nach ihr auf den Fotos derer, die hierhergebracht wurden, nach England. Eine Frau sah ein *bisschen* aus wie sie, aber es war schwer zu erkennen, und außerdem hielt sie ein Baby. Ich suchte gerade die anderen Fotos ab, als Veroniques Dad zwischen uns erschien.

»Und, bekommt ihr eine Vorstellung davon, wie es war?«

»Ja. Hat Nanai wirklich all *das* durchgemacht?«

Er nickte.

»Aber wie ist sie dann letztendlich hier gelandet?«

»Ein Handelsschiff griff ihr Boot auf und nahm sie mit nach Hongkong. Manche Menschen wollten, dass alle Flüchtlinge nach Vietnam zurückgeschickt werden, aber dort wären sie ermordet worden. Damals kontrollierten die Briten Hongkong, und die britische Regierung willigte schließlich ein, einige Flüchtlinge hier leben zu lassen.«

»Arme Nanai«, sagte ich. »Das war bestimmt sehr beängstigend. Nicht nur die Zeit auf den Booten, sondern auch später. War sie jemals hier? Im Café Hoa, meine ich?«

»Ich ging letztes Jahr mit ihr hierher. Ich wollte sie ein bisschen aus der Reserve locken, aber es war alles zu viel für sie. Besonders diese Bilder dort.« Er zeigte zu den Bildern der geretteten Menschen, die bei den Männern von der Marine standen. »Diese Bilder zu betrachten nahm sie wirklich mit.«

»Das glaube ich gerne«, sagte Veronique. »Besonders weil ...«

»Was?«

»Na ja, sie hat ihre Schwester verloren, oder?«

»Ja, das stimmt.«

»Aber Nanai hat Ihnen nie erzählt, was mit ihr passiert ist?«, fragte ich. »Mit ihrer Schwester, meine ich?«

»Nein«, sagte Veroniques Dad und wandte sich dann wieder der Wand zu, auf der die zertrümmerten Boote und die ertrinkenden Menschen gezeigt wurden. Mein Blick heftete sich auf ein Foto, das gar keine Menschen zeigte, sondern nur ein havariertes Schiff, umgeben von Taschen und Koffern und Kleidern, die im Meer trieben. Veroniques Dad seufzte: »Aber ich denke, wir wissen es, oder?«

Darauf schwieg ich. Und Veronique auch. Wir beantworteten die Frage ihres Dads nicht. Mir fiel nur die Frage ein, die Veronique mir gestellt hatte, nachdem ich Nanai einmal besucht hatte: »Wünschst du dir nicht, dass du eine Schwester hättest?« Veronique wünschte es sich, aber um wie viel mehr wünschte Nanai es sich? Ich wollte das Veronique genauer erklären, aber bevor ich es tun konnte, ging sie hinüber zur Theke und zog eine Geldbörse aus ihrer Tasche. Ich drehte mich wieder zur Wand, um sie ein letztes Mal zu betrachten, da fiel mein Blick auf ein Foto von den großen Schiffen, das genauso aussah wie das Foto, das auf Nanais Beistelltisch stand. Das Foto, das sie geworfen hatte. Es sah wirklich SEHR danach aus. War es nicht sogar GENAU dasselbe Foto?

Ja, ich war mir sicher. Dann war das also das Schiff, das sie gerettet hatte?

Und hatte sie es gesehen, als sie hierhergekommen war?

Es dürfte ihr wohl kaum entgangen sein, oder?

Ich betrachtete es intensiv und wandte mich dann wieder den Fotos der Familien zu, die mit dem Kapitän wiedervereint waren, der sie gerettet hatte. Nanai musste auch diese Fotos gesehen haben. Irgendetwas in diesem Zusammenhang fühlte sich richtig an, aber ich wusste nicht, was. Ich dachte immer noch über all das nach, als Veronique von der Theke zurückkam. Sie trug eine Schachtel aus dünnem Pappkarton in der Hand, in der vier kleine, fischförmige Kuchen lagen.

»Für Nanai«, sagte sie.

Daraufhin wurde ich sehr schweigsam, und ich blieb es auch, als wir zurück zum Bahnhof Charing Cross gingen. Während wir uns durch die Menge zwängten, hatte ich eine merkwürdige Vision: Die Straßen waren komplett leer, und es war nichts los auf ihnen – denn wie wäre es, wenn wir diesen Flüchtlingen nicht geholfen hätten? Würde es Schneebälle geben? Musik und Laternen und Drachen? Ich weiß es nicht, aber ich war SEHR froh, in einem Land zu leben, das Menschen willkommen hieß. Das war wie die Fotos der geretteten Menschen zusammen mit den Menschen, die sie gerettet hatten. Sie brauchten einander, denn ohneeinander könnte keine der beiden Gruppen *das sein, was sie war*.

Nanai hatte wirklich großes Glück gehabt, dass sie gerettet worden war, aber das galt auch für die Person, die sie gerettet hatte. Sie waren miteinander verbunden, so wie wir mit Nanai verbunden waren. Ich beschloss, dass ich das zu ihr sagen würde. Und ich *würde* Veronique von den Croissants erzählen. Es würde schwer sein für sie, das zu erfahren, aber sie musste es wissen, denn dann konnten wir *beide* hinuntergehen und von Nanai verlangen, uns die Wahrheit zu sagen. Warum aß sie seit dem Besuch von Daisys Dad nicht mehr? Was hatte das Foto von Veronique zu bedeuten, das sie in ihrem Schemel versteckt hatte? Ich musste es herausfinden, und es gab nur einen Weg.

Wir *mussten* sie fragen, und wir mussten sie *zwingen*, es uns zu erzählen. Ich versprach mir selbst, dass wir das tun würden, SOBALD wir wieder bei Veronique wären.

Aber ich hatte *nicht* erwartet, was geschehen würde, bevor wir dort anlangten.

# 31

Schon als wir in Veroniques Straße einbogen, hörte ich das Ge-
lächter und das Geschrei. Es kam ganz vom Anfang der Straße. Nur
ein paar Kinder. Wahrscheinlich ein Fest. Nichts Besonderes, oder?

Aber dann merkte ich, *woher* der Lärm kam.

Veroniques Mum fragte mich, ob etwas nicht in Ordnung sei,
doch ich schüttelte den Kopf. Ich wollte einfach nur dort vorbei
und in ihr Haus hinein. Aber das gelang mir nicht.

»Hallo, ihr beide!«, sagte eine Stimme. »Ihr seid ein bisschen
spät! Aber das macht nichts. Kommt rein!«

Die Frau, die gerufen hatte, stand an der Straße und verabschiedete gerade jemanden in einem schwarzen BMW. Das Haus, aus
dem sie gekommen war, lag hinter ihr, und ich warf einen Blick
auf die Luftballons an der Tür, die zu einer riesigen Traube zusammengebunden waren. Dann wandte ich mich wieder der Frau
zu, die uns jetzt zu sich winkte.

Billy Lees Mum.

Die Erkenntnis, dass ich NICHT zu Billys Geburtstagsfest eingeladen worden war, versetzte mir einen Stich. Ich habe euch ja
erzählt, dass er früher der Schrecken unserer Klasse gewesen war.
Aber wir haben uns trotzdem vor Kurzem angefreundet, und obwohl er sich in letzter Zeit mir gegenüber merkwürdig verhalten hatte, hatte ich immer irgendwie so getan, als wäre alles okay.

Aber jetzt konnte ich nicht mehr so tun, und ich fragte mich wieder, womit ich ihn verärgert hatte. War es das Eigentor, das ich gegen die 5s geschossen hatte? Das war nicht einmal meine Schuld gewesen. Der Ball war einfach von meinem Knie abgeprallt! Ich schüttelte den Kopf und redete mir ein, dass es mir egal wäre, als Billys Mum, die noch eleganter gekleidet war als Veroniques Mum und Dad, auf uns zukam. Sie trug schwarze High Heels, in denen sie ein bisschen unsicher ging, und hatte leuchtend roten Lippenstift aufgelegt. Sie begrüßte Veroniques Mum und Dad und lächelte dann Veronique zu.

»Du siehst ja reizend aus. Was für ein hübsches Partykleid. Wenn ich nur meine Roxy dazu bringen könnte, so etwas anzuziehen.«

»Danke«, sagte Veronique. »Aber es ist kein Partykl- ...«

»Aber steht nicht einfach hier rum. Kommt rein.« Als wir uns nicht rührten, taxierte sie uns mit zusammengekniffenen Augen. »Was ist los, meine Lieben?«

»*Nichts*«, sagte ich.

»Na, dann kommt.«

»Aber wir sind nicht eingeladen«, sagte Veronique.

Billys Mum runzelte die Stirn. »Sei nicht *albern,* Veronique. Ich habe die Einladungen persönlich geschrieben. Deine sollte Billy bei euch in den Briefkasten stecken. Und dir sollte er deine in der Schule geben, Cymbeline.«

»Na ja ...«

»Du meinst, er hat es nicht gemacht?«

»Nein.«

»Dann hat er es bestimmt vergessen. Ehrlich. Kinder!« Sie hob den Blick zu Veroniques Mum und sah dann zurück zu uns. »Sie ist bestimmt noch in seiner Schultasche. Und deine, Veronique, liegt unter eurem Fußabstreifer! Aber egal. Ihr seid jetzt hier, und das ist die Hauptsache. Päckchenauspacken habt ihr verpasst, aber ich habe gerade das Eis rausgestellt. Seid nicht schüchtern!«

Mit diesen Worten packte uns Billys Mum an den Handgelenken und zog uns buchstäblich zur Tür. Veronique sah widerwillig aus, weil sie sowieso nicht zu einem Fest von Billy gehen wollte, und ich war auch nicht begeistert, denn, wenn ich NICHT eingeladen war, WOLLTE ich auch nicht hingehen – obwohl ich immerhin schon das Päckchenauspacken verpasst hatte, was ich eh HASSE. Nur ein EINZIGES Mal in meinem Leben bekam ich den mittleren Preis, und zwar auf Junis Geburtstag (in der dritten Klasse). Der Preis erwies sich als leuchtend pinkes My Little Pony, das eigentlich Juni bekommen sollte, aber Tante Mill hatte die Geschenkpapierschichten falsch gezählt. Juni FLIPPTE AUS! Das letzte Mal gespielt hatte ich das Spiel bei Vi, deren Mum dagegen war, in jede Papierschicht ein Geschenk einzupacken. Ich hatte blöderweise neben Daisy gesessen, deren Arme so lang sind, dass ich das Päckchen kein einziges Mal auch nur BERÜHRT hatte. Lance hatte gewonnen – und zwar ein Dinosaurier-Puzzle, das er erstaunt betrachtet hatte, denn seine Mum hatte es zwei Wochen zuvor für den Herbstmarkt der Schule gespendet.

»Rein mit euch!«, sagte Billys Mum.

Sie stieß die Tür auf, die Luftballons hüpften, und wir gingen hinein. Ich hielt Ausschau nach Billy, weil ich ihm zeigen wollte, dass ich ÜBERHAUPT NICHT auf seiner *armseligen* Party sein wollte. Aber er war nicht im Wohnzimmer und schien auch nicht in der Hüpfburg zu sein, die ich durch die offene Terrassentür erspähte. Darren Cross war dort mit ein paar Kindern, die ich nicht kannte, wahrscheinlich aus der Sonntagsfußballmannschaft, für die Billy spielt. Ich muss jedoch zugeben, dass die Hüpfburg mich lockte, also drehte ich mich zu Veronique um, die die Achseln zuckte. Wir gingen zusammen los, vorbei an dem Büfett – oder was davon noch übrig war: Zweieinhalb schrumpelige Mini-Würstchen lagen verlassen auf einer Aluschale neben einem orangefarbenen Berg. Rat an alle Eltern: Vergesst die Karottensticks.

Ich würde nur ein *bisschen* hüpfen (dachte ich mir), aber dabei auf keinen Fall laut schreien vor Freude oder so. Dann hätte ich Veronique für mich allein und könnte ihr endlich von gestern Nacht erzählen. Mit ein bisschen Glück würden wir Billy einfach aus dem Weg gehen können und vielleicht sogar herausfinden, was mit Nanai los war. Wir gingen durch die Küche an Billys Geschenkeberg vorbei, auf dem ganz oben eine Drohne wie die von Clay thronte. Daneben lagen der Karton einer RIESIGEN Nerf-Kanone, drei Fußbälle, eine Scalextric-Autorennbahn, eine neue Subbuteo-Mannschaft, eine neue Chelsea-Sporttasche, ein Chelsea-Schal und ein Chelsea-Shirt mit Autogrammen der ganzen Mannschaft (was mich daran erinnerte, dass ich *immer noch nichts* von Jacky Chapman gehört hatte und das bedeutete, dass ich es wahrscheinlich vergessen könnte, jemals in seinem Hubschrauber mitzufliegen). Ich versuchte, die Geschenke nicht zu sehr zu bestaunen, und dachte daran, dass Billy früher immer damit angegeben hatte, wie reich seine Familie war, weil sein Dad Häuser und Wohnungen baut. Einen Augenblick lang überlegte ich, wie es wohl wäre, einfach alles zu bekommen, was man sich jemals gewünscht hat und außerdem noch Dinge, von denen man nicht einmal *wusste*, dass man sie sich wünschte. Aber da sah ich Marcus Breen am Türrahmen lehnen.

»He, Billy!«, rief er und riss den Mund dabei so weit auf, dass ein Hula-Hoop-Reifen bequem hindurchgepasst hätte. »Du hast doch gesagt, diese Loser wären gar nicht eingeladen!!«

Dies aus Marcus' Mund zu hören war fast so schlimm, wie von vornherein nicht eingeladen worden zu sein. Ich *mag* Marcus, und ich wusste, dass er das nur wegen Billy sagte. Fast hätte ich etwas entgegnet, aber Marcus hatte nicht bemerkt, dass Billys Mum direkt hinter uns stand. »Marcus, *das* ist nicht sehr nett. Natürlich waren Veronique und Cymbeline eingeladen. Nicht wahr, Billy, Liebes?«

Einen Augenblick lang dachte ich, Billys Mum wäre verrückt, weil Billy gar nicht da war. Aber dann kam er mit seiner neuen Nerf-Kanone in der Hand von links aus einem Zimmer. Er blieb stehen, und sein Mund klappte auf eine Art und Weise auf, die mir sagte, dass seine Mum FALSCHlag. Er *war* überrascht, uns zu sehen. Es war kein Missverständnis. Nicht im Geringsten.

Billy hatte uns MIT ABSICHT nicht eingeladen.

»Na?«, sagte seine Mum und lächelte ihn an.

Billy riss sich zusammen. »Klar, waren sie. Yeah, ich ...«

»Was?«, sagte ich.

»Na ja, ich ...«

»Was?«

»Hab die Einladung in dein Fach gelegt.«

»Hast du? Echt?«

»Jap. Irgendjemand muss ... Keine Ahnung. Ist jetzt auch egal, oder?«

»Ja«, sagte Billys Mum. »Jedenfalls sind sie jetzt hier. Pass das nächste Mal besser auf! Wie ist die neue Kanone?«

»Oh«, sagte er. »Super.«

»Dann lass doch Cymbeline auch mal ran?«

»Ist schon in Ordnung«, sagte ich.

»Was möchtest du dann gerne machen?«

»Äh ... Wir gehen einfach mal raus, oder, Veronique?«

»Gern.«

»Also gut. Billy, begleite Veronique und Cymbeline bitte nach draußen.«

»Er muss uns nicht begleiten«, sagte ich.

»Aber ich bin sicher, dass er das gerne macht. Billy?«

Billy sah erstaunt aus. »*Nach draußen?*«

»Die Hüpfburg hat eine Stange Geld gekostet, und ich glaube, Cymbeline hier hat schon ein Auge darauf geworfen. Nicht wahr?«

»Na ja ...«

»Ach was«, sagte Billy. »Ich meine, warum sollen wir rausgehen, Cymbeline? Es ist kalt.«

Billys Mum lachte. »Ich weiß, es ist Februar, aber das Wetter ist wunderbar. *Alle* sind draußen. Das Eis steht auch draußen.«

»Ich mag keins. Komm, Cymbeline, lass uns hoch ...«

»Was?« Billys Mum runzelte die Stirn. »Du hast doch darum

*gebeten.* Ich bin extra zu Asda gefahren. Vanille, durchzogen mit Himbeersoße – darauf hast du *bestanden.*«

»Ich hab's mir eben anders überlegt.«

»Unsinn. Komm schon, du siehst doch, dass Cymbeline und Veronique rausgehen wollen, also los, raus mit dir.«

Aber Billy rührte sich nicht.

»Ich geh nicht raus.«

»Billy?« Die Augen seiner Mum verengten sich. »Du gehst nicht ...«

»Raus. Ich gehe nicht. Und ...«

»Was?«

»Sie auch nicht.«

Billys Mum starrte ihn bloß an und wir, muss ich zugeben, auch. »Hör mit diesem Unsinn auf. Deine Schwester ist draußen und verteilt das Eis, das DU dir gewünscht hast. Ab durch die Mitte! *Sofort.*«

»Nein. Und sie gehen auch nicht raus.«

»Wie bitte?«

»Das ist mein Fest, oder?«

»Und?«

»Marcus hatte recht. Ich habe sie *nicht* eingeladen. Ich will nicht, dass sie hier sind. Nicht in meinem Haus, nicht in meinem Garten. Und ich möchte ganz bestimmt nicht, dass sie mein Eis essen! Sag ihnen, dass sie gehen sollen!«

Billy trat einen Schritt nach vorn und stellte sich zwischen uns und die Terrassentür, während wir einfach stehen blieben. Sprachlos. War es dieses Eigentor? Aber was hatte Veronique getan? Sie wusste es offensichtlich auch nicht, denn sie sah Billy an, als wäre er eine Krankheit, während Billys Mum ihn böse anfunkelte und mit angespannter Stimme, wie ein Drahtseil, sagte: »Geht ihr mal raus, meine Lieben, während ich mich um diesen jungen Mann hier kümmere.«

Aber Billy, der direkt vor die Tür getreten war, rührte sich nicht. Er versuchte sogar, uns aufzuhalten, sprang uns in den Weg, bis seine Mum auffuhr wie eine Kobra und ihm einen bösen Blick zuwarf, während wir uns an ihm vorbeidrückten. Eigentlich wollten wir das gar nicht. Ich wollte nicht einmal mehr zu der Hüpfburg gehen, in der es jetzt ganz still war, weil die Kinder uns alle anstarrten.

»Geht nur zu, meine Lieben. Wir kommen gleich nach, **NICHT WAHR, BILLY?**«

Damit stieß Billys Mum uns fast hinaus auf die Veranda und schlug die Tür hinter uns zu! Ich drehte mich um und sah, wie sie auf Billy losging, sich drohend über ihm aufbaute und wissen wollte, *was zur Hölle er sich bei seinem Theater dachte.*

»Nicht eingeladen?«, sagte sie. »Was redest du da?«

Billy verteidigte sich, und Tränen strömten über sein Gesicht, während Veronique und ich einfach nur zusahen. Wir waren sprachlos und konnten uns kaum rühren, weil alles so bizarr war. Bis Billy Schwester sagte: »Wollt ihr noch was? Na? Ich hab' nicht den ganzen Tag Zeit.«

Das schien den Bann zu brechen. Wir wandten uns beide vom Fenster ab und erblickten Roxanne, die mit verschränkten Armen an einem Holztisch lehnte, hinter dem eine Riesenmenge alter

Dachziegel aufgestapelt war. Vor ihr standen zwei große Boxen mit Eis. Roxannes Anblick war eine Überraschung: Letztes Mal noch hatte sie Lipgloss aufgelegt und trug weiße Turnschuhe, pinke Jeans und einen Dua-Lipa-Kapuzenpulli. Jetzt war sie ganz in Schwarz: Jeans, Top, Fingernägel, Haare, Lippenstift und Nasenring – alles schwarz (obwohl sie ein sehr weißes Gesicht hatte). Ich fand, sie sah cool aus, obwohl Halloween problematisch für sie werden könnte. Sie hatte einfach keinen Spielraum mehr.

»Und?«

Veronique schüttelte den Kopf. »Ich mag nichts.«

»Wie du willst. Und was ist mit dir, Cymbewasweißich?«

»Oh.«

»So schwer ist die Frage doch nicht: Magst. Du. Ein. Eis?«

Ich zuckte die Achseln. Ich meine, normalerweise LIEBE ich mit Himbeersoße durchzogenes Vanilleeis, aber es war alles einfach *zu merkwürdig*. Wir waren auf Billys Party, bei der er uns nicht haben wollte, während er von seiner Mum zusammengefaltet wurde und die anderen Kinder uns anstarrten. Roxanne hatte mein Achselzucken jedoch als Ja aufgefasst, denn sie griff seufzend zu einem metallenen Portionierer und stieß ihn in die Eisbox direkt vor ihr. Sie zog ihn wieder heraus und ließ die Eiskugel auf einen Partyteller fallen. »Irgendwas dazu?«

»Schokoladensoße?«

»Sieht das hier aus wie ein Eiswagen?«

»'tschuldigung. Alles gut.«

»Nein, ist es nicht!«, schrie Veronique neben mir. Und bevor ich den Teller nehmen konnte, schnappte Veronique ihn und stieß ihn zu Roxanne zurück! Dann zeigte sie auf etwas hinter ihr. Hä? War sie auch verrückt geworden? Ich wollte gerade darauf bestehen, dass das Eis allein TATSÄCHLICH gut sei, und streckte die Hand aus, um den Teller wieder an mich zu nehmen.

Aber Roxanne hatte sich schon zu einer Schüssel umgedreht, die ich nicht hatte sehen können, weil sie direkt davor gestanden war. Aber jetzt sah ich sie. Sie war groß. Und aus Glas.

Und bis zum Rand mit etwas gefüllt, bei dessen Anblick mein Mund aufklappte.

Als Roxanne den Portionierer in den Wackelpudding tauchte und ihn dann über das Eis hielt, warf ich Veronique einen Blick zu. Ihre Augen waren weit aufgerissen. Dann drehten wir uns beide zur Terrassentür um, wo Billy sich heftig bemühte rauszukommen. Er kämpfte sogar mit seiner Mum, um die Tür zu öffnen.

Dann wirbelten wir wieder zu Roxanne herum, die gerade den Portionierer drehte, sodass der Wackelpudding auf das Eis fiel.

# 32

Der **BLAUE** Wackelpudding.

# 33

Billy wurde von seiner Mutter hinauf in sein Zimmer gezerrt. Aber erst, nachdem wir Blickkontakt gehabt hatten: Und wir konnten es SEHEN. Wir sahen, dass *er* wusste, dass *wir* wussten, warum er uns nicht in den Garten lassen wollte.

Wir sahen zu, wie er verschwand, und dann aß ich das Eis, so schnell ich konnte (*H-i-r-n-f-r-o-s-t*). Den Wackelpudding jedoch NICHT. Ich trug den Teller ins Haus, fand neben dem Geschenke-berg eine Plastiktüte und ließ den Wackelpudding hineinfallen.

»Sollen wir den Daisy zeigen?«, fragte Veronique. »Oder ihn direkt zu Mr Baker bringen?«

Ich wusste es nicht, aber eines war sicher: Veronique hatte recht gehabt. Blauer Wackelpudding ist *total* unüblich. Und wenn man noch Billys merkwürdiges Verhalten dazunahm? Er hatte gesagt, er HÄTTE uns eingeladen, so lange, bis seine Mum vor-schlug, mit uns zusammen in den Garten zu gehen – da rastete er aus.

In den Garten, wo der Wackelpudding war.

Mein Blick wanderte vom Wackelpudding zu Billys Geschenke-berg mit all den Chelsea-Fanartikeln – und ich wusste es:

Das war der BEWEIS.

Der Beweis, den wir nicht sehen sollten.

»Er muss die Heide verlassen haben«, sagte ich zwischen den

Zähnen hindurch,»als niemand aufpasste. Oder vielleicht machte er es, *bevor* er überhaupt hinging.«

»Sollen wir es seiner Mum sagen?«

»Bin mir nicht sicher.«

»Nach allem, was er getan hat? Und was, wenn wir es nicht sagen und er tut Mrs Martin noch etwas an?«

»Ich *weiß*«, sagte ich, aber es fühlte sich trotzdem falsch an, ihn zu verpetzen, vor allem, weil ich KEINE AHNUNG hatte, warum er es getan hatte. Mrs Martin kommt nicht nur mit uns supergut aus, sondern auch mit Billy. Miss Phillips macht ihm das Leben schwer, weil er nicht so der Theoretiker ist, aber Mrs Martin betont dauernd, wie sportlich er ist, und baut ihn richtig auf. Es war einfach sehr verwirrend, deshalb war ich froh, als ich nicht mehr darüber nachdenken musste: Veroniques Mum kam rüber und holte uns ab.

Mrs Chang war früh dran, aber das war uns EGAL. Wir waren nur zu froh, von dort wegzukommen, und ich war erleichtert, dass ich nicht mehr über Billy nachdenken musste. Ich konnte endlich zur Hütte hinuntergehen und zu Nanai. Wir durften Billys Haus allerdings nicht verlassen, ohne uns zu bedanken. Veroniques Mum rief die Treppe hinauf, und Billys Mum stöckelte herab.

»Danke, dass wir hier sein durften«, sagten wir, während Billys Mum sich bemühte, fröhlich auszusehen. Aber in ihren Augen standen Tränen.

»Keine Ahnung, was in ihn gefahren ist. Das ist alles sehr peinlich, muss ich sagen. Aber danke, dass ihr gekommen seid, ihr beide.«

»Wir bringen die Geschenke in den nächsten Tagen vorbei«, sagte Mrs Chang, obwohl ich hinter dem Rücken die Finger kreuzte. Ein Geschenk für Billy?

AUF KEINEN FALL.

Wir gingen an dem Geschenkeberg vorbei zurück, und Roxanne reichte uns jeweils eine Tüte mit Mitgebseln von einem Stapel neben der Eingangstür.

»Danke«, sagte ich.

»Oh, gern«, sagte Roxanne. »Danke fürs Kommen. Es hat mich persönlich unfassbar gefreut, dass du dieser Feier des Lebens meines kleinen Bruders beiwohnen konntest. Im Ernst, ich war tief berührt. Bitte schließ die Tür hinter dir.«

Das machte ich. Und dann, wieder in Veroniques Küche, blieb ich einen Augenblick stehen, starrte auf den Geschirrständer, wo immer noch sechs Teller darauf warteten, weggeräumt zu werden, und dachte darüber nach, wie ich die Sache mit Nanai anfangen sollte. Ich würde sie fragen, ob sie Daisys Dad angeheuert hätte, warum er sie besucht hatte und ob er ihr das Foto von Veronique gebracht hätte. Ich würde sie fragen, warum das so eine schlimme Wirkung auf sie gehabt hatte und was genau sie im Café Hoa so Schreckliches gesehen hatte, als Veroniques Dad im vergangenen Jahr mit ihr dort gewesen war. Ich wollte gerade fragen, ob ich zu ihr hinuntergehen könne, als Veronique zu ihrer Mum sagte:

»Warum bist du so früh gekommen? Damit ich üben kann? Die Prüfung ist am Samstag, oder?«

Ihre Mum nickte.

»Dann sollte ich wirklich loslegen.«

»Mach dir darüber jetzt keine Sorgen«, sagte ihre Mum.

»War das nicht der Grund?«

»Nein.« Veroniques Mum schüttelte den Kopf. Dann seufzte sie und nahm Veroniques Hand. Veronique runzelte die Stirn, bis sie sich auf einmal umdrehte und durch die Terrassentür in den Garten schaute.

Das Häuschen unten war dunkel.

Und die Tür stand weit offen.

# 34

Nachdem Veroniques Mum uns gesagt hatte, dass Nanai wieder im Krankenhaus war, starrten wir sie nur an. Ich konnte es nicht fassen. Ich *musste* mit ihr sprechen. Veronique dagegen weigerte sich erst, es zu glauben, denn jetzt *aß* Nanai doch wieder. Aber als sie es sich eingestanden hatte, begann ihre Unterlippe zu zittern.

»Gut, aber dieses Mal besuche ich sie«, sagte sie. »Und dieses Mal wird mich *nichts* aufhalten.«

Mrs Chang wollte das zunächst diskutieren, überlegte es sich aber anders. Obwohl es da noch ein Problem gab.

Mich.

»Aber für mich ist das okay«, beharrte ich.

»Tut mir leid, aber wir können dich nicht allein hierlassen.«

»Kit-Kat kann auf mich aufpassen.«

»Das wäre nicht richtig, Cymbeline. Wir schauen mal, wo deine Mum ist, okay?«

Veroniques Mum rief meine Mum an. Sie saß gerade im Eurostar und brauchte ungefähr noch eine Stunde bis London. Veroniques Mum sagte, wir müssten auf sie warten, aber ich schüttelte den Kopf.

»Ich möchte Nanai auch besuchen!«

Schließlich gab sie nach, und wir rannten hinaus zu ihrem Auto.

»In welches Krankenhaus wurde sie denn gebracht?«, fragte Veronique.

Die Antwort lautete: ins Krankenhaus von Lewisham. Bei diesem Namen klingelt es vielleicht bei euch, denn dieses Krankenhaus war früher wirklich OFT in den Nachrichten. Als wir in der dritten Klasse waren, wollte die Regierung es schließen. Aber die Menschen riefen bei Rundfunkstationen an, schrieben wütende Briefe an die Zeitungen und hängten Plakate in ihren Fenstern auf. (Mum sogar zwei, falls eines runterfallen sollte.) Mrs Martin führte dabei Regie, weil ihre Schwester dort als Krankenpflegerin arbeitet. Sie organisierte Versammlungen in der Schule, ließ T-Shirts bedrucken und verteilte Flugblätter, die die Leute unter Türen hindurchschieben konnten. Und all das passierte, weil das Krankenhaus von Lewisham einfach SUPER ist.

Beim ersten Mal war ich dort, als es mich eigentlich noch gar nicht gab, bis es mich dann tatsächlich gab (nach meiner Geburt). Beim zweiten Mal, als Mum dachte, ich hätte Meningitis (sehr schlimm). Ich hatte die Krankheit nicht, aber *wenn* ich sie gehabt hätte, wäre jedes andere Krankenhaus viel zu weit entfernt gewesen (und das wäre das Ende von Cymbeline gewesen). Die anderen Male, an die ich mich tatsächlich erinnere, hatte ich mir den Arm gebrochen, weil ich bei Tesco von Thomas, der kleinen Lokomotive, runtergefallen war (Lance' Schuld), oder mir den Finger beim Cluedo-Spielen gebrochen hatte (Marcus Breens Schuld), oder man mir ein kleines pinkes Stück Plastik aus dem Inneren meines linken Ohrs herausholen musste (das Bein von My Little Pony – Junis Schuld).

In allen Fällen wurde ich fantastisch behandelt, was nicht ungewöhnlich ist, denn alle, mit denen man spricht, haben ähnliche Geschichten über großartige Krankenschwestern und fabelhafte Ärzte zu erzählen, sodass die gesamte Kampagne gegen die Schließung in einer GIGANTISCHEN Demonstration vor dem Krankenhaus mündete. Das rettete das Krankenhaus schließlich, und dafür könnt ihr MIR danken.

Mum und ich trafen auf dem Bahnhof von Lewisham nämlich noch andere Familien, die wir aus der Schule kannten. Mrs Martin führte uns die Straße hinunter, wo wir wirklich SEHR laut brüllten, aber das war es nicht, was den Ausschlag gab. Mum übertrieb es ein bisschen mit ihrem »Rettet unser Krankenhaus«-Protestplakat und schlug mich damit k. o.

»Seht mal!«, konnte ich sie schreien hören, als ich wieder zu mir kam. Sie hatte mich aufgehoben und gefolgt von all den Fernsehkameras in die Notaufnahme gebracht. »Was würde ich tun, wenn dieses Krankenhaus geschlossen wäre? Wohin würde ich GEHEN, na?«

Später waren wir in den Nachrichten!

»Nun, Herr Premierminister«, sagte der Moderator, nachdem der Film vorbei war, »was können Sie dieser verzweifelten Mutter sagen? Wie lautet Ihre Antwort auf ihre Frage?«

Am Tag darauf wurde entschieden, das Krankenhaus nicht zu schließen. Und als ich das nächste Mal ins Krankenhaus von Lewisham musste (Lebensmittelvergiftung – Tante Mills Schuld), erkannten mich alle! Die Schwestern störten sich nicht einmal daran, dass ich sie vollkotzte!

Ich wollte nicht, dass Nanai im Krankenhaus war, aber wenn sie schon in einem sein musste, war ich froh, dass sie in dem von Lewisham war. Nachdem wir geparkt hatten, gingen wir zum Haupteingang, wo eine Krankenschwester sagte: »Hallo, Cymbeline!« und mich nach drinnen zog. Zwei Empfangsdamen, ein Pförtner, die Frau vom Blumenstand und drei Ärzte klopften mir alle auf den Rücken und fragten, was passiert sei.

Als ich erklärte, dass wir wegen Veroniques Oma da wären, führte uns die Krankenschwester zu einem großen Aufzug. Ein Pfleger schob noch ein Bett zu uns herein, in dem ein sehr alter Mann lag, dem seine weichen weißen Haare in sein stoppeliges, eingefallenes Gesicht fielen. Er hatte sich mit geschlossenen Augen zusammengerollt wie ein Baby. Offenbar störte ihn der Plastikschlauch, der oben in seine Hand hineinführte, denn er versuchte ihn herauszureißen, aber die Frau neben ihm streichelte seinen Kopf.

»Alles in Ordnung, Dad«, sagte sie. Dann beugte sie sich hinunter und küsste ihn auf die Stirn.

Nachdem das Pling des Aufzugs ertönt war und die Tür sich geöffnet hatte, folgten wir dem Bett einen Flur hinunter auf eine Station. Und sahen noch mehr alte Menschen. *Richtig* alte Menschen. Eine große Frau ohne Zähne schlief mit geöffnetem Mund, den Kopf im Nacken. Eine andere Frau döste in einem Rollstuhl. Ihr Kopf war übersät mit dunklen Flecken wie das Fell einer Giraffe. Und dann, bevor ich dazu bereit war, schien eine Hand nach meinem Herzen zu greifen.

Denn dort war auch Nanai.

Und sie sah alt aus auf eine Art und Weise, wie es mir vorher nie aufgefallen war. Wir hatten doch erst vor Kurzem Fußball gespielt, gelacht und über Jacky Chapmans Hubschrauber geredet. Jetzt lag sie schlafend in einem Bett, das viel zu groß für sie war, mit metallenen Stäben über ihrem Kopf und einem Schlauch in der Hand, wie der Mann ihn gehabt hatte, und Kabeln, die aus ihrer Brust kamen.

Veronique blieb stehen, als hätte sie einen Schlag erhalten, während ich nur blinzelte, als hätte man mich in einem Theater hinter die Kulissen geführt und die ganze Magie wäre auf einmal verschwunden. Nanai konnte uns nichts mehr vormachen, sie konnte sich nicht mehr zusammenreißen, um total energiegeladen zu erscheinen.

Sie war einfach nur *da*.

Zuerst hatte ich Veroniques Dad gar nicht gesehen. Er saß neben dem Bett, aber ich bemerkte ihn erst, als er aufstand.

»Hallo«, war alles, was er sagte.

Wir setzten uns. Ich auf einen Stuhl und Veronique auf die Bettkante. Sie hielt die Hand, in der kein Schlauch steckte. Ich wusste nicht, was ich tun sollte, also tat ich nichts. Ich redete nicht einmal und wagte kaum zu atmen, denn ich wollte nichts von der Luft wegnehmen, die Nanai vielleicht brauchte.

Im Stillen hoffte ich, dass Mum bald kommen würde, und dann hasste ich mich dafür, dass ich das gedacht hatte. Veroniques Mum und ihr Dad redeten über die Ärzte, die noch nicht wussten, was Nanai fehlte, und einfach abwarten wollten, bis sie aufwachen würde. Ich betrachtete das Laken, das sie bedeckte, wie es sich ein wenig hob und dann wieder senkte, und war jedes Mal froh, wenn es sich bewegte.

»Mum«, sagte Veronique nach einer gefühlten Ewigkeit. »Gibt es hier ein Klo?«

Mrs Chang lächelte und nahm sie an der Hand. Sie gingen hinaus, und irgendwie fühlte ich mich erleichtert. Ich rutschte auf meinem Stuhl hin und her und lächelte Mr Chang an, aber mein Lächeln erstarb. Er sah ernst aus. Er schaute Veronique hinterher und nahm dann seinen Rucksack auf die Knie.

»Cymbeline«, sagte er, »ich hab hier was für dich.«

»Ach? Wirklich?«

»Ja«, sagte er.

Und dann zog er mein Nachtlicht heraus.

Einen Augenblick lang verstand ich gar nichts. Und blickte ihn nur an. Mein Nachtlicht? Wie kam *er* dazu? Ich runzelte die Stirn, aber dann kam es mir. Und ich konnte kaum atmen. Mein Gesicht brannte, und meine Kehle war trocken.

Meine geheime nächtliche Expedition.

# 35

Sie war am Ende doch nicht so geheim gewesen.

»Hab ich es ...?« Ich betrachtete das Nachtlicht.

»Ja?«

»... in Nanais Häuschen liegen gelassen?«

Mr Chang nickte. »Ich fand es heute Morgen, als ich nach ihr schaute. Ich wollte es dir schon früher sagen, aber ich wollte es nicht in Gegenwart von Veronique tun.«

»Oh«, sagte ich, und das Wort fühlte sich an wie ein scharfkantiger Stein, als ich es aus meiner Kehle hinauspresste. *Wie konnte ich nur so blöd gewesen sein?* »Und haben Sie ...?«

»Ja?«

»Die Croissants gefunden?«

Er nickte. »Wenigstens hat sie ein bisschen was gegessen.«

»Nein«, sagte ich. »Das war Kit-Kat.«

»Oh, dann war er dein Komplize?«

Das Wort »Komplize« schickte eine heiße Woge der Scham durch meinen Körper. Ich war ihr *Gast* gewesen. Ich war mitten in der Nacht in ihrem Haus herumgeschlichen, *und* ich hatte Geheimnisse vor ihnen gehabt.

»Es tut mir so leid, Mr Chang.«

»Dass ...?«

»Dass ich runtergegangen bin. Ich ...«

»Du hättest uns von deinem Verdacht erzählen müssen?«

Ich nickte, und Mr Chang seufzte.»Vielleicht. Aber wir waren alle so froh, nicht wahr? Du hast dir Sorgen gemacht.«

»Ich dachte, Sie würden sich aufregen. Ich musste sicher sein, dass ich recht hatte.«

»Nun, du hattest recht. Ich wollte nach unserer Rückkehr mit Nanai darüber sprechen.«

»Aber sie war krank?«

»Ja.«

»Es tut mir wirklich leid«, sagte ich noch einmal, aber Mr Chang lächelte.

»Es *muss dir nicht* leidtun.«

*Was?*»Es muss mir nicht leidtun?«

»Nein.« Er schaute die Station hinunter, in die Richtung, in die Veronique und ihre Mum gegangen waren.»Du sorgst dich um unsere Familie. Sorgst dich um Veronique. Hattest du Angst?«

Der riesige Fuchs kam mir in den Sinn, und ich nickte.

»Dann bewundere ich dich, Cymbeline. Aber wenn es noch etwas gibt, was du mir sagen musst, sag es mir bitte.«

Ich holte Luft.»Haben Sie das Foto gefunden?«

»Das ...?«

»In dem Schemel? Von Veronique?«

»Ja«, sagte er,»aber ...«

»Haben Sie dieses Foto vorher schon einmal in Nanais Häuschen gesehen?«

»Warum?«

»Das könnte wichtig sein. Bitte, haben Sie?«

Er runzelte die Stirn. »Nein, tatsächlich nicht. Ich meine, ich habe es gesehen. Es stand in unserem Wohnzimmer, aber in einem Rahmen. Außerdem hatte es keine chinesische Schrift auf der Rückseite. Wir bemerkten, dass es vom Regal verschwunden war, aber wir dachten, es wäre irgendwo hinten runtergefallen oder ...«

Ich nickte. »Nanai hat einen Privatdetektiv beauftragt«, sagte ich. »Ich glaube, er brachte ihr das Foto. Oder er brachte es ihr *zurück*«, fügte ich hinzu, weil mir einfiel, dass es ja früher im Wohnzimmer gewesen war. »Letzten Sonntag.«

Diese Worte waren so schockierend für Mr Chang, dass er mich einfach nur anstarrte.

»Einen *Privatdetektiv*?«, fragte er schließlich.

An der Art und Weise, wie er das Gesicht verzog, erkannte ich, dass er mir nicht glaubte. Deshalb erzählte ich ihm rasch, wie ich Daisys Dad auf Tante Mills Überwachungsvideo gesehen hatte. Er schüttelte den Kopf, betrachtete Nanai und sah dann wieder mich an.

»Sie muss es ihm gegeben haben, und er brachte es wieder zurück«, sagte ich. »Dieses Foto. So muss es gewesen sein. Mit irgendeiner Botschaft, vermute ich. Und deswegen hörte Nanai auf zu essen.«

»Aber *warum*?« Mr Chang blinzelte heftig und verzog das Gesicht, bevor er sich wieder Nanai zuwandte, die in ihrem großen metallenen Bett immer noch tief und fest schlief.

Als Nanai nicht antwortete, wandte sich Mr Chang wieder an mich und wollte mich noch einmal fragen. Aber da kamen Veronique und ihre Mum zurück. Und dann kam *meine* Mum. Sie hatte ihren Koffer beim Pförtner am Eingang gelassen, bevor sie zu uns geeilt war. Nachdem sie Mrs Chang und auch Veronique umarmt hatte, seufzte sie in Richtung Mr Chang.

»Wenn ich das gewusst hätte«, sagte sie, »dann hätte ich wirklich niemals ...«

»Das ist vollkommen in Ordnung. Wir hatten ja auch keine Ahnung. Und wir hatten Cymbeline wirklich gern bei uns.«

»Nun, das ist eine Erleichterung. War er brav?«

»Überwiegend.« Veroniques Mum drehte sich zu mir, und ihre Miene verhärtete sich. Ich schluckte. Wusste auch sie von meinem mitternächtlichen Ausflug? Und war sie sauer auf mich? »Du darfst meinem Mann nie wieder beim Scrabble helfen, Cymbeline. Versprochen?«

Ich seufzte und sagte, ich würde es nicht wieder tun, und dann war es für Mum und mich Zeit zu gehen.

Ich dankte Veroniques Mum und Dad, vor allem für das Mittagessen. Und dann wandte ich mich an Veronique. Die verloren aussah. Verängstigt. Durchsichtig, als wäre sie aus einem ganz fein gewebten Stoff. Nach einem raschen Blick auf Nanai ging ich die Station hinunter, und als ich mich umdrehte, schenkte Veronique mir ein kaum sichtbares Lächeln, und ihr Blick folgte mir, bis Mum mich hinaus auf den Flur führte.

»Sie wird sich erholen.« Mum wuschelte mir durch die Haare, aber ich schüttelte ihre Hand weg, während mich ein Gefühl gewaltiger Hilflosigkeit beschlich. Ich war nutzlos. Veronique hatte gewollt, dass ich helfe, und ich hatte versagt. Ich wollte zurückgehen und etwas *tun*. Aber Mum nahm meine Hand und führte mich zum Aufzug, wo sie mir sagte, dass Mr Uber uns wieder nach Hause bringen würde.

Im Auto saß dann aber nicht er, sondern wahrscheinlich sein Bruder.

# 36

Aus Paris habe ich einen Zeichenblock (normale Größe), eine Tob-
lerone (GROSS) und einen Eiffelturm (klein) bekommen. Mum
gab mir die Sachen zu Hause, aber sie bedeuteten mir nichts. Ich
hatte gewusst, dass Nanai nichts gegessen hatte. Und jetzt war
sie wieder krank. *Wirklich* krank. Das stand über allem. Ich freute
mich nicht einmal richtig, als Mum mir ein weiches Päckchen
überreichte, das sich als echtes PSG-Trikot (Paris Saint-Germain:
beste Mannschaft in Frankreich) erwies. Und es war nicht mal
von ihr. Mum sagte mir, es sei tatsächlich von Stefan, was mich
verwirrte. Warum kaufte er mir so etwas Teures? Mum fragte, ob
ich es anprobieren wolle, aber ich sagte Nein und steckte es zurück in die Verpackung.

»Aber sag ihm vielen Dank von mir, ja?«

»Möchtest du ihm nicht lieber selbst danken?«

»Nein, das kannst du machen.«

»Wirklich? Du könntest ihn vielleicht zu einem Charlton-Spiel
mitnehmen, wenn du magst. Sie haben gestern gewonnen – ich
hab nachgeschaut. Hast du das gewusst?«

»Nein. Habe ich nicht. Aber es ist okay. Wirklich. *Du* kannst ihm
danken.«

Mum öffnete schon den Mund, um etwas zu entgegnen, aber
dann überlegte sie es sich anders.

Sie trug ihren Koffer die Treppe hinauf, und ich saß auf ihrem Bett, während sie auspackte. Dann besprühte sie sich mit französischem Parfüm und fragte mich, was ich so gemacht hätte. Ich erzählte ihr vom chinesischen Neujahrsfest und hatte die Farben und Geräusche wieder vor Augen, als ich davon berichtete. Aber jetzt bedeuteten auch sie mir nichts mehr. Sie widerten mich sogar an, weil ich daran dachte, dass wir dort waren und Spaß hatten, während Nanai zu Hause geblieben war. Allein. Und so krank, dass sie nach unserer Rückkehr ins Krankenhaus gebracht werden musste.

Wäre es anders gekommen, wenn ich morgens von den Croissants berichtet hätte? Ich wusste es nicht, und als Mum fragte, worüber ich nachdachte, erzählte ich ihr, dass Veronique gedacht hatte, Nanai würde tatsächlich wieder essen. Ich sagte nicht, woher ich wusste, dass das nicht stimmte. Mum seufzte, und ich sah sie an. Ich wünschte mir so sehr, dass sie mir sagen würde, ich bräuchte mir keine Sorgen machen, *weil es Nanai bald besser gehen würde.* Aber sie sagte es nicht. Stattdessen presste sie die Lippen aufeinander, weil sie nicht wusste, was sie sagen sollte. Um das Thema zu wechseln, fragte sie mich nach dem Geburtstagsfest.

»Billys Mum hat geschrieben und sich für irgendwas entschuldigt. War alles okay?«

Ich erzählte ihr vom Wackelpudding. Als sie nichts verstand, war ich wütend. Ich ging noch einmal alles, was Mrs Martin passiert war, mit ihr durch, und es war, als würde sie es zum ersten Mal hören.

»Ich bin überrascht, dass die Schule uns nicht darüber informiert hat.«

Seufzend holte ich den Brief, der inzwischen seit fast einer Woche in meiner Tasche lag. Mum hatte wohl bemerkt, wie nahe mir die Sache mit Nanai ging, weil sie sich gar nicht darüber ärgerte. Sie öffnete den Umschlag und kniff die Augen zusammen.

»Das ist ja komisch.«

»Es ist schrecklich!«

»Nein, hier geht es nicht um Mrs Martin.« Sie betrachtete den Brief. »Irgendwas über stärkere Verbindungen mit anderen Schulen und ein paar Veränderungen in der, lass sehen, ›gesetzlich vorgesehenen Nutzung von Schulgebäuden‹.«

»Was?«

»Genau: Was? Wahrscheinlich wollen sie mehr Nutzungsmöglichkeiten, um Geld einzusammeln. Am Samstagabend findet eine Versammlung der Schulbeiräte statt, die das billigen sollen. Was immer ›das‹ bedeuten soll.« Sie schüttelte den Kopf und warf den Brief beiseite. Was mich betraf, konnte er dort ruhig liegen bleiben. Ich wollte nur über Nanai nachdenken.

»Aber diese Vorfälle in der Schule«, sagte sie. »Macht *Billy* das?«

»Du hättest sehen sollen, wie er uns daran hindern wollte, nach draußen zu gehen.«

»Also, ich möchte nicht, dass du Schwierigkeiten machst. Überlass das mir. Ich erwähne es Mr Baker gegenüber. Sag nichts, was dich in irgendwelche Auseinandersetzungen verwickelt, okay?«

Ich stieß ein »Okay« hervor, aber eines war sicher: Ich würde Billy auf keinen Fall ungestraft davonkommen lassen.

»Was meinst du?« Mum hielt ihr linkes Handgelenk vor mein Gesicht, und der Parfümduft stieg mir beißend in die Nase. Ich verzog das Gesicht.

»Das riecht nicht nach dir«, sagte ich.

Danach gab es Abendbrot, aber ich konnte nichts essen. Mir MUSSTE etwas einfallen, was ich für Veronique tun konnte. Ich DURFTE sie einfach NICHT hängen lassen – denn ich wusste, wie sich das anfühlte. Jacky Chapman würde sich nicht bei mir melden. Da war ich mir inzwischen sicher. Er würde mich nicht in seinem Hubschrauber zu einem Spiel mitnehmen und mich danach nach Hause bringen. Miss Phillips hatte ich gesagt, dass mir das egal wäre – aber es war mir *nicht* egal. Ich sah zu ihm auf und hielt ihn für etwas Besonderes. Dabei kannte ich ihn nicht einmal! Aber Veronique kannte ich – sie war meine Freundin, und ich WÜRDE IHR HELFEN.

Ich hatte noch eine Chance: Ich MUSSTE Daisy treffen. Ihr Dad wusste, warum er Nanai besucht hatte, UND er wusste, was er ihr gebracht hatte. Aber das ging jetzt gerade nicht, deshalb durchforstete ich mein Gehirn nach etwas anderem, was ich tun konnte. Aber ich fand nichts, deshalb ging ich Zähne putzen – und da sah ich die chinesischen Zeichen auf meinem Handgelenk.

Ich rief mit Mums Handy über FaceTime Veroniques Mum an und bat dann, mit Veronique sprechen zu dürfen.

»Nanai schläft immer noch«, sagte sie.

»Oh.«

»Aber ich gehe nicht weg, solange sie schläft. Ich bleibe hier.«

»Das ist gut. Aber ...«

»Ja?«

Ich richtete die Kamera auf meinen Arm.

»Was ist das?«

»Das hab ich irgendwo gesehen. Ich wollte wissen, was es bedeutet, deshalb habe ich es abgeschrieben.«

»Oh. ›Enkelin‹.«

Ich richtete das Handy wieder auf mein Gesicht. »Wie du?«

»Genau.«

»Verstehe«, sagte ich, obwohl ich gar nichts verstand. Warum sollte Daisys Vater Nanai ein Bild von Veronique zurückbringen, auf dem auf der Rückseite »Enkelin« stand? Und warum sollte das die Ursache dafür sein, dass sie aufhörte zu essen?

Im Bett starrte ich an die Decke. Die Dunkelheit war verschwommen und violett. *Daisys Dad. Das Foto von Veronique in dem Fußschemel.* Es gab eine Antwort. Ich *wusste,* dass es eine gab, eine einfache Antwort, wie ein Wort, das in einem Durcheinander von Scrabble-Buchstaben verborgen war.

Nur diesmal fiel mir die Antwort nicht ein.

# 37

Ich traf Daisy direkt hinter dem Schultor. Meine letzte Chance. Ihre Zuckerstange war inzwischen auf die Größe ihrer Hand geschrumpft und schien ein Symbol für die gesamte Situation zu sein. Wir hatten fast keine Zeit mehr. Ich musste Daisy erzählen, was ich von ihr wollte, aber sie sah mich stirnrunzelnd an.

»Warum trägst du deine Schuluniform?«

»Was?«

»Deine *Uniform*«, sagte sie. Und dann öffnete sie ihren Mantel und enthüllte nicht Pullover und Hose von St Saviour's, sondern Leggings. Und ein Sweatshirt. Ich stöhnte. Mum vergisst einfach IMMER, wann wir in unserer eigenen Kleidung in die Schule kommen dürfen. Daisy seufzte.

»*Ha-llo?* Der Wettkampf?«

»Was?«

»Der *Leichtathletik*-Wettkampf, Dummi!«

Natürlich! Sie redete davon, warum wir am Tag des WV (Wackelpudding-Vorfalls) auf der Heide um die Wette gerannt waren. Das war ein Testwettlauf gewesen, um die Schüler auszuwählen, die an einem gemeinsamen Leichtathletikturnier der Jahrgänge 3 und 4 teilnehmen sollten. Und ich wurde ausgewählt.

»Das ist heute?«, fragte ich.

»Ja! Los, zieh deine Sportsachen an!«

»Mach ich«, sagte ich. »Aber dann MUSST du mich zu dir nach Hause einladen.«

»Sag *deinen* Eltern, dass sie *meine* Eltern anrufen.«

»Nein. *Heute.*«

»Aber ich habe Ballettstunde.«

»Nein, heute nicht. Ich *muss* dir etwas erzählen. Es geht um Mrs Martin.«

»DANN ERZÄHL ES MIR!«

»Ich kann nicht«, beharrte ich, während Billy Lee halb verborgen hinter einem Fünftklässler an uns vorbeischlich. »Ich darf nicht. Nicht *hier*. Los, frag deine Eltern!«

Daisy fragte, während ich hinaufging, um mich umzuziehen – SEHR erleichtert, dass ich nicht SCHON WIEDER der Einzige in Uniform sein würde. Lance und Danny Jones schließen Wetten ab; Fußballbilder wechseln die Besitzer, wenn sie mich sehen. Sogar die Vorschulkinder lachen, was nicht angenehm ist, wenn man nicht gerade darauf steht, von Mini-Bob-der-Baumeistern, -Spidermen oder -Einhörnern verhöhnt zu werden. Und Mum vergisst nicht nur die Tage, an denen man ohne Schuluniform kommen darf. Letztes Jahr vergaß sie den Weltbuchtag, und auf dem Pausenhof gab es so viele Umhänge und Zauberstäbe, dass ich mir wie ein normales Kind vorkam, das versehentlich auf Gleis 9¾ gelandet war. Marcus Breen hat mich so oft einen Muggel genannt, dass ich ihn fast verprügelt hätte. Mum versprach, es wiedergutzumachen, deshalb verbrachte sie dieses Jahr eine Ewigkeit damit, mir ein – zugegebenermaßen – großartiges Kostüm zu nähen. Aber als sie mich in dem Kostüm zur Schule schicke – WAR KEIN WELTBUCHTAG! Der war erst eine Woche später.

»Gandalf«, sagte Miss Phillips dauernd, DEN GANZEN TAG. »Du solltest die Antwort darauf wissen, schließlich bist du ein Zauberer und so.«

Aber jetzt war ich genervt. Ich wollte eigentlich den ganzen Tag überlegen, was ich am besten zu Daisys Dad sagen würde. Aber was konnte ich machen? Ich rannte wieder zurück – und blieb stehen.

Mrs Martin stand in der Nähe des Rektorats.

Es war merkwürdig, Mrs Martin dort zu sehen. Ich wusste, dass *sie* es war, aber sie war anders als sonst. Nicht quirlig. Und nicht freundlich. Stattdessen sah sie angespannt aus, seufzte, als sie mich sah, befahl mir, mich zu beeilen, und fuhr einen Drittklässler an, der seine Tasche vergessen hatte. Und die Schüler verhielten sich auch anders. Sie standen einfach ruhig da, als ob sie eine normale Lehrerin wäre, statt um sie herumzuhüpfen und sie damit zu löchern, in welchen Disziplinen wir starten würden. Als sie fragte, ob wir alle unser Mittagessen dabeihätten, nickte ich, weil ich nicht geschimpft werden wollte.

»Ich geb dir von meinem ab«, flüsterte Daisy, als der Drittklässler zurückkam.

Es gab vier Drittklässler. Das war merkwürdig, denn wir Viertklässler waren nur zu dritt: Daisy, Billy und ich. Vi war beim Testlauf Vierte geworden, aber wo war sie?

»Krank«, sagte Mrs Martin. »Wir warten auf einen Ersatz.«

Der kam dann mit Miss Phillips: Es war Veronique. Sie war bei dem Testlauf nicht einmal dabei gewesen, aber ich verstand, warum sie ausgewählt worden war. Miss Phillips musste von Nanai erfahren haben. Wahrscheinlich dachte sie, das würde Veronique ein bisschen aufmuntern, obwohl ich diese Ansicht nicht teilte.

»Ist Nanai immer noch im Krankenhaus?«, fragte ich, als Veronique zu uns trat. Sie nickte und senkte den Blick.

»Gut«, sagte Mrs Martin. »Wenn wir uns alle ranhalten, kriegen wir den Zug vielleicht noch.«

»Moment!«, rief eine Stimme hinter ihr.

Die Stimme gehörte zu Mr Baker. Er war mit seinem Handy in der Hand aus dem Rektorat gekommen. Es gebe Störungen, sagte er. Und Zugausfälle.

»Na super«, sagte Mrs Martin. »Das hat uns gerade noch gefehlt.«

»Keine Sorge«, sagte Mr Baker. »Sind Sie mit dem Auto da?«

»Ja, aber sie sind zu *acht*.«

»Eine Hälfte nehme ich mit. Ich bringe sie hin und hole sie später wieder ab, ja? Kommt, Kinder«, fügte er hinzu, bevor Mrs Martin antworten konnte.

Wir rannten alle nach hinten zum Personalparkplatz. Mr Baker sagte zu uns Viertklässlern, dass wir bei ihm einsteigen sollten, und ich war erleichtert. Ich fühlte mich in Gegenwart von Mrs Martin immer noch unsicher und hatte immer noch Schiss, was sie wohl von mir dachte. Mr Bakers Auto war beeindruckend, auch wenn es nicht ganz Tante Mills Standard entsprach. Aber es hatte immerhin glänzende Ledersitze und ein großartig aussehendes Navi.

»Darf ich vorn sitzen?«

»Ich glaube, Daisy sollte vorn sitzen«, sagte Mr Baker. »Sie ist am größten.«

Also musste ich nach hinten. Ich stieg nach Veronique ein. Billy folgte mir, und ich rutschte so weit weg von ihm, wie ich nur konnte.

»Gebongt«, sagte Mr Baker und drehte sich lächelnd zu uns um.

Dann wurde es merkwürdig. Während Mr Baker aus dem Parkplatz hinaus und durch Blackheath Village fuhr, stellte er uns dauernd Fragen: Wer war in welcher Sportart gut? Und freuten wir uns auf den Lewisham Cup? Er plauderte wie ein Dad, was ich eigentlich nicht erwartet hatte, weil er normalerweise so, na ja, reserviert ist. Außerdem war er immer noch unser Rektor, was bedeutete, dass wir uns nicht entspannen konnten.

Alles wurde noch viel schlimmer, weil viel Verkehr herrschte und die Fahrt wirklich ewig dauerte. Wir alle waren erleichtert, als wir endlich am Veranstaltungsort anhielten und hinauskletern konnten.

»Viel Glück!«, rief Mr Baker. »Gebt euer Bestes!«

»Los, kommt.« Mrs Martin schloss ihren kleinen weißen Renault ab und schob die Schlüssel in ihre Tasche.

Wir waren beim Sutcliffe-Park-Sportzentrum. Das ist ein echter Leichtathletik-Verein mit einer richtigen Laufbahn und einer kleinen Tribüne für Zuschauer. Drinnen gibt es sogar eine Kletterwand und eine Skateboard-Rampe, die wir durch die Fenster sahen, als wir zur Vorderseite liefen, wo sich UNMENGEN von Kindern aus einer UNMENGE verschiedener Schulen sowie offiziell aussehende Erwachsene versammelt hatten.

»St Saviour's?«, fragte einer von ihnen und warf einen Blick auf sein Klemmbrett. »Ihr seid spät dran.«

»Ja«, antwortete Mrs Martin. »Die Züge, sie …«

Der Mann hörte nicht zu. »Sehr ärgerlich, wenn man versucht, etwas zu organisieren. Hätte euch fast ein paar Punkte abgezogen. Wo sind eure Läufer aus der dritten Klasse?«

»Einen Augenblick«, sagte Mrs Martin. »Und ja, ich finde es auch sehr schön, Sie zu sehen«, murmelte sie, während sie sich zu uns umdrehte.

Wir waren kaum zu Atem gekommen und hatten definitiv keine Zeit gehabt, uns aufzuwärmen, aber es blieb nichts anderes übrig: Die Läufer aus der Jahrgangsstufe 3 mussten ran, und einer sogar sofort, weil der erste Durchgang für diese Altersklasse gleich begann. Mrs Martin scheuchte Maeve Brennan zum Start, und ich rief ihr »Viel Erfolg!« hinterher. Aber Daisy stieß mich heftig an.

»Was soll das?«

»He!«, protestierte ich. »Was meinst du damit?«

»Wir wollen doch nicht, dass sie *gewinnt*«, sagte Daisy (als wäre ich ein bisschen schwer von Begriff).

»Nein?«

»Nein! Wir müssen *besser* abschneiden als sie.«

Ich sah sie an. »Aber sie gehören zu UNSERER Schule.«

»Ich weiß. Aber ob wir gegen die anderen verlieren, ist egal.« Daisy warf einen herablassenden Blick in die Runde. »Die sehen wir nie wieder. Aber wenn wir nicht besser abschneiden als die Drittklässler, werden alle aus unserer Schule EWIG darauf rumreiten.«

»Stimmt«, sagte ich, während Maeve zur Startlinie ging. Und bald sah ich, was Daisy gemeint hatte. Maeve gewann ihr Rennen, und die anderen Drittklässler flippten aus.

»NIMM DAS!«, sagte der Kleinste zu mir, als Mrs Martin wegsah.

Und ab da herrschte Krieg. Es gab noch mehr Durchgänge für die Jahrgangsstufe 3, aber im nächsten Rennen wurde der Junge von St Saviour's Letzter. In einem weiteren Rennen machte das Mädchen aus unserer Schule etwas echt Dummes: Sie blieb stehen, um einem anderen Kind zu helfen, das gestolpert war!

»LOSER!«, schrie Daisy, während Mrs Martin das Mädchen antrieb weiterzurennen. Sie schaffte es dennoch auf den dritten Platz, aber es hätte schlimmer kommen können.

»Wir werden's rocken!«, sagte Daisy.

»Die Läufer der Jahrgangsstufe 4!«, rief einer der Organisatoren.

Inzwischen waren wir ein bisschen besser vorbereitet. Mrs Martin wandte sich an Billy Lee, während die anderen sich dem Start näherten. Inzwischen verstand ich, wie der Wettbewerb funktionierte. Die schnellsten Läufer jeder Schule traten gegen die schnellsten Läufer der anderen Schulen an. Am Start stellten sich ein paar wirklich fit aussehende Kinder auf, einer machte professionelle Dehnübungen und hob dabei seine Füße so, dass die Spikes an der Sohle seiner Laufschuhe zu sehen waren.

»Er denkt, das hier wären die Olympischen Spiele«, sagte Daisy, und ich musste an Mrs Martin denken. Sie war total anders als sonst – argwöhnisch und auf eine Distanz zu uns bedacht, die zwar nicht körperlich sichtbar war, aber die ich wirklich spürte. Vielleicht würde sich das ändern, wenn wir gewinnen würden, und ich drehte mich zu Billy um, mit der vollen Absicht, ihm zuzujubeln.

Aber er stand einfach nur rum.

»Billy? Los, komm«, sagte Mrs Martin.

Er kaute auf seiner Unterlippe. »Mir ist nicht gut.«

»Wirklich?«

»Ja. Wirklich.«

»Na, das hättest du doch schon in der Schule sagen können!«

»Es hat gerade erst angefangen.«

»Tatsächlich? Verdammt. Na ja, dann gib einfach dein Bestes.«

»Ich kann nicht, Miss.« Billy rührte sich immer noch nicht, verschränkte die Arme und schüttelte den Kopf, während ich ihn böse anfunkelte. Okay, er sah tatsächlich nicht besonders gut aus, aber das lag nur daran, dass er gesehen hatte, gegen wen er antreten musste. Was für ein FEIGLING!

»St Saviour's!«, rief der Helfer, und Mrs Martin wandte sich an Daisy.

»Ich?«, sagte sie und zeigte auf sich.

Die Antwort war Ja. Daisy musste im ersten Durchgang der Jahrgangsstufe 4 starten. Die Drittklässler klatschten sich gegenseitig ab, aber nicht lange. Daisy wurde rot, zuckte die Achseln und trat vor. Ihre Konkurrenten nahmen diese alberne Hocke ein, während sie normal dastand. Was sich auch nicht zu ändern schien, als die Startpistole abgefeuert wurde, bis sie merkte, dass sie sich vielleicht in Bewegung setzen sollte. Und dann legte sie einen BLITZSTART hin, rollte das Feld von ganz hinten auf und gewann. Das bedeutete, dass es gar nicht so schlimm war, als ich in dem Rennen Vierter wurde, in dem eigentlich sie starten sollte.

Als Nächstes war Veronique an der Reihe. Allerdings passte sie nicht auf, sondern starrte nur ins Leere, sodass sie nicht hörte, dass Mrs Martin ihren Namen rief. Aber dann nahm sie sich zusammen und wurde tatsächlich Zweite – mit einem Lächeln auf dem Gesicht, obwohl ihr bestimmt überhaupt nicht danach zumute war.

Es hielt auch nicht lange an. Während wir unsere Mittagessen aßen, griff sie in ihre Tasche.

»Mum hat mir ihr Handy ausgeliehen«, erklärte sie. »Dad sagte, er würde schreiben, wenn es was Neues gibt.«

»Und?«

Veronique hielt mir das Handy hin: Auf dem Bildschirm war nichts zu sehen. Sie schob es zurück in die Tasche und ging zur Toilette. Ich folgte ihr mit meinem Blick, bis etwas passierte.

Und das gab mir einen Hinweis auf Nanai.

# 38

Die Lehrerin einer anderen Schule kam herüber und sagte, sie suche einen ihrer Schüler. Während Mrs Martin zu den Toiletten zeigte, wohin der Schüler wahrscheinlich gegangen war, sah ich die Lehrerin mit halb zugekniffenen Augen an.

Sie suchte jemanden.

Daisys Vater macht das auch. Ich dachte an seine Worte. »Ob du's glaubst oder nicht, manchmal ist es schlimmer, Menschen zu finden. Schlimmer, als wenn ich sie nicht gefunden hätte.«

Und ein Bild von Nanai blitzte in meinem Kopf auf, wie sie das Foto von dem Schiff an die Wand warf. Dann erinnerte ich mich an die Bilder im Café Hoa – an all die Menschen, die wieder mit denen zusammengekommen waren, die sie gerettet hatten.

Und auf einmal wurde mir etwas klar.

Als Veroniques Vater Nanai im vergangenen Jahr mit in das Café genommen hatte, musste sie das Foto des Schiffs gesehen haben, dasselbe, das auf ihrem Tischchen stand. Aber hatte sie auf einem der Fotos AUSSERDEM noch jemanden erkannt? Jemanden, der nach England gebracht worden war?

Und hatte sie versucht, diese Person zu finden?

Ich schluckte und schüttelte den Kopf, weil ich dringend darüber nachdenken wollte, mich aber jetzt für die nächste Disziplin bereit machen musste.

Weitsprung. Daisy und ich traten an – und Billy, obwohl er sich nicht einmal richtig bemühte. Sein Versuch war jämmerlich, und das war echt ärgerlich. Als ob es ihm egal wäre, schüttelte er einfach den Kopf und ging weg, während Mrs Martin zu ihm hinüberging, um nachzuschauen, ob alles in Ordnung war. Dann weigerte er sich, beim Speerwerfen mitzumachen, was als Nächstes anstand. Doch das letzte Rennen musste er laufen: die 800 Meter. Hier gab es keine Durchgänge, sondern alle liefen in einem Rennen. Maeve Brennan belegte im Rennen der Jahrgangsstufe 3 den zweiten Platz, und ein anderes Kind aus unserer Schule lief als Dritter ein! Das bedeutete, dass wir aus der Jahrgangsstufe 4 wirklich GUT sein mussten. Allerdings konnten wir uns nicht auf Daisy verlassen.

»ZWEI Runden?« Sie betrachtete ungläubig die Rennstrecke. »Ich habe noch nie auch nur daran *gedacht,* so weit zu laufen. Ich wusste nicht einmal, dass man überhaupt so weit laufen *kann.*«

Veronique sah gleichermaßen nervös aus, deshalb wusste ich, bei wem unsere Chancen lagen: bei Billy und mir.

Und zunächst war es auch okay. Wir versammelten uns, drängelten uns an der Startlinie und warteten auf den Startschuss. Als er kam, rannten wir los. Der Junge mit den Spikes übernahm rasch die Führung. Billy und ich hielten uns allerdings in einer auseinandergezogenen Gruppe von sieben oder acht anderen Läufern recht dicht hinter ihm. Ich fühlte mich gut, wusste, dass ich schneller laufen könnte, wenn ich wollte, und war ziemlich sicher, dass wir unter den ersten drei oder vier sein würden, wenn wir dieses Tempo einfach beibehielten. Aber in der ersten Kurve nach dem Start blieb Billy einfach stehen! Direkt vor mir! Ich rannte in ihn hinein, packte ihn dann am Arm und zog, um ihn zum Weiterlaufen zu bewegen. Er riss sich aber los und schüttelte den Kopf.

»LOS, KOMM!«, schrie ich. »Billy, KOMM!«

»Ich kann nicht!«, sagte er, während die Läufer aus unserer Gruppe an uns vorbeizogen. »Ich hab Bauchweh. Ich ...«

»Du bist so ein **EGOIST**!«, brüllte ich, während noch mehr Kinder an uns vorbeirannten. Und ich wusste, dass ich wählen musste. Entweder hier stehen bleiben und diskutieren oder weitermachen. Also schob ich Billy aus dem Weg und rannte los. Ich war SO WÜTEND, dass ich schon bald zur letzten Gruppe, die mich überholt hatte, aufschloss und dann die kleine Gruppe erreichte, in der ich am Anfang gelaufen war.

Und dann geschah etwas ganz Merkwürdiges: Es war, als würde ich mitgerissen werden, als würde sich die Bahn unter meinen Füßen bewegen, wie die Laufbänder im Flughafen. Vor mir sah ich Mr Spike. Ich hatte das Gefühl, als könnte ich nur noch ihn sehen, als wären wir irgendwie mit einem Seil verbunden und ich würde ihn zu mir heranziehen. Langsam kam ich näher, als ob nicht ich *vorwärts*liefe, sondern er *rückwärts*. Ich würde ihn nicht erreichen, nicht vor der Ziellinie, oder? Berührten meine Füße tatsächlich die Bahn? Mir war, als würde ich schweben, und dann, unglaublich, schwebte ich *an ihm vorbei,* und meine Brust berührte das Zielband.

»JA!«, schrie Mrs Martin. »GUT GEMACHT, CYMBELINE!«

Und es war toll. Alle außer Billy scharten sich um mich, sogar die Drittklässler, denn wir hatten tatsächlich GEWONNEN. Vor all den anderen Schulen hatten wir den ERSTEN Platz belegt, was uns erst so richtig klar wurde, als wir mit dem größten und glänzendsten Pokal, den ich JEMALS gesehen habe, auf dem Podium standen. Und das Beste war, dass Mrs Martin wieder Mrs Martin war und übers ganze Gesicht grinste. Und Veronique strahlte auch, als sie für das Foto, das Mrs Martin machte, half, den Pokal hochzuheben.

Nur einer war nicht dabei.

Billy.

Er hatte die ganze Zeit schon abseitsgestanden. Das kümmerte uns jedoch nicht. Was uns betraf, konnte er uns den Buckel runterrutschen. Aber als wir uns für die Heimfahrt bereit machten, wandte er sich an Mrs Martin.

»Ich glaube, ich muss mich übergeben«, sagte er.

Ich verdrehte die Augen. Das war *so was* von erbärmlich. Er suchte nur nach einer Ausrede. Wir alle hatten unser Bestes gegeben. Sogar Veronique, und ihre Oma lag krank im Krankenhaus. Ich schüttelte den Kopf und hoffte, dass Mrs Martin ihm einfach sagen würde, er solle sich zusammenreißen – aber wieder einmal nahm sie Billy ernst. Ihr Gesicht legte sich in Falten, und sie fühlte mit der Hand die Temperatur seiner Stirn. Als sie dann sagte, sie würde ihn zu den Toiletten begleiten, wollte ich schreien: »Nein! Seien Sie nicht nett zu ihm! Sie wissen nicht, was ich weiß! Er war's!« Aber ich nickte nur, als Mrs Martin sich zusammen mit Billy abwandte und uns sagte, wir sollten auf dem Parkplatz warten.

»Los«, sagte Daisy zu den Drittklässlern, »ihr Loser.«

Wir hatten einen Punkt mehr als sie erreicht.

Billy spielte also keine Rolle, oder? Natürlich nur, solange er den Leuten in der Schule nicht erzählte, dass er es für uns rausgerissen hatte.

Wir machten uns auf den Weg zum Parkplatz und blieben nur stehen, um durch die Fenster die Rampe zu betrachten, wo ein paar Jugendliche mit ihren Skateboards fuhren. Ich wollte gern mit meinem Board wiederkommen.

»Wusste gar nicht, dass du eins hast«, sagte Daisy.

Ich nickte. »Hab's von meinem Dad zu Weihnachten bekommen.«

»Wusste auch nicht, dass du überhaupt einen Dad hast.«

»Nur in Teilzeit, sozusagen.«

»Okay. Und warum habe ich dich dann noch nie auf deinem Board gesehen?«

»Wegen meiner Mum. Sie lässt mich nicht draußen fahren.«

»*Was?* Warum nicht?«

»Wegen des zweiten Weihnachtsfeiertags. Wir waren an der höchsten Stelle von Greenwich Park. Ich versuchte einen Sprung, aber das Skateboard ist unter mir weggerollt.«

»Na und?«

»Es rollte den Hügel hinunter.«

»Verdammt. Ist es mit irgendwas zusammengestoßen?«

»Hm-hm.«

»Mit was?«

»Mit einem jungen Hund«, sagte ich.

»Nein!«

»Doch. Und der Besitzer stolperte, als er versuchte, das Board zu schnappen.«

»Und hat er es gekriegt?«

»Nein. Es fuhr weiter.«

»Und?«

»Es stieß mit einem Fahrradfahrer zusammen.«

»*Was?*«

»Und mit einer Taube. Und mit einem ferngesteuerten Auto, drei Kleinkindern und Mrs Johnson.«

»Unserer alten Rektorin?«

»Und dann noch mit einem Pfarrer, bevor es in einen Polizeiwagen krachte.«

»Cym! Hast du Ärger bekommen?«

»Ich musste das Skateboard zurückholen, während Mum sich im Gebüsch versteckte. Der Fahrradfahrer tobte. Aber die Mütter waren zu beschäftigt, ihre Kleinkinder zu trösten, um wütend zu sein.«

»Und was war mit dem Pfarrer?«

»Er war zu beschäftigt damit, sich den Knöchel zu halten.«

»War er verletzt?«

»Der Sanitäter meinte, der Knöchel wäre wohl gebrochen.«

»Der Sani-...? Sie haben ihn ins KRANKENHAUS gebracht?«

»Mit Blaulicht und allem. Aber er war okay, ich habe ihn beruhigt.«

»Wie?«

»Sie wollten ihn nach Lewisham bringen, also klopfte ich ihm auf die Schulter und sagte: ›Sagen Sie dort einfach, dass Cymbeline Sie schickt.‹«

Wir gingen weiter. Die Drittklässler blieben stehen und betrachteten staunend die Kletterwand. Als wir auf der Rückseite des Gebäudes angelangt waren, schauten wir uns überrascht um: Der Parkplatz war so groß, dass wir nicht mehr wussten, wo Mrs Martins Auto stand. Daisy meinte hinter dem Haupteingang, also gingen wir weiter, und dann geschah es. Ich sehe es immer noch vor mir. Daisy stieß mit dem Fuß gegen etwas – unabsichtlich, es lag einfach auf dem Boden herum: eine Blechdose. Sie kullerte ein Stück weiter und prallte von einem Autoreifen ab, bevor sie direkt vor meinen Füßen landete. Ich hob sie auf, um sie mir genauer anzuschauen, gleichzeitig griff Daisy auch nach ihr, um sie zu betrachten.

Und in diesem Augenblick kam Mrs Martin zusammen mit Billy auf den Parkplatz.

Billy sah schlecht aus. Aber jetzt auf eine irgendwie andere Art. Seine Augen waren weit aufgerissen – und die von Mrs Martin auch. Sie starrten auf etwas hinter uns, deshalb drehten wir uns um, gerade rechtzeitig, um zu sehen, dass Mr Baker auf den Parkplatz einbog. Aber sie hatten nicht ihn im Blick, sondern Mrs Martins Auto – das anders aussah als vorher. Es war nicht mehr einfach nur weiß.

Es war beschmiert.

Mit roter Schrift, die sich über die Türen und die Fenster und die seitlichen Teile der Motorhaube zog. Große, rote, krakelige Buchstaben:

# WIR HASSEN SIE

# 39

Auch Mr Baker betrachtete das Auto.

Dann stieg er aus und stand fassungslos da, bis er den Blick von Mrs Martins Auto abwandte und uns ins Visier nahm. Daisy und mich. Unsere Hände umklammerten eine Dose, die ich vom Boden aufgehoben hatte und die, wie ich jetzt sah, eine Sprühdose war.

Mit leuchtend roten Tropfen, die überall an der Dose hinunterrannen.

»*Daisy?*«, flüsterte Mrs Martin. »*Cymbeline?*«

Wir konnten uns nicht rühren. Unsere Hände klebten an der Dose fest, bis Daisy einen Satz nach hinten machte. Aber Mr Baker fuhr auf sie los und donnerte: »Zu spät, mein Fräulein! Das ist das ALLERBESCHÄMENDSTE, was ich *jemals* erlebt habe. Verschwindet in mein Auto, ihr beide. AUF DER STELLE!«

»Aber sie waren es nicht«, sagte Veronique.

»Ach, komm«, zischte Mr Baker. »Mach dich nicht lächerlich. SCHAU sie doch an.«

»Aber sie waren es nicht«, beharrte Veronique. Ich nickte und drehte mich zu Billy, der inzwischen ganz weiß war. »Ich WEISS, dass sie es nicht waren.«

»Und woher?«, brüllte Mr Baker, während Veronique nach vorne trat, um, da war ich mir sicher, auf Billy zu zeigen und ENDLICH

DIE WAHRHEIT ZU ENTHÜLLEN. Aber sie tat es nicht. Stattdessen hob sie das Kinn und sah direkt in Mr Bakers großes, rotes, zitterndes Gesicht.

»Weil ich es war.«

# 40

Auf dem Rückweg sprach niemand. Mr Baker fuhr direkt hinunter bis zum Schultor (verboten), und wir stiegen aus. Veronique ging, wie er ihr mit ausgestrecktem Finger bedeutete, schnurstracks ins Rektorat.

Zu uns anderen sagte er: »In die Klassenzimmer!« Billy rannte sofort los. Offenbar ging es ihm jetzt GUT. Ich wollte ihm folgen, aber Daisy packte mich am Arm.

»Wow!«, sagte sie. »Kannst du das glauben?«

»*Jetzt* ist er offensichtlich richtig fit, oder?«

»Nein! Veronique! Ich hab sie letzte Woche beschuldigt, aber eigentlich hab' ich es in Wirklichkeit gar nicht so gemeint.«

»Was?«

»Aber wenn man sich das vorstellt! Hast du eine Ahnung, warum sie es getan hat?«

Ich sah sie an und konnte kaum glauben, was sie sagte. Dann erzählte ich ihr von Billys Geburtstagsfeier.

»Wackelpudding? Na und? Veronique hat es ZUGEGEBEN.«

Daisy drängte sich an mir vorbei und ging hinauf in unser Klassenzimmer. Sie drückte die Tür auf, während ich ihr ungläubig hinterhersah. Veronique war es nicht gewesen. NIEMALS! Ich hatte keine Ahnung, warum sie die Schuld auf sich genommen hatte, aber SIE WAR ES NICHT GEWESEN!

»Cymbeline«, sagte Mrs Stebbings, die schon im Mantel war. »Wie lief es?«

»Wir haben gewonnen.«

»Das ist toll!«

»Nein, es ist schrecklich«, sagte ich.

Und dann dachte ich an Veronique, die in Mr Bakers Büro saß.

Und ich dachte den ganzen restlichen Tag an sie. Ich musste, denn sie kam nicht heraus. Als Mum mich abholte, war Veronique immer noch dort, weder ihre Mum noch ihr Dad war bisher gekommen. Ich schickte Mum hin, damit sie fragte, ob Veronique mit uns nach Hause kommen dürfe, aber sie kam wieder zurück und schüttelte den Kopf.

»Wir können sie nur mitnehmen, wenn das vereinbart war«, erklärte sie. »Warum ist sie überhaupt bei Mr Baker? Er scheint verärgert zu sein. Hat sie etwas angestellt?«

»NEIN«, sagte ich.

Dann kam Daisy zu uns. »Tut mir leid, Cym. Mum sagt, dass ich heute Abend zur Ballettstunde gehen muss. Spielt jetzt ohnehin keine Rolle mehr, oder?«

Ich öffnete den Mund, um Daisy zu sagen, dass es jetzt im Gegenteil eine noch größere Rolle spielte. Denn ich musste nicht nur mit ihrem Dad noch einmal sprechen, sondern wir MUSSTEN auch über Mrs Martin reden. Aber Daisy war schon wieder verschwunden.

»Wir dürfen sie nicht einfach hierlassen«, beharrte ich und drehte mich in Richtung Rektorat um.

»Tut mir leid«, sagte Mum, »wir können wirklich überhaupt nichts tun. Mr Baker sagte, ihre Mum sei auf dem Weg. Du kannst Veronique morgen sehen.«

Aber ich konnte nicht.


Als ich am Dienstagmorgen in die Schule kam, war Veronique nicht da. Und sie kam auch den GANZEN TAG nicht, obwohl ihr Name in aller Munde war – auf den Fluren, auf dem Pausenhof, im Speisesaal und auf den Toiletten.

»Was? Veronique?«

»Aus der vierten Klasse?«

»Sie war es?«

»Die Streberin?«

»Kann nicht sein!«

»Sie fliegt doch bestimmt von der Schule?«

»Hoffentlich! Dann müssen wir ihr Klavierspiel nicht mehr ertragen!«

»Aber ganz schön cool, die Tasche in die Luft zu jagen!«

»Aber warum? Warum SOLLTE SIE das tun?«

Die letzte Frage flüsterte Miss Phillips Mr Ashe auf dem Weg zum Computerraum zu. Ich sah ihnen nur hinterher und schaute mich dann nach jemand anderem um – nach *Billy*. Aber wisst ihr was? Der kleine Feigling kam am Dienstag ebenfalls nicht zur Schule.

Und auch nicht am Mittwoch. Und Veronique war auch nicht wieder da. Es regnete den GANZEN Tag, und in den Tropfeimern plätscherte es. Mrs Stebbings holte zusätzlich noch ein paar Spülschüsseln heraus, weil das Problem immer größer wurde. Inzwischen drang auch Wasser in die Bibliothek ein, und Mr Ashe musste einige Bücher wegräumen. Das einzig Gute an diesem Tag war etwas, was ich normalerweise fürchte.

»*Gut* gemacht«, sagte Miss Phillips, als sie uns die Hausaufgabenhefte zurückgab. »ALLES richtig! Du kennst dich langsam richtig gut mit der Rechtschreibung aus.«

Lance lachte. »Hat dir die Übernachtung bei Veronique gefallen?«

»Sie hat mir NICHT geholfen!«, sagte ich. »Ganz bestimmt NICHT!«

Am Abend bettelte ich, wie am Tag zuvor, dass Mum bei Veronique anrufen sollte. Aber wieder sagte sie Nein: Wir sollten die Familie in Ruhe lassen.

»Aber warum?«

»Es ist ... eine besondere Zeit für sie. Eine ernste Zeit.«

»Aber Veronique *will* nicht, dass ich sie in Ruhe lasse.«

»Es ... es tut mir leid, Cym. Ich habe geschrieben. Ich habe liebe Grüße geschickt. Ich habe gesagt, dass du mit ihr sprechen möchtest. Aber wir müssen es jetzt ihnen überlassen. Okay?«

Es war NICHT okay. Mum wollte einfach nicht, dass ich mit Veronique sprach. Inzwischen wusste sie, was Veronique gestanden hatte, und sogar *sie* glaubte es.

»Sie steht unter einer so großen Belastung«, sagte sie. »Was sie alles tut. Klavier, Geige, Fechten, Chinesisch, Französisch. Sie ist sehr angespannt.«

»Was bedeutet das?«

»Sie nimmt alles sehr ernst. Du weißt das. Und mit der zusätzlichen Sorge um ihre Großmutter. Vielleicht war das alles zu viel.«

Ich sah Mum bloß an. Ja, ich kannte Veronique, *und* ich wusste, was die anderen über sie sagten. Sie nannten sie nicht nur Siri. In der 5s hieß sie Spock. Die Jungs aus der Sechsten bezeichneten sie als Google-Gehirn, während die Mädchen einfach »Irre« zu ihr sagten. Aber sie war toll – und sie hatte diese Dinge AUF KEINEN FALL getan.

»Dann«, sagte ich, »glaubst du tatsächlich, dass sie es war?«

»Aber sie hat es doch *zugegeben*!«

Ich warf ihr nur einen bösen Blick zu, rannte die Treppe hinauf und schlug die Tür meines Zimmers hinter mir zu. Als Mum klopfte, reagierte ich nicht. Als sie noch einmal klopfte, schrie ich sie an, dass sie mich in Ruhe lassen solle. Und da sah ich das PSG-Trikot auf meinem Bett liegen. Ich riss die Tür auf.

»Ich hab's anprobiert. Es passt nicht.«

Ich drückte Mum das Trikot in die Arme und schlug die Tür wieder zu.

# 41

Donnerstag: immer noch keine Veronique.

Und immer noch kein Billy.

Ich war verzweifelt. Und bearbeitete Mum so lange, bis sie noch einige Textnachrichten an Veroniques Mum schrieb. In der Antwort hieß es, dass es Nanai schlechter gehe. Sie hatte noch mehr Gewicht verloren und eine Infektion. Wenn sie wach war, wollte sie weder essen noch reden, aber meistens schlief sie sowieso.

Nachdem Mum mir das erzählt hatte, rannte ich wieder hinauf in mein Zimmer. Mum kam hinter mir her und setzte sich neben mich aufs Bett. Es sei schwer, sagte sie, schwer für alle, aber was hier passiere, sei auch ganz normal. Und natürlich.

»Nein!«, sagte ich. »Das verstehst du NICHT. Da ist etwas im Gange!« Ich war verzweifelt. Die Zeit lief davon. Ich spürte es. Und das machte mich so ohnmächtig.

Aber: Ich konnte auch etwas tun.

In der Nacht wartete ich, wie damals bei Veronique, bis Mum schlief. Als es im Haus still war, zog ich mich an und rutschte das Geländer hinunter (unsere Stufen knarren auch). Dann drehte ich den Schlüssel im Schloss um. Ich würde Veronique NICHT im Stich lassen. Ich würde zu ihr gehen. Kieselsteine an ihr Fenster werfen. Zusammen würden wir dann alles herausfinden.

Ich zog die Tür auf, und ein Stoß kalter Luft schnitt mir ins Gesicht. Doch dann blaffte eine noch viel kältere Stimme mich von hinten an.

»WAS ZUM TEUFEL DENKST DU DIR DABEI?«

Mum war SO wütend. Sie zerrte mich ins Wohnzimmer und konnte vor lauter Zittern kaum reden. Schließlich sagte sie: »Du wolltest zu Fuß dorthin gehen? Nachts? ALLEIN? Bist du von allen guten Geistern verlassen?«

Ich sagte Nein. Mir waren Veronique und Nanai einfach wichtig, wenn sie sonst schon niemandem wichtig zu sein schienen. Aber Mum fand, das sei keine Entschuldigung.

»Du kannst so was einfach nicht machen«, sagte sie und ballte die Fäuste vor Sorge und Erleichterung. Dann schloss sie die Haustür zu, zog den Schlüssel ab und steckte ihn in die Tasche ihres Bademantels.

Der nächste Tag war Freitag. Ich war früh in der Schule, aber Veronique war wieder nicht da. Und Billy auch nicht. Vielleicht war er ja wirklich krank. Hoffentlich mit etwas, was sehr WEHTAT, obwohl ich dringend mit ihm reden musste. Ich musste dafür sorgen, dass er ein Geständnis ablegte, damit Veronique zurückkommen konnte: Dann konnten wir über Nanai sprechen, denn was wäre, wenn die Leute recht hatten? Wenn Veronique TATSÄCHLICH von der Schule geworfen worden war? Oder wenn Mr Baker darüber nachdachte, sie hinauszuwerfen? Im Dunkeln zu tappen war SO frustrierend. Deshalb ging ich im Klassenzimmer gleich zum Pult von Miss Phillips.

»Tut mir leid«, sagte sie, »leider kann ich gar nichts sagen. Ich weiß nur, dass die Schulbeiräte am Samstag tagen und ein paar Themen besprechen. Vielleicht reden sie bei dieser Gelegenheit auch darüber.«

»Aber das ist MORGEN!«

»Ja, aber ...«

»Das ist nicht fair!«, sagte ich.

»Nun, das tut mir leid«, sagte sie. »Aber jetzt geh bitte und setz dich an deinen Platz.«

Eigentlich wollte ich das gerade tun, aber dann hatte ich eine Idee.

»Nein!«

»Wie bitte?«

»NEIN! DAS WERDE ICH NICHT TUN. Alle denken, dass sie es war, aber sie war es nicht! Sie interessieren sich nicht für sie! Niemand interessiert sich für sie!«

»Cymbeline, geh auf deinen *Platz*. Bitte.«

»Nein! Und Sie können mich nicht zwingen! Es ist eine Schande! Sie sind schrecklich, alle. Sie sind einfach alle schrecklich. Lassen Sie sich das gesagt sein!«

»Cymbeline«, sagte Miss Phillips drohend, aber ich hörte nicht auf. Während die ganze Klasse mich erstaunt ansah, schrie ich und schrie und SCHRIE!

Und fünf Minuten später stand ich vor der Tür von Mr Bakers Büro.

Die Schule hatte immer noch nicht angefangen. Mr Baker telefonierte. Er winkte Miss Phillips herein, ohne aufzusehen, und sie setzte mich auf den Stuhl gegenüber von seinem Schreibtisch. Er legte die Hand über den Hörer, während sie ihm sehr schnell berichtete, was ich getan hatte. Er nickte und entließ sie mit einer Handbewegung. Während sie hinausging, redete er weiter und ging gleichzeitig Papiere auf seinem Schreibtisch durch. Redete er über Veronique? Mit einem der Schulbeiräte? Überlegten sie, was sie mit ihr machen sollten? Er war so in sein Telefonat vertieft, dass er mich vollkommen vergaß und total erstaunt wirkte, als er fünf Minuten später aufblickte und mich sah.

»Könnten Sie kurz dranbleiben?«, sagte er (in sein Telefon). »Allerdings – eigentlich würde ich Sie lieber zurückrufen.« Er notierte sich eine Nummer, legte auf und sah mich an.

»Also«, sagte er. »Coriolanus?«

»Cymbeline.«

»Ja, sicher. Also, du, äh, du solltest wirklich nicht.«

»Ich sollte nicht ...?«

»Nein. Du musst, äh, Miss Phillips gehorchen. Und aufmerksam sein und so weiter. Und definitiv nicht ...«

»Ja, Mr Baker?«

»Tun ...«

»Ja?«

»Was immer sie mir gerade gesagt hat, was du getan hast. Nicht gut, okay?«

»Okay.«

»Und ...«

Aber Mr Bakers Telefon klingelte wieder, bevor er weitersprechen konnte. Er schüttelte den Kopf, nahm ab und legte dann die freie Hand über sein anderes Ohr. Mit einer Bewegung bedeutete er mir, hier zu warten, stand auf, umrundete seinen Schreibtisch und ging hinaus, während er zuhörte und die ganze Zeit nickte.

JA!

Ich stand auf. Mit klopfendem Herzen sah ich aus dem Fenster. Mr Baker ging immer noch telefonierend in Richtung Straße. Ein verspätetes Kind eilte an ihm vorbei in Richtung Schule. So schnell ich konnte, drehte ich mich zu seinem Schreibtisch. Ich ließ den Blick über die Tischplatte wandern und überflog die Papiere, immer auf der Suche nach etwas, *irgendetwas* über Veronique. Aber da lagen nur Pläne von der Schule, einige sahen ganz normal aus, andere erinnerten irgendwie an unsere Schule, dann aber wieder auch nicht. Ich dachte an den Brief, den ich mit nach Hause genommen hatte, und seufzte. Verflixt! Wahrscheinlich ging es darum, oder Mr Baker wollte die Schule renovieren, damit es nicht mehr reinregnete. Das Einzige, was *vielleicht* wichtig sein könnte, war die Nummer, die Mr Baker notiert hatte. Sie stand auf einem Notizblock. Ich nahm Mr Bakers Schreibtischtelefon ab und spähte auf den Notizzettel – seine Handschrift war schlimmer als die von Lance. Als es mir gelungen war, sie zu entziffern, wählte ich und hielt mir den Hörer ans Ohr.

»Hallo?«, sagte eine Frauenstimme.»Roger?«

Roger? Über Mr Bakers Schreibtisch hing ein Lehrerdiplom an der Wand. *Roger Baker.*

»Roger?«, wiederholte die Stimme.»Hörst du mich? Mike ist auf der anderen Leitung. Möchtest du warten? Eigentlich dachte ich, er würde mit dir sprechen! Hallo? Roger?«

Ich legte auf, rannte dann um den Schreibtisch herum und setzte mich wieder hin – genau in dem Moment, als Mr Baker zurückkam.

»Also«, sagte er, »ab mit dir! Und das kommt nicht wieder vor, okay?«

Ich sagte Ja, hätte aber wieder gerne geschrien – denn ich wusste, wer die Frau am anderen Ende der Leitung gewesen war.

Billys Mum.

War sie Schulbeirätin? Oder sein Dad? Veronique war geliefert! Aber statt zu schreien, drehte ich mich einfach um und ging in die Aula – für den unwahrscheinlichen Fall, dass Veronique sich dort aufhielt.

Aber sie war nicht da.

Stattdessen jedoch Billy. Er saß mit gekreuzten Beinen neben Marcus Breen.

Als ich Billy böse anfunkelte, sah er mich an wie ein verschrecktes Kaninchen und wich mir dann den ganzen Tag aus. In der ersten Pause blieb er drinnen, und die Mittagspause verbrachte er bei Mr Ashe in der Bibliothek. Aber in der letzten Pause kriegte ich ihn. Ich ging in die Bibliothek und fragte Mr Ashe mit lauter Stimme, ob ich beim Sortieren der Bücher helfen könnte. Billy hörte mich und ging raus. Und als Mr Ashe einen Augenblick wegsah, schlich ich mich hinaus und folgte Billy.

Der Pausenhof war voll, und meine Mitschüler verhielten sich wie immer. Als ob nichts passiert wäre. Ich schüttelte den Kopf darüber und rannte hinüber zum anderen Ende, wo die üblichen Verdächtigen Fußball spielten. Marcus und Darren Cross waren dort und viele aus der 5s und 3s. Aber Billy merkwürdigerweise nicht. Er war genau genommen nirgends – bis mir einfiel, dass ich hinter dem Schuppen nachschauen könnte.

Und da saß er und starrte auf sein Handy (in der vierten Klasse, ich weiß).

»Cym ...« Er schluckte und zuckte zusammen. »Du musst mir glauben.«

»Dir *was* glauben?«

»Bitte«, sagte er, »du musst.«

»WAS?«

»Ich war es nicht.«

Billy saß auf einem alten Stuhl, und ich überragte ihn. Meine Finger ballten sich zu Fäusten. Das war merkwürdig, denn Billy könnte mir den Kopf einschlagen, wenn er wollte.

Aber er zog den Kopf ein.

»Du lügst.«

»Tu ich nicht!«, sagte er, bevor er etwas tat, was mich umhaute: Er fing an zu weinen. Billy! Er weinte und weinte, das Handy gegen die Stirn gepresst, bis ich – AN DIESEM PUNKT TOTAL AM AUSFLIPPEN – den Rückwärtsgang einlegte und wieder auf den Pausenhof einbog. Dort unterhielt sich Daisy mit Vi. Wie benebelt stolperte ich zu ihnen hinüber und zog sie beiseite.

»Zum Spielen treffen?«, sagte sie, als ich ihr gesagt hatte, was ich wollte. »Heute Abend?«

Ich nickte. »Wir *müssen* uns treffen.«

»Aber warum?«

Fast hätte ich gesagt *wegen Nanai! Wegen Veronique!* Aber ich kriegte gerade noch die Kurve. »Der Lewisham Cup. Er beginnt *morgen.* Wir *müssen* trainieren. Wenn wir gut sind, sind wir die ganze Saison in der Startaufstellung.«

Daisys Augen leuchteten auf, aber dann seufzte sie. »Freitag ist Familientag. Wir müssen gemeinsam zu Abend essen. Das ist SO langweilig. Komm lieber morgens vorbei, früh. Die Spiele fangen erst um halb elf an, oder?«

Etwas Besseres würde ich nicht bekommen, deshalb ging ich weg und wünschte, ich hätte Daisy nicht anlügen müssen. Aber es war nicht anders gegangen – ich MUSSTE herausfinden, was ihr Dad gemacht hatte, als er Nanai besucht hatte.

Und das würde ich am nächsten Tag tun.

# 42

Am nächsten Morgen hielt Mum vor Daisys Haus an. Sie sagte, sie würde einkaufen gehen, aber zu den Spielen wieder zurück sein.

»Und Stefan kommt auch!«

Ich zuckte die Achseln. Mum wartete, bis Daisy die Tür geöffnet hatte, bevor sie wegfuhr.

»Ist dein Dad zu Hause?«, fragte ich.

Daisy zog die Tür weiter auf, und ich ging hinein. Ich erinnerte mich noch an das Haus von dem einen Mal, als ich dort gewesen war. Aber das war bei einer Feier gewesen, und ich hatte vergessen, wie unfassbar ordentlich es war. Nachdem ich meine Schuhe ausgezogen hatte, hob Daisy sie auf und stellte sie auf ein Regal, an dem nebeneinander ihr Name und die Namen ihrer Brüder standen. Auch die Haken für die Mäntel waren mit Namensschildern versehen. Daisy bat mich, meine Jacke an den Haken zu hängen, über dem »Besuch« stand, aber er war zu hoch, deshalb erledigte sie es für mich. Dann gingen wir durch eine Diele, die KOMPLETT leer war (keine Fahrräder, keine Bücher, keine Ordner, keine Hausschuhe oder Schultaschen, *nirgends*). In ihrer Küche (ein paar Stufen tiefer) sah es genauso aus: die Arbeitsflächen sauber und leer, Vorratsbehälter für Tee, Kaffee, Zucker, Mehl, Reis usw. feinsäuberlich aufgereiht im Regal. Die Stühle standen alle ordentlich am Tisch, und an der Kühlschranktür, die offen stand, hingen keine

Geburtstagseinladungen oder Tesco-Rechnungen. Tatsächlich hing nur eines dort: ein Familienplaner. Ich betrachtete ihn genauer. Auch er war in einzelne Personen aufgeteilt. Beim heutigen Datum stand in Daisys Spalte:

# !!!FUSSBALL!!!
## 10:30 Markham Park
## 11:30 Ashtead Grove

Unter dem Namen ihres Bruders Johnny stand »Schwimmen«, und Milo hatte später eine Party. Astrid (ihre Mum) hatte an diesem Tag etwas namens »Pilates«, während unter Graham (ihr Vater) stand:

## Nachmittag –
## Golf schauen
## LASST MICH IN RUHE

Notierte er etwa *alles?* Darüber dachte ich nach, als die Kühlschranktür sich schloss und er vor mir stand.

»Ein bisschen früh, was, Cymbeline?«, sagte er. »Was können wir für dich tun?«

Daisy ging an mir vorbei. »Er ist zum Fuß-...«

»Könnten Sie mir noch ein bisschen mehr über Ihre Arbeit erzählen, bitte?«, sagte ich.

»Meine Güte!« Mr Blake goss Milch in seinen Kaffeebecher

und setzte sich an den Tisch. »Du bist ja *wirklich* interessiert. Kann ich von meinen eigenen Kindern nicht so sagen. Was sie betrifft, könnte ich auch ein Profi-Tänzer sein. Solange ich für Handys und Laptops sorge, natürlich nur. Und für welchen Teil meines faszinierenden Berufs interessierst du dich heute?«

»Menschen suchen«, sagte ich, denn das hatte ich mir so zurechtgelegt. Oder dachte ich zumindest. Vergangenen Abend war ich alles durchgegangen, was ich wusste, und war zu folgendem Ergebnis gekommen: Veroniques Dad hatte gesagt, dass Nanai im Café Hoa gewesen sei. Sie hatte sich die Fotos angeschaut, und es war alles zu viel für sie gewesen, besonders die Fotos *der Menschen, die gerettet worden waren, und der Menschen, die sie gerettet hatten.*

Einige Zeit später war ein Foto von Veronique aus dem Wohnzimmer verschwunden und in Nanais Fußschemel gelandet, und Daisys Dad hatte Nanai besucht. Danach hatte Nanai 1. aufgehört zu essen und 2. ein Foto des Schiffs, das sie gerettet hatte, an die Wand geworfen und den Rahmen zerbrochen.

All das hatte zu einer Frage geführt: Was oder wen hatte sie auf den Fotos im Café gesehen?

Hatte es mit dem Schiff zu tun? Oder mit jemandem *auf* dem Schiff? Vielleicht ging es sogar um einen der britischen Marineoffiziere, die sie gerettet hatten – hatte sie ihn auf dem Foto gesehen und dann nach ihm suchen lassen? Ich wusste es nicht, aber es fühlte sich an wie das oberste Regalfach in unserer Küche, wo Mum die Schokolade aufbewahrt: Es war da, aber außerhalb meiner Reichweite.

»Aha, das altmodische Zeug.«

»Genau. Wie gehen Sie da vor?«

»Navi. Gebe einfach die Straße ein.«

»Wie bitte?«

»Ein Scherz, aber, verflucht, sie machen einem das Leben heutzutage schon leichter. Nein, du musst einfach gut organisiert sein. Und dann kannst du noch auf verschiedene Daten zurückgreifen. Geburtenregister, Ehestandsregister ...«

»Und wo haben Sie in letzter Zeit etwas nachgeschaut?«

»Lass mich nachdenken ... Bei einem jungen Typen stand eine Erbschaft an, und ich suchte im Führerscheinregister.«

»Sonst noch was?«

»Das Wählerverzeichnis. Es zeigt, wo die Leute wohnen. Das ist aber nur nützlich, wenn du weißt, wo du nachschauen musst.«

»Und militärische Unterlagen?«

»Was meinst du damit?«

»Wie, vielleicht, möglicherweise ...«

»Spuck's aus.«

»*Marine*-Unterlagen?«

»Das ist ja lustig«, sagte er, »die hab ich mir *tatsächlich* erst vor Kurzem angeschaut.«

JA! »Wann?«

»Und *stapelweise* Briefe geschrieben.«

»Was für welche?«

»Na ja, wenn du jemanden aus einer bestimmten Personengruppe suchst, dann schreibst du Briefe an Stellen, wo diese Person sein könnte.«

Briefe? Marine-Unterlagen? Ich war dicht dran, ich wusste es.
»Und wenn Sie glauben, Sie wüssten, wo jemand ist, dann gehen Sie dorthin?«

»Manchmal.«

»Das ist bestimmt sehr interessant – neue Orte besuchen.«

»Kann sein. Letztes Jahr war ich zum Beispiel in Frankreich.«

»Wow. Aber wie war es ...?«

»Ja?«

»In letzter Zeit so?« Mein Blick huschte hinüber zum Familienplaner, und Daisys Dad wollte gerade antworten. Wirklich. Sein Blick hob sich, als er darüber nachdachte, und sein Mund öffnete sich, um zu sprechen – aber Daisy machte alles kaputt.

»ICH DACHTE, wir wollten Fußball spielen«, sagte sie.

Das lenkte ihren Dad ab, und er fragte, was sie meine. Sie erzählte ihm, dass die Pokalspiele anfangen würden und wir trainieren wollten. »Super!«, sagte er. »Ich komme auch.« Und damit eilte er die Treppe hinauf, um sich umzuziehen.

Ich stieß einen Seufzer aus und kochte innerlich vor Enttäuschung. Eigentlich wollte ich hinüber zum Familienplaner gehen, aber Daisy zerrte mich die Treppe hinauf. Sie holte einen Ball und ein paar Hütchen unter der Treppe hervor und zog die Eingangstür auf. »Dad kann nachkommen«, sagte sie. Ich war überrascht, dass sie allein hinausdurfte, aber wir gingen nicht weit weg. Gleich bei ihrem Haus ist ein kleiner Park. Außer ein paar herumrennenden Hunden und zwei Menschen in Regenmänteln und mit Plastiktüten statt Handschuhen war dort niemand. Daisy stellte die Hütchen auf zum Dribbeln, und ich fing an.

»Alles in Ordnung?«, sagte sie.

»'tschuldigung.« Ich seufzte und stellte drei der Hütchen wieder auf.

»Du bist nicht bei der Sache.«

»Alles gut.«

Daisy stemmte die Hände in die Hüften. »Cym?«

»Ja?«

Sie musterte mich mit zusammengekniffenen Augen. »Willst du *wirklich* Polizist werden?«

Ich zuckte die Achseln. »Vielleicht.«

»Na ja, ich werde Fußballspielerin«, sagte sie. »Ihr Jungs *sagt* alle nur, dass ihr Fußballspieler werden wollt, und redet dauernd über eure Helden. Aber ich werde es tatsächlich.«

Ich ging ins Tor, während Daisy den Ball um die Hütchen dribbelte und an mir vorbeitraf. Dann kam ihr Dad, und obwohl ich mich bemühte, wieder auf das Thema von vorhin zurückzukommen, gelang es mir nicht. Er redete dauernd nur über Taktik und brachte uns bei, wie man Verteidiger abschüttelt oder mit einem Sohlenzieher vom Flügel nach innen geht. Und wenn es anfangen sollte zu regnen, wonach es aussah, sollten wir bei jeder Gelegenheit aufs Tor schießen.

Noch einmal versuchte ich, das Gespräch auf seinen Job zu lenken, aber er war nicht interessiert. Ich sagte mir, dass das nicht schlimm sei: Wenn ich es vielleicht wieder zurück in ihre Küche schaffen würde, könnte ich ... aber Daisys Dad drängte zum Aufbruch.

»Schon?«

»Jap. Ihr solltet früh da sein, damit ihr euch aufwärmen könnt.«

»Und wir wollen ja nicht zu spät kommen«, fügte Daisy hinzu. Sie sammelte die Hütchen ein und stapelte sie aufeinander.

»Aber ... müssen wir nicht noch Wasser mitnehmen?«

»Hab ich dabei«, sagte ihr Dad.

»Unsere Taschen?«

»Hab sie gerade eben im Auto verstaut.«

»Los!«, sagte Daisy mit dem Ball unterm Arm. Sie drehte sich um und ging los, ihr Vater hinter ihr her, während ich seufzte. Das Auto stand direkt vor dem Haus, und Daisys Dad schloss auf. Daisy zog die Tür hinten auf, stieg ein und winkte mir, ihr zu folgen. Aber ich blieb stehen.

»Was ist *los?*«

»Gegen wen spielen wir heute?«

Sie schnitt eine Grimasse. »Ist doch egal. Wir machen sie sowieso nieder.«

»Wäre aber gut zu wissen«, warf ihr Dad ein.

Daisy seufzte. »Warum?«

»Wäre einfach gut«, sagte ich. »Zeigt, dass wir vorbereitet sind.«

»Wenn du das sagst. Ich hab's aufgeschrieben.«

»Wo?«

»Auf unserem Planer. Er hängt am Kühlschrank. Aber ...«

»Ich geh kurz rein und schau nach!«, rief ich, stieg aus dem Auto aus und rannte hinüber zur Tür, bevor Daisy mich festhalten konnte. Daisys Mum kam gerade mit ihrem Bruder Johnny aus dem Haus und ließ mich hinein. Ich flitzte die Treppe hinunter. Einen Augenblick lang hielt ich inne, weil Daisys anderer Bruder am Tisch saß, aber er war in sein Handy vertieft und aß Frosties. Er bemerkte mich nicht einmal. Ich drückte mich an ihm vorbei und rüber zum Kühlschrank: Markham Park und Ashtead Grove. Aber das wusste ich ja schon, deshalb blätterte ich die Seiten nach hinten um.

Eine Woche.

Dann noch eine.

Und dann brannten sich zwei Worte in mein Gehirn.

# Pflegeheim Seeblick

# 43

DAS also war die Antwort.

DAS war der Ort, an dem Daisys Vater gewesen war, *am Tag, bevor er Nanai besucht hatte*. Ich starrte auf die Buchstaben und konnte es kaum glauben. Aber WO war das Pflegeheim Seeblick? Und *wer* war dort?

»Cymbeline!«, rief Daisys Dad. »Was machst du? Einen Kuchen backen?!«

Ich ließ die Seiten des Planers gegen die Tür fallen und rannte die Treppen hinauf zurück zum Auto.

»Mr Blake«, sagte ich, »noch mal zu Ihrer Arbeit. Wo genau?«

»Los!«, mahnte Daisy aus dem Auto.

Und offenbar wollte sich nicht einmal Daisys Dad mit ihr anlegen, denn er wirbelte herum und nahm eilig auf dem Fahrersitz Platz, ohne mir zu antworten.

Bis zur Heide sind es nur fünf Minuten zu fahren, und Mr Blake verbrachte die ganze Zeit damit, uns noch mehr Ratschläge zu geben. Und als wir ankamen, blieb er sitzen.

»Ich hole mir einen Kaffee«, sagte er. »Aber zum Anstoß bin ich wieder da.«

Seufzend stieg ich aus und sah zu, wie er wegfuhr. Dann betrachtete ich die Szene vor uns, das große Rasenstück, wo ich schon *so oft* Fußball gespielt hatte. Aber heute war es anders. Da waren Eltern. Autos. All die Kinder aus den anderen Schulen in ihren unterschiedlichen Trikots. Und es gab Spielfelder mit RICHTIGEN Linien statt Hütchen und ECHTE Tore mit ECHTEN Netzen statt Schultaschen oder Pfosten. Daisys Augen leuchteten auf wie Sterne, und meine hätten das auch tun sollen: Seit JAHREN träumte ich von diesem Tag. Aber jetzt erschien er mir irgendwie unwirklich.

Pflegeheim Seeblick?

WO WAR DAS?

Ich musste es herausfinden. Und zwar schnell. An diesem Morgen hatte Mum mit Veroniques Mum telefoniert. Sie hatten geflüstert, und das konnte nichts Gutes bedeuten. Wenn es gute Nachrichten gewesen wären, hätte sie mir davon erzählt. Was konnte ich tun? Vis Dad holte gerade ein paar Bälle heraus, also rannte ich zu ihm hinüber und sagte ihm, ich hätte meine Schienbeinschützer vergessen. Er seufzte und reichte mir sein Handy, damit ich Mum anrufen könnte. Aber ich rief sie nicht an. Stattdessen ging ich ins Internet, ohne wirklich zu erwarten, dass es funktionieren würde. Aber es klappte fast sofort. Und ich googelte »Pflegeheim Seeblick«.

JA!

»Pflegeheim Seeblick, Falmouth«, las ich. Adresse, Website und alles!

Aber wo war Falmouth? War es weit weg? Konnte ich möglichst sofort dorthin gelangen? Ich tippte Vis Dad an, um ihm das Handy zurückzugeben und ihn zu fragen, aber hielt dann inne. Denn unter den Einträgen für das Pflegeheim Seeblick war noch ein *an-*

*deres* Pflegeheim Seeblick. Es war in Cardiff. Und das ist in Wales! Zu welchem war Mr Blake gefahren? Ich wollte gerade darüber nachdenken, als ich noch mehr sah. Es gab ein Pflegeheim Seeblick in Southend, wo auch immer das war. Und auch noch eines in Shoreham und eines in Whitstable, eines in Deal, Aberdeen, Bournemouth und Aberystwyth. Und noch mehr. Welches also war das richtige? Wie konnte ich das ÜBERHAUPT herausfinden? Mr Blake würde es mir nicht sagen. Musste ich sie alle abtelefonieren? Ich wusste es nicht.

Aber ich wusste, wer es wissen würde. Und, wo ich diesen Jemand finden würde.

»Danke«, sagte ich und gab Vis Dad das Handy zurück. Und als er mir den Rücken zuwandte, nahm ich die Beine in die Hand.

Ich hatte Wichtigeres zu tun, als Fußball zu spielen.

Ich sprintete über das Gras. Wo die Straße enger wird, blieb ich stehen, bis eine Frau in einem Mini mich hinübergehen ließ (DANKE!), und rannte dann den Hügel hinunter. Am Fußgängerüberweg vor der Bahnstation Blackheath wartete ich darauf, dass der Charlton-Spieler grün wurde, und rannte dann auf der anderen Seite den Hügel hinauf. Dann bog ich nach links ab und blieb noch einmal stehen.

Vor dem Musikzentrum von Blackheath.

Gerade ging ein Junge hinein. Sein Dad hinter ihm trug eine Gitarre. Ich folgte ihnen, ergriff die schwere Tür, bevor sie sich schloss, und hielt mich auf dem Weg zur Rezeption hinter dem Vater.

Und ich lauschte.

Aus einem Raum zu meiner Linken drang das Quietschen einer Violine. Trommeln waren aus einem Raum rechts von mir zu hören und irgendwo eine Ukulele. Und dann – JA! Ganz schwach, aber vernehmbar: ein Klavier.

Ein Klavier, das FANTASTISCH gespielt wurde.

Ich drehte mich um. Der Klang kam von oben. Die Empfangsdame sprach immer noch mit dem Mann, deshalb stürmte ich die Treppe hinauf. Im ersten Stock gab es noch mehr Violinenklänge und eine Flöte, aber kein Klavier. Ich ging weiter nach oben und dann noch weiter, bis ich in einem kleinen Foyer ankam. Und hier hörte ich es. Laut. Durch eine Tür vor mir, auf die ich starrte, bis ich links eine andere Tür entdeckte, die offen stand und den Blick auf Eltern freigab. Sie unterhielten sich und warteten offenbar auf den Auftritt ihrer Kinder – und Veroniques Mum war eine von ihnen.

Sie unterhielt sich allerdings nicht. Mrs Chang saß einfach da und starrte mit ernstem und schwermütigem Gesicht ins Leere. War es zu spät? Waren all diese Anstrengungen umsonst gewesen? Etwas in meinem Magen schien nach unten zu plumpsen, aber ich kämpfte dagegen an.

Und bevor Mrs Chang mich entdeckte, stürzte ich zu der anderen Tür, ergriff die Klinke und drückte.

»Cymbeline?« Veronique drehte sich auf ihrem Klavierhocker um.

Ihre Augen waren RIESIG. Kit-Kat saß auf ihrer Schulter, und auch er sah überrascht aus, allerdings nicht halb so überrascht wie die Frau, die an einem Tisch gleich hinter ihnen saß. Sie war groß. Ihre grauen Haare waren auf ihrem Kopf aufgetürmt wie ein Schornstein. Und sie war ÜBERHAUPT nicht erfreut.

Sie fragte mich, was um !HIMMELS WILLEN! ich hier machte. Das hier sei ein !VORSPIEL! und ich solle !SOFORT! verschwinden. Aber ich blieb und erzählte Veronique alles – alles, was ich ihr schon längst hätte erzählen sollen. Kit-Kat hob eine Pfote zum Abklatschen, und ich klatschte ihn ab, als ich gerade zu dem Teil mit Daisys Familienplaner gekommen war und der Reise, die Daisys Dad am Tag vor seinem Besuch bei Nanai gemacht hatte.

»Und dorthin ist er gefahren?«, fragte Veronique. »Zu dem Pflegeheim Seeblick?«

»JA! Hast du schon mal davon gehört?«

»Nein«, sagte Veronique.

MIST!

»Und was ist mit der Stadt?«

»Die ...?«

»STADT! Es gibt jede MENGE Pflegeheime Seeblick – in Southend, Falmouth, Aberystwyth, Aberdeen – jede Menge Dörfer und Städte überall im ganzen Land. Deshalb dachte ich, dass du vielleicht einen Ort wiedererkennst. Vielleicht hat Nanai ja eine Bemerkung gemacht. Deshalb bin ich hierhergerannt. Und?«

Aber Veronique zuckte die Achseln. »Nein, ich glaube nicht. Allerdings ...«

»WAS?«

Mit aufgerissenen Augen sprang Veronique auf. »*Seeblick?*«, sagte sie.

»Ja.«

»Dann weiß ich, wo wir nachschauen müssen!«

Und Veronique sprang vom Klavier auf, schob mich beiseite und RANNTE!

**»WARTE!«,** kreischte die Frau mit dem Schornstein auf dem Kopf. »Du hast nur **!ZWEI STÜCKE!** gespielt. Nicht einmal das **!VOM-BLATT-SPIELEN!** hast du gemacht.«

# 44

Aber Veronique war schon zur Tür hinaus, und noch bevor auch ich den Raum verlassen hatte, war sie schon die Treppen hinuntergestürmt!

Unten schwang die Tür immer noch hin und her, also glitt ich hindurch, erblickte Veronique aber erst wieder, als sie vor der Bahnstation die Straße überquerte. Kit-Kat klammerte sich verzweifelt an ihren Pullover. Da ich keine Ahnung hatte, wohin sie wollte, folgte ich ihr einfach; den Hügel hinauf am Lebensmittelhändler vorbei und über das schmale Stück der Straße (wieder ein Mini – DANKE!). Mit zehn Meter Abstand hinter ihr sah ich, wie sie über den Rasen sprintete – zu Lance? Nein. Er übte Kopfbälle mit Darren Cross, und sie rannte an ihm vorbei. Billy? Nein. Er und Marcus tranken gerade aus ihren Wasserflaschen, und sie ließ auch sie links liegen.

Und blieb bei Daisy stehen.

Aber warum bei ihr? Ihr Dad würde uns nichts sagen! Doch Veronique schien einen Plan zu haben, denn sie schrie Daisy an. Und als ich näher kam, hörte ich, was sie sagte.

»Seit wann hast du sie?«, kreischte Veronique.

»Seit wann?«

»Ja«, beharrte Veronique, obwohl Daisy nicht antwortete. Stattdessen runzelte sie die Stirn, und das nicht nur, weil sie nicht wusste, was ZUR HÖLLE Veronique von ihr wollte. Sie dachte immer noch, Veronique hätte Mrs Martin angegriffen!

»Und? Sag es mir! *Bitte*.«

Veronique zeigte auf die Zuckerstange, die wieder einmal in Daisys Hand steckte.

»Bitte!«, japste ich, als ich ankam.

»Also gut. Wenn *du* fragst.«

»Und?«

»Seit zwei Wochen. Na und?«

»Seit Samstag?«

»Ja. Mein Dad hat sie gekauft. Er ...«

Aber Daisy konnte ihren Satz nicht beenden, denn Veronique riss ihr die Zuckerstange einfach aus der Hand!

Daisy wehrte sich, aber Veronique gelang es, sie sich vom Leib zu halten (wahrscheinlich wegen all des Fechttrainings). Ich sah erstaunt zu, wie sie die Zuckerstange betrachtete – am abgelutschten Ende, das inzwischen ganz spitz war und glänzte. Danach seufzte sie und machte etwas Unglaubliches: Sie nahm die Zuckerstange in beide Hände, hob ihr Knie und brach sie in der Mitte durch!

»AAAAAARRRRRRRRRRGGGGGGGGGGHHHHHHHH!!!!!!!!!!!«,
schrie Daisy.

Und ich verstand sie voll und ganz! Hatten all die anderen doch recht, was Veronique betraf? *War* sie verrückt? Sie hielt mir eines der Enden hin.

»Nein, danke!«, sagte ich. »Daisy hat das schon im Mund gehabt! Und du hättest wirklich nicht ...«

»Nein!«, schrie Veronique und drehte sich wieder von Daisy weg.

Und da sah ich es.

Das Wort.

Es lief direkt durch die Zuckerstange!

Von ganz vorn bis nach ganz hinten.

Weder Falmouth noch Cardiff oder Aberdeen. Sondern:

Brighton.

# 45

»Ist das weit weg?«, fragte ich. Einen Augenblick lang antwortete Veronique nicht. Sie musste Daisy die beiden Zuckerstangenteile zurückgeben. Und danach zuckte sie zusammen.

»Ja.«

»Ja?«

Sie schüttelte den Kopf. »Es liegt an der Südküste. Zweihundertzwanzigtausend Einwohner. Erster Parlamentsabgeordneter der Grünen Partei Großbritanniens. Berühmt für den Royal Pavilion.«

»Aber ist das weit weg?«

»*Ja!* Es ist meilenweit weg.«

»Was machen wir dann?!«

»Wie bitte?«

»Was sollen wir tun? Wir müssen irgendwie dorthin kommen, um herauszufinden, warum Nanai nicht mehr isst.«

»Was?«

»Ich fragte, *wie* wir dorthin gelangen sollen? Wer bringt uns? Nanai ist SEHR krank. Deine Mum hat meine Mum angerufen. Vielleicht haben sie es dir nicht gesagt – wegen deiner Prüfung.«

»WAS?«

»Am Telefon! Ich habe gehört, wie Mum geseufzt hat. Wir müssen dorthin!«

»WAS?!!!«

»Ich sagte, wir ...«

»Hat keinen Sinn! ICH KANN DICH NICHT HÖREN! HÖRE DICH NICHT!«, schrie Veronique. Und dann konnte ich Veronique merkwürdigerweise auch nicht mehr hören.

Wegen dieses grollenden Geräuschs.

War das Donner? War das Wetter noch schlechter, als Daisys Dad gedacht hatte? Es wurde lauter. Ein hartnäckiges Dröhnen. War das ein Erdbeben? Ja? Das musste es sein, denn die Bälle rollten von selbst an mir vorbei! Hütchen flogen umher und orangefarbige Leibchen flatterten über das Gras, während Kinder und Eltern vorbeirannten. Ich stand staunend da, als die ganze Mannschaft von Markham Park mit der Mannschaft von Ashtead Grove zusammenstieß, und Lance über die Trikottasche stolperte. Marcus Breen rannte gegen einen Torpfosten, und das Dröhnen wurde lauter und LAUTER. Die ganze Welt schien zu wackeln, als ich hektisch hin und her schaute. Panik wollte mich erfassen, aber Veronique packte mein Handgelenk.

Und zeigte nach oben.

Zu dem Hubschrauber.

Dem roten Hubschrauber.

Und hier ist noch etwas, was ihr nicht glauben werdet: Der Hubschrauber bewegte sich ein bisschen nach hinten und landete dann, während die Rotorblätter mit einem dumpfen Plopp zum Stillstand kamen.

Und dann stieg ein Mann aus.

In einem roten Jogginganzug.

Und nachdem er Hallo gesagt hatte, stemmte er die Hände in die Hüften und musterte uns.

»Okay«, sagte er (grinsend), »und wer von euch Jungs ist jetzt Cymbeline?«

# 46

Ich sah ihn groß an. Also ich meine, ich sah ihn WIRKLICH groß an: Jacky Chapman. Mein Held!

Und in diesem Augenblick der Held, den ich wirklich *brauchte*.

Dann hob ich die Hand.

Jacky Chapman strahlte. »Fantastisch! Hab deinen Brief bekommen. Nehme dich sehr gerne mit! Heute findet zwar kein Spiel statt, aber sollen wir das Trainingsgelände anschauen?«

»Dürfen auch andere mitkommen?«

»Dein Vater oder so? Klar!«

»So ungefähr«, sagte ich.

Veronique stieg als Erste ein. Dann Mum, die gerade angekommen war und mir einen Blick zuwarf, der sagte: WAS ZUR HÖLLE? Aber wegen des lärmenden Hubschraubers war es schwer, sie aufs Laufende zu bringen. Stefan kam als Nächster. Doch seine jüngere Tochter weinte, deshalb stieg er wieder aus und blieb am Boden. Dann kletterte ich hinein (auf den Sitz neben dem Piloten) und dachte, Vis Dad wolle auch mit, weil er zur Tür gerannt kam.

»He, Cymbeline!«, rief er.

»Was?«

»Du bist in der Startaufstellung!«

Ich freute mich. Ich freute mich sogar SEHR. Aber da war nichts zu machen, deshalb entschuldigte ich mich und schlug stattdessen Lizzie Fisher vor. Chapman wollte die Tür schließen – aber Veroniques Mum zog sie wieder auf!

»Veronique!«, sagte sie. »Was zur Hölle ...?«

»Steig einfach ein!«, rief Veronique, und Mum half, sie an Bord zu ziehen.

Dann setzten wir alle Kopfhörer auf, und zwei Minuten später waren wir in der Luft. Weitere zwei Minuten später flogen wir über unsere Schule, sodass wir uns bequem ein Bild vom Zustand unseres Dachs machen konnten. Riesige Löcher! Überall fehlten Ziegel. Kein Wunder, dass wir diese Tropfeimer brauchten! Dann stiegen wir höher, bis die Schule nur noch ein Legohaus und ganz Blackheath ein Subbuteo-Spielfeld war.

»So«, sagte Jacky Chapman (der beste Mannschaftskapitän, den Charlton jemals hatte). »Was meinst du?«

Ich taxierte ihn mit zugekniffenen Augen. »Sie sind nicht so groß, wie ich dachte.«

»Oh.«

»Und Sie haben eine EWIGKEIT gebraucht, bis Sie sich bei mir gemeldet haben.«

»Tut mir leid. Ich habe deinen Brief bekommen, aber ...«

»Und der Sturm sollte mehr Druck nach vorn machen. Wie Liverpool.«

»Genau. Ich sag's ihnen. Du kannst es ihnen auch selbst sagen, wenn du magst. Auf dem Trainingsgelände.«

»Nein!«, rief ich.

Und ich erzählte Jacky Chapman von Nanai (ließ allerdings aus, dass ich ihn bei meinem Projekt durch sie ersetzt hatte) und wie wunderbar sie war. Ich erzählte ihm alles, was ich gerade Veronique erzählt hatte, und fügte außerdem hinzu, dass Nanai ein Flüchtling gewesen war und auf einmal nichts mehr aß. Dann berichtete ich von den Wänden im Café Hoa, wo sie wohl etwas gesehen hatte, was sie aufwühlte, oder jemanden, den sie gekannt hatte, oder jemanden, der vielleicht geholfen hatte, sie zu retten. Auch das Foto von dem Schiff erwähnte ich und wie Daisys Dad sie besucht hatte und Daisys Zuckerstange.

Veroniques Mum schnappte laut nach Luft, weil auch sie all das zum ersten Mal hörte.

Jacky Chapman pfiff.

»Und du willst sie retten?«

»JA!«

»Na, dann mal los!«

Und so steuerten wir Brighton an. Wir überflogen Häuser und Felder, Straßen und Hügel: Das Land, in dem ich lebte, mit all den verschiedenen Menschen darin. Die alle einfach irgendwie klarkommen wollten. Und nach einer Weile merkte ich, dass ich weit vor uns das Meer sehen konnte, das Menschen in verschiedenen Teilen der Welt überqueren müssen, um so sicher leben zu können wie wir. Und sie bringen ihre Fähigkeiten und Talente mit, ihre Musik und ihre Speisen. Und ich fragte mich, wer sich dafür entschieden hatte, am Meer zu leben – wen wir im Pflegeheim Seeblick antreffen würden. Vielleicht einen der Seeleute von dem Schiff, das Nanai gerettet hatte? Jemand, der sein ganzes Leben auf dem Meer verbracht und etwas Wunderbares getan hatte: Menschen gerettet und ihnen zu einem neuen Leben verholfen hatte. Menschen wie Nanai, denen nicht mehr viel von diesem Leben geblieben war.

Ich wusste nicht, *was* uns erwarten würde. Aber wir mussten es versuchen. Für Nanai.

Wir flogen über ein paar große grüne Hügel hinweg und über ein schickes weißes Gebäude, das, wie Veronique sagte, der Royal Pavilion hieß. Dann bewegten wir uns parallel zur Küste, wo dünne braune Finger in das Meer hinausragten. Wir gingen immer weiter in den Sinkflug. Unter uns befand sich ein Park. Jacky Chapman sprach in sein Funkgerät und überprüfte dann sein Satelliten-Navi.

Dann landeten wir in dem Park.

»Da ist es!«, rief Veronique und zeigte auf ein niedriges, modernes Gebäude direkt hinter dem Tor des Parks.

Wir versorgten Kit-Kat mit ein paar Erbsen und kletterten hinaus. Veronique hatte recht. Vor dem Gebäude stand ein Schild:

Seeblick
Pflegeheim

»Kommt!«, rief ich.

Mum war ein bisschen benommen, deshalb blieb sie etwas zurück, während Veronique und ich vorausrannten. Wir liefen durch das offene Tor zu einer Glastür. An der Seite war eine Türklingel, und eine Stimme aus einem Lautsprecher fragte, wen wir besuchen wollten. Ich zuckte die Achseln, bis die Stimme noch einmal fragte.

»Äh, Großvater?«, sagte ich.

Da öffnete sich die Tür mit einem Klicken.

Mum und Veroniques Mum und Jacky Chapman kamen auch, und wir traten alle ein. Die Erwachsenen blieben an der Rezeption stehen, während Veronique und ich daran vorbeihuschten. Niemand hielt uns auf.

Ich war nie zuvor in einem Pflegeheim gewesen, aber es war gemütlich hier – mit breiten Fluren und Bildern an der Wand, einer kleinen Bibliothek zur Linken, wo zwei alte Damen miteinander plauderten. Sie lächelten uns zu, und wir lächelten zurück und gingen weiter, den Blick immer auf die Türen zu beiden Seiten von uns gerichtet. Auf jeder stand ein Name, aber wir wussten ja nicht, nach wem wir suchten!

Was also sollten wir tun?

»Wir müssen zurück zur Rezeption«, schlug Veronique vor. »Und dort alles erklären. Herausfinden, wen Daisys Dad besucht hat.«

»Okay«, sagte ich. Und wollte mich schon auf den Weg dorthin machen, aber dann bogen wir um eine Ecke und standen vor einer offenen Tür, die in einen sehr großen Raum führte – mit Menschen darin. Alten Menschen. Sie saßen überwiegend in bequemen Sesseln, unterhielten sich oder schliefen, einige spielten Karten, andere sahen fern. Wir blieben einen Augenblick stehen und ließen unseren Blick schweifen. Veronique stieß zischend einen Seufzer aus.

»Wir sind so nah dran«, sagte sie. »Aber woher wissen wir, wen wir suchen?«

»Keine Ahnung. Vielleicht ...«

»Was?«

Ich zuckte die Achseln. »Vielleicht hat er einen Matrosenhut auf?«

»Was?«

»Na ja, was weiß *ich* denn? Ich hab nur gedacht. Vielleicht hat er auch einen Bart. Seeleute haben das manchmal ...«

»*Seeleute?*«, sagte Veronique. »Was haben Seeleute mit der ganzen Sache zu tun?«

»Ich dachte nur ... Vielleicht gehörte die Person, die Nanai suchte, zu den Seeleuten, die sie damals gerettet haben. Jedenfalls sah sie etwas im Café Hoa, und damit fing alles an.«

Veronique blinzelte. »Sie sah *irgendetwas*, ja. Ich glaube, da hast du recht. Aber wir haben keine Ahnung, was es war. Oder WER.«

Das Herz rutschte mir in die Hose. Sie hatte recht. Wahrscheinlich ergab es nicht einmal Sinn, dass wir überhaupt hier waren.

Aber dann drehte Veronique den Kopf, und ihre Augen wurden groß. Sie ging weiter, aber ich sah ihr nur nach.

»Wohin willst du?«, fragte ich.

Doch Veronique antwortete nicht. Sie marschierte einfach weiter in den großen Raum hinein, während ich mich noch einmal umsah und die alten Menschen musterte. Matrosenhüte oder -bärte gab es nicht. Wen also hatte Nanai an der Wand des Café Hoa gesehen? Woher sollte ich das wissen? Einige saßen vornübergebeugt in ihren Sesseln, andere aufrecht. Ein Mann verschickte eine Nachricht mit seinem Handy, ein anderer las in einem Buch und lachte. Sollte ich einfach der Reihe nach zu jedem hingehen? Einfach fragen: »Hallo, kannten Sie die Oma meiner Freundin aus Vietnam?«

Vermutlich würde ich das tun müssen, und ich brauchte Veroniques Hilfe dazu, aber sie war auf die andere Seite des Raums geschlendert, wo Musik spielte. Meine Güte! Ja, ich wusste, dass sie Musik mochte, aber das hier war wichtig!

»Veronique!«, zischte ich.

Aber Veronique ignorierte mich. Also folgte ich ihr und wurde immer irritierter, als ich sah, wohin sie ging: Direkt auf eine große, geschlossene Glastür zu, wo ein kleines Radio (die Quelle der Musik) auf einem kleinen Tisch neben einem Sessel mit hoher Lehne stand. Der Sessel war allerdings leer, sodass wir niemanden fragen konnten. Ich wollte gerade darauf hinweisen, als ich merkte, dass nicht die Musik sie angezogen hatte. Sondern der Tisch.

Ein Foto stand darauf. Und auf dem Foto war ein Schiff.

*Nanais* Schiff.

# 47

Alles blieb stehen.

Ich war wie vom Schlag getroffen – unfähig, mich zu bewegen – und Veronique ebenfalls.

Wir starrten beide auf das Foto, bis Veronique den Kopf hob und sich im Zimmer umblickte. Dann richtete sie den Blick wieder auf den leeren Sessel, während ich schluckte. Also. Das war es. Wer immer in diesem Sessel gesessen hatte, war die Person, die Nanai auf dem Foto entdeckt hatte.

*Hierher* war Daisys Dad gekommen – *aber der Sessel war leer gewesen.* Und *deshalb* war er zu Nanai zurückgekehrt und hatte ihr das Foto von Veronique gebracht.

Weil er zu spät gekommen war.

Und das bedeutete, dass auch *wir* zu spät gekommen waren.

Der Gedanke traf mich wie ein Schlag. Ich rührte mich nicht. Ich konnte mich nicht rühren. Ich stand einfach da, mit brennenden Augen, und Veronique bewegte sich ebenfalls nicht. Ihre Schultern fielen nach vorn, und ihre Arme hingen schlaff herunter. Und dann kamen unsere Mums herein und Jacky Chapman. Mum wollte etwas sagen, aber als sie den leeren Sessel erblickte, hielt sie inne. Ich hörte, wie sie tief Luft holte, und spürte dann ihre Hand auf meiner Schulter. Veroniques Mum seufzte, und es hörte sich an, als würde Luft aus einem Luftballon entweichen.

Und dann schwiegen wir alle, bis Licht von draußen mich veranlasste, durch die bodentiefen Fenster zu schauen. Die Sonne war herausgekommen und versprühte wie ein goldener Zauberstab Licht auf dem großen, grauen, donnernden Meer. Und ich fragte mich: Waren jetzt in diesem Augenblick Menschen dort draußen, die froren und Angst hatten und Hilfe brauchten? Ich stellte mir Nanai vor, die aus ihrem kleinen Boot gerettet wird, und ich stellte sie mir vor, wie sie jetzt in ihrem Krankenhausbett lag und wie ich es nicht geschafft hatte, sie zu retten. Weil ich zu spät gekommen war. Deshalb wollte ich gehen. Ich wollte, dass wir alle gehen. Ich hatte Veronique und ihre Mum den ganzen langen Weg hierhergezerrt für nichts. Sie hätten diese Zeit auch mit Nanai verbringen können.

»Kommt«, sagte ich.

Aber Veronique packte mich am Handgelenk. Und drehte mich um.

Damit ich sah, wie jemand auf uns zukam.

Aber es war kein alter Mann. Es war eine alte Dame, eine *sehr* alte Dame, die die Lehnen der Sessel benutzte, um sich durch den Raum leiten zu lassen.

Ich stand da und beobachtete sie, bis sie aufsah und stehen blieb.

»Wer bist du?«, sagte sie und musterte mich.

»Ich bin Cymbeline.«

»Wirklich?« Die alte Dame runzelte die Stirn, sodass sie aussah wie ein geschlossener Fächer. »Was ist denn das für ein Name?«

»Ach, das ist Shakespeare.«

»Das weiß ich! Ich bin nicht komplett gaga, weißt du. Könnte schlimmer sein, denke ich. Stell dir vor, du würdest Hamlet heißen.«

»Ich weiß. Oder ... Romeo.«

»Na dann.« Sie drehte den Kopf. »Und Sie sind?«

»Jacky Chapman« (sagte Jacky Chapman).

»Und Sie?«

»Ich bin seine Mum. Cymbelines.«

»Okay.«

»Und ich bin *ihre* Mum«, sagte Veroniques Mum.

»Verstehe. Bleibst also nur noch du übrig, junges Fräulein«, sagte sie und wandte sich an Veronique. Sie hielt inne. »Und du bist ...?«

Aber die alte Dame redete nicht weiter. Sie erstarrte. Reglos betrachtete sie Veronique – mit Augen, die ich auf einmal erkannte. Augen, die ich schon einmal gesehen hatte.

Veroniques Augen, aber sie gehörten nicht Veronique, sondern dieser alten Dame. Dieser Dame mit glatten weißen Haaren und Flecken auf dem Gesicht wie Daumenabdrücke, während die restliche Haut von vielen winzigen Linien durchzogen war.

Wie durcheinanderliegende Mikadostäbe bei einer Partie, die man unmöglich gewinnen kann.

# 48

»Ich bin Veronique«, sagte Veronique.

Zu meinem ERSTAUNEN hob die alte Dame die Arme und nahm Veroniques Gesicht zwischen ihre Hände. Und dann betrachtete sie Veronique wie ein Gemälde, bis eine Träne langsam aus ihrem linken Auge kullerte und sich ihren Weg das Gesicht hinunterbahnte.

»Oh ja«, sagte sie.»Ich weiß. Ich weiß genau, wer du bist.«

»Aber ...«, Veronique schluckte.»Wer sind Sie?«

»Thu«, flüsterte die alte Dame.»Mein Name ist Thu. Ich bin die Schwester deiner Großmutter.«

STILLE.

STILLE, DIE SO

# LAUT WAR.

STILLE, DIE

## GEFÜHLT

# STUNDEN

### DAUERTE.

»Aber ...« Veronique blinzelte. »Warum kennen wir uns nicht?«

»Ich wusste nicht, in welches Land deine Großmutter gebracht worden war. Und *sie* dachte, ich wäre ertrunken.«

»Ja«, sagte Veronique. »Ja, das dachte sie.«

»Bis sie das Foto sah«, sagte ich.

Thu wandte sich an mich. »Wie bitte?«

»Sie erkannte Sie auf einem Foto, im Café Hoa«, sagte ich. »Sie standen neben dem Schiff, das Sie gerettet hat. In England. Deshalb beauftragte sie Daisys Dad, Sie zu suchen.« Noch während ich es sagte, merkte ich, dass es stimmte. Ich konnte nicht fassen, dass ich gedacht hatte, die Person, die sie gesehen hatte, sei ein Seemann gewesen.

»Daisys Dad?«

»Der Privatdetektiv?«

»Oh. Ja.«

»Aber ...« Ich runzelte die Stirn. »Warum hat sie aufgehört zu essen, nachdem er Sie gefunden hatte und zurück zu ihr gekommen war?«

Thu sah erstaunt aus. »Sie hat aufgehört zu essen?«

»Ja. Sie liegt im Krankenhaus.«

Die alte Frau sah erschrocken aus. »Dann sollten wir zu ihr gehen. Und ... Ich werde es erklären. Alles. Aber zuerst muss ich mit Nanai reden.«

»Also los!«

# 49

Und eine Viertelstunde später lernte Thu das letzte Mitglied unserer Truppe kennen.

»Das ist Kit-Kat.« Veronique schnallte sich an und hielt ihn hoch.

»Er ist ein Hamster«, erklärte Mum. »Obwohl er wirklich sehr groß ist, oder?«

»Isst zu viele Erbsen«, sagte ich.

Es ist verboten, auf dem Dach des Krankenhauses von Lewisham zu landen. Das stellte Jacky Chapman klar, als wir wieder starteten und der Regen gegen die Scheiben des Hubschraubers prasselte.

»Aber wir MÜSSEN!«

»Tut mir leid, das ist nur Rettungshubschraubern erlaubt.«

»Aber wir sind ein Rettungshubschrauber!!«

Jacky Chapman nickte und nahm Funkkontakt zum Krankenhaus auf. Wir alle hörten zu, als er unsere Situation erklärte.

»Okay, aber es tut mir leid«, drang die Stimme knackend aus dem Lautsprecher. »Ich kann das nicht erlauben. Private Hubschrauber dürfen nicht landen.«

»Aber das ist ein Notfall!«, schrie ich.

»Das mag sein, aber Sie dürfen es einfach nicht ...«

»WISSEN SIE, WER ICH BIN?«

Eine kurze Pause folgte. »Verzeihung? Ob ich weiß, wer …«

»Ich bin CYMBELINE!«

»Was?!«

»Iglu.«

»Okay, warum hast du das nicht GLEICH gesagt?«, fragte die Stimme.

Und eine halbe Stunde später kamen die Rotorblätter wieder mit einem dumpfen Plopp zum Stillstand.

Ich stieg als Erster aus, und der Regen peitschte mir ins Gesicht. Jacky Chapman folgte mir, und dann kam der Rest.

Bis nur noch die alte Dame im Hubschrauber saß. Jacky Chapman half ihr heraus, und der Mann, mit dem wir gesprochen hatten, führte uns zu einer offenen Tür (nachdem er mir die Hand geschüttelt hatte). Wir eilten in einen Fahrstuhl, fuhren zwei Stockwerke hinunter und traten auf den Flur hinaus, auf dem ich schon vorher gewesen war. Dann bogen wir in die Station ein, wo sich noch mehr alte Menschen befanden – in Sesseln, Betten und Rollstühlen. Auch die alte Frau, die ich zuvor schon gesehen hatte, schlief immer noch mit dem Kopf im Nacken. Aber wo war Nanai? Ich drehte mich um die eigene Achse und entdeckte das Bett, in dem ich sie zuletzt gesehen hatte, und es war, als hätte ich auf einmal keinen Boden mehr unter den Füßen.

Das Bett war leer.

Ich holte Luft und starrte auf die glatten, sauberen Laken, so glatt und so leer, dass die ganze Welt komplett stillzustehen schien.

Bis eine Stimme sagte: »Cymbeline?«

Es war Veroniques Dad. Ich hatte keine Ahnung, was ich ihm sagen sollte. Aber dann sah ich, dass er neben einem Bett auf der anderen Seite der Station stand.

Und in diesem Bett lag Nanai.

Sie schlief hochgelagert auf ein paar Kissen und sah krank aus. SEHR krank mit eingefallenem Gesicht und schlaffen Armen. Schon bei meinem letzten Besuch hatte sie sehr alt ausgesehen, aber jetzt sah sie noch viel älter aus als alt. Mr Chang stand neben ihr und blickte uns erstaunt an, mit Augen, so groß wie Teller, während wir auf ihn zugingen.

»Aber...«, sagte er.

»Ja?«

»Aber das ist...«

»Ja?«

»Jacky Chapman!«

»Ich weiß. Und das...« Ich trat beiseite. »Das ist Thu, Nanai! Das ist Thu! Das ist deine *Schwester*, Nanai.«

Veroniques Dad fragte, wie das möglich wäre, aber Veroniques Mum hob die Hand und führte die alte Dame Thu zu einem Sessel. Und Thu setzte sich, sah zu ihrer Schwester hinunter, und ihre Hände fanden sofort eine Hand Nanais. Sie ergriff sie, während ich die beiden betrachtete und mich erst umsah, als eine Schwester zu uns trat. Sie wollte wissen, was hier los sei und wer wir alle wären. Dann sagte sie uns, dass wir zu viele seien und still sein müssten, weil es Nanai *sehr* schlecht gehe.

Aber dann hielt sie mitten im Satz inne. Thu hob ihre Hand, wandte den Blick aber nicht von Nanai ab, während ich mich fragte, *ob das alles gewesen war?* Ob das das Einzige war, was sie noch tun könnte; einfach ihre Schwester anschauen, die sie so lange nicht gesehen hatte? Würde sie keine Gelegenheit mehr haben, mit Nanai zu sprechen und mit ihr zu lachen, niemals wieder wirklich mit ihr zusammen sein? Thu hatte offenbar denselben Gedanken, denn sie rang nach Luft, und auf ihren Zügen lag ein Schmerz, der mir sagte, dass das hier noch schlimmer für sie war, als Nanai überhaupt nicht zu sehen. Aber dann veränderten sich ihre Gesichtszüge. Ihre Augen öffneten sich, als ob sie sich an etwas erinnerte. Etwas, was sehr lange her war, was sie einer Vergangenheit entreißen musste, die sie verloren geglaubt hatte.

Und sie sah auf die Hand hinunter, die sie hielt, und dann nahm sie ganz sachte Nanais Zeigefinger und drückte ihn in ein kleines Dreieck.

Und dann knabberte sie daran.

Und sie knabberte noch einmal daran.

Und da schlug Nanai die Augen auf.

Es herrschte Stille. Thu zog sich ein bisschen zurück, als Nanai blinzelte, während sich ihr Brustkorb mit Luft füllte und sich ihr Mund vor Schreck öffnete. Ihre Hände ballten sich zu Fäusten, die sie an ihre Wangen drückte, und ihre Arme begannen zu zittern. Aber dann bewegte sie ihre Hände nach vorn und streckte sie aus. Sie streckte sie aus, und sie hingen in der Luft, bis Thu sie ergriff. Und dann hielten die beiden sich, wiegten sich in ihren Armen, als wären sie auf einem Boot. Beide weinten, während Veroniques Dad bloß zusehen konnte. Schließlich lösten sie sich voneinander.

»Was geht hier vor?«, fragte Mr Chang.

»Das Café«, antwortete Nanai.»In das du mich mitgenommen hast.«

»Café Hoa?«

»Ja.« Nanai wandte den Blick nicht von Thu ab.»Und da sah ich *dich*. Ich dachte, du wärst tot. Ich dachte, ich hätte gesehen, wie du ertrinkst.Aber du warst auf dem Foto an der Wand.In einer Menschenmenge auf einem anderen Boot.«

»Und du hast den großen Mann angeheuert, den Privatdetektiv«, sagte Thu.

»Aber er fand dich nicht. Ewig lange nicht. Ich hatte gedacht, ich hätte mich vielleicht geirrt und mir das alles nur eingebildet. Aber dann fand er dich DOCH.«

»Und jetzt habe ich *dich* gefunden!«, fügte Thu hinzu. Sie drehte sich zu Veroniques Dad und zog ihn zu sich heran, sodass die drei einander in den Armen lagen, so eng verbunden, dass sie aussahen wie eine einzige Person. Keine Frage von einem von uns hätte sie voneinander trennen können.Aber ich hatte immer noch Fragen, viele Fragen, und die wichtigsten lauteten: Warum hatte Nanai aufgehört zu essen, nachdem Daisys Dad Thu gefunden hatte? Und was bedeutete das Foto von Veronique mit der Schrift? All das verstand ich immer noch nicht.

Der Rest von uns lehnte sich zurück und sah zu, bis die Krankenschwester wieder das Wort ergriff. Sie wollte immer noch wissen, was hier los sei und wer wir wären, also erklärte Mrs Chang ihr alles.

»Wow!«, sagt die Krankenschwester.»Das ist ja *wundervoll*!

Aber ich hole euch erst ein paar Handtücher. Ihr seid ja klatschnass!«

Sie hatte recht – die Regentropfen waren mein Gesicht und meinen Hals hinuntergelaufen, und Veroniques Haare glänzten noch mehr als sonst.

»Gute Sache, dass sie hier nicht so ein Dach haben wie unsere Schule«, sagte Veronique, nachdem die Schwester die Handtücher gebracht hatte.

Mum drehte sich zu ihr.»Was ist mit dem Dach eurer Schule?«

»Es hat große Löcher«, sagte ich.»Die Hälfte der Dachziegel fehlt. Hast du's nicht gesehen? Vom Hubschrauber aus?«

Mum runzelte die Stirn.»Ich hatte die Augen geschlossen. Du weißt, wie sehr ich mich manchmal fürchte.«

»Und ich war damit beschäftigt, dir zuzuhören«, sagte Veroniques Mum.»Aber hast du *Löcher* gesagt? Im *Dach* der Schule?«

Ich nickte.»Jede Menge. Das ganze Dach ist wie ein Sieb. Weil die Ziegel fehlen.«

»Ziegel?« Veronique wirbelte zu mir herum.»Hast du ZIEGEL gesagt?«

»Ja. Aber was ist damit?«

»Na ja, in Billys Garten lagen Ziegel«, sagte sie,»oder nicht? Ein ganzer Stapel.«

Sie hatte recht.

»Und da waren Männer«, sagte Mum.»Erinnerst du dich, als ich dich abgeholt habe, Cym? Da waren Männer auf dem Dach der Schule!«

»Aber waren sie nicht dort oben, um das Dach zu reparieren?«

»Wie kann das sein, wenn das Dach *immer noch* so viele Löcher hat?«

»Ich ... ich hab keine Ahnung.«

»Nun, ich frage mich schon, warum Mrs Martin zusammen mit dem Förderverein nichts dagegen unternommen hat«, sagte Mum.

Und ich erstarrte. Weil ich mir vorkam wie Nanai – als hätte ich einen Geist gesehen. Einen Augenblick lang dachte ich, ich würde Mrs Martin *sehen*. Eine Schwester weiter unten auf der Station redete mit einem der alten Menschen. Ihr Lachen klang warm, und sie lächelte breit. Allerdings war es nicht Mrs Martin, sondern ihre Schwester, doch sie zu sehen war, als würde ich wieder einen Schlag abkriegen.

Denn auf einmal war alles so offensichtlich.

Mrs Martin hätte etwas dagegen unternommen. Das war der Punkt. Sie hätte NIEMALS zugelassen, dass unsere Schule so herunterkommt. Sie hätte Alarm geschlagen, hätte die Eltern dazu gebracht, Briefe an den Beirat zu schreiben und zu protestieren – WENN sie da gewesen wäre. Aber Mrs Martin WAR NICHT da gewesen. Und sie war deshalb nicht da, weil jemand ihr so schreckliche Dinge angetan hatte. Dieser Jemand war nicht ich. Und er war *ganz sicher* auch nicht Veronique.

Ich schüttelte den Kopf und hielt *wieder* inne. Weil ich mich auf einmal zurück in Mr Bakers Büro befand, und er telefonierte.

»Mum«, sagte ich. »Ich brauche dein Handy. BITTE.«

Und ich wählte eine Nummer, die ich auswendig wusste aus der Zeit, als diese Person und ich Freunde gewesen waren.

»Billy«, fauchte ich.

»Ah, Cym«, flüsterte er. »Du MUSST kommen.«

»Warte. *Billy* ...« Ich holte Luft. »... Du *musst* die Wahrheit sagen. Hast du Mrs Martin diese Dinge angetan?«

»Nein!«

»Wirklich nicht?«

»EHRENWORT.«

»Aber ...« – ich holte noch einmal Luft –, »du weißt, WER es getan hat, nicht wahr?«

»Ja«, antwortete Billy. »Und es tut mir SO leid. Ich wollte es sagen, wirklich. Aber es wird zu spät sein. Du musst KOMMEN.«

»Wohin?«

»Du *weißt* wohin.«

»Billy!«

»Zur *Schule*«, sagte Billy. »Die Versammlung fängt gleich an, Cym!«

Vor meinem geistigen Auge sah ich den Brief, den Mum achselzuckend auf ihren Nachttisch geworfen hatte.

»Cym? Was ist los, Liebes? Was ist?«, fragte sie. Sie packte meine Handgelenke und starrte mich an. Auch Veronique starrte mich an und ihre Mum und ihr Dad. Sogar Jacky Chapman starrte mich an, und ich erwiderte seinen Blick, obwohl ich ihn in Wirklichkeit gar nicht richtig sehen konnte. Ich sah nur die Pläne, die auf Mr Bakers Schreibtisch ausgebreitet lagen.

»Sie wollen unsere Schule abreißen«, sagte ich.

# 50

Diesmal konnten wir wirklich nicht den Hubschrauber nehmen. Es wurde dunkel, und Jacky Chapman würde auf keinen Fall die Erlaubnis bekommen, auf der Heide zu landen. Er hatte schon ewig gebraucht, um die erste Genehmigung zu bekommen. Deshalb hatte er auch nicht auf meinen Brief geantwortet. Wir stürmten also alle zur Tür hinaus. Mum telefonierte, und wir mussten nur fünf Minuten auf den Wagen warten. Wieder Mr Uber – allerdings keiner der ersten beiden.

Das ist wirklich eine SEHR große Familie.

Wir hatten Mr Chang und Thu an Nanais Bett zurückgelassen (und Jacky Chapman flog mit seinem Hubschrauber vom Dach des Krankenhauses weg). Auf dem Weg zur Schule wurden Mum und Veroniques Mum STINKSAUER wegen Mr Bakers Brief.

»Ich hab ihn gar nicht richtig gelesen!«, fauchte Mum. »Er war irgendwie vage. Und ich war abgelenkt.«

»Ich war weg«, knurrte Veroniques Mum. »Und dann war Nanai krank...«

»Spielt jetzt alles keine Rolle«, sagte ich. »Wir müssen da einfach hin!«

Mr Uber III fuhr schnell und ließ uns oben an der Treppe aussteigen. Wir stürmten hinunter und rannten zum Schultor. Das Haupttor war zu, deshalb drückten wir den Nebeneingang auf und liefen in Richtung Tür. Aus den Fenstern der Aula drang Licht. Wir blieben stehen und schauten hinein: Mr Baker stand auf der Bühne, und neben ihm regnete es Bindfäden in die beiden Tropfeimer rechts und links von ihm. Der Saal vor ihm war voller Eltern, die alle auf eine Leinwand hinter Mr Baker blickten. Dort war eine helle digital erstellte Zeichnung von einem großen, modernen Gebäude zu sehen mit einem Schild davor:

# GRUNDSCHULE ST SAVIOUR'S
## BURNHAM LANE

Und neben der Leinwand stand Billy Lees Vater.

Und grinste.

»Burnham Lane?«, rief Mum. »Das ist MEILENWEIT weg. Nicht annähernd in der NÄHE!«

»Los«, sagte ich.

Aber diesmal kamen wir wirklich zu spät.

Wir stürmten durch den Haupteingang und in den Gang, wo der Pokalschrank steht. Dann drehten wir uns um, rannten an den Mantelhaken der Erstklässler vorbei und hinauf zum Eingang der Aula. Dort blieben wir stehen. Vor uns bauten sich zwei KRÄFTIGE Männer in Signalwesten auf. Die Tür hinter ihnen stand offen, aber sie stellten sich uns in den Weg. Der Mann direkt vor uns verschränkte die Arme vor der Brust.

»Tut mir leid. Kein Einlass mehr.«

»Lassen Sie uns hinein!«, verlangte Mum. Aber die beiden Männer ragten wie eine Mauer vor uns auf.

»Geht nicht. Nicht nachdem die offizielle Beratung begonnen hat.«

»Unsinn!« Mum versuchte sich vorbeizudrängen, aber einer der Männer versperrte ihr den Weg.

»Lassen Sie uns durch!«, verlangte Veronique, aber beide Männer schüttelten den Kopf.

Ich spähte zwischen ihren Beinen hindurch – und konnte Mr Baker sehen.

»Also«, sagte er gerade, »um zum Schluss zu kommen: Das bestehende Schulgebäude ist zu alt und nicht mehr funktionstüchtig. Es würde ein Vermögen kosten, es zu sanieren, und dann wäre es immer noch zu klein für eine wachsende Schulgemeinschaft. Das neue Gebäude wird nicht nur perfekt sein, sondern es wird auch von einer angesehenen lokalen Firma unseren Bedürfnissen entsprechend gebaut werden. Und an *diesem* Standort wird wertvoller neuer Wohnraum für die Menschen hier vor Ort geschaffen! Alle, die dafür sind, heben die Hand, sodass wir uns auf eine helle, neue Zukunft freuen können!«

Und die Eltern sahen zu ihm auf, während sie darüber nachdachten. Sie unterhielten sich. Ein paar Zuschauer in der ersten Reihe sahen ein bisschen unsicher aus, ein paar diskutierten. Aber die meisten nickten! Und sie wollten gerade die Hände heben. Mum stürmte los, um hineinzukommen, aber einer der Männer hielt sie zurück. Der andere trat vor, um Veroniques Mum den Weg zu versperren – aber *mich* konnten sie nicht aufhalten.

Allerdings stürmte ich nicht hinein. Wer würde auf ein Kind hören? Stattdessen schob ich die Hände in meine Hosentaschen, holte den Inhalt heraus und warf ihn zwischen den Beinen der Sicherheitsleute hindurch. Die harten getrockneten Erbsen rutschten über den glänzenden Holzboden.

Während Veronique Kit-Kat losließ.

CHAOS brach aus!

Die beiden Sicherheitsleute schrien. Mr Baker sprang auf den Tisch und stieß den Laptop um, während im Publikum Stühle umfielen. Leute, die hinten gesessen hatten, flohen in die Küche. Der Rest kletterte an den Sprossenwänden hinauf, während Billys Dad mit den Armen wedelte.

»Beruhigen Sie sich!«, schrie er. »Das ist nur ein Haustier. Er wohnt nebenan. Netter kleiner Kerl. Wir müssen noch abstimmen!«

Und das machten sie auch. Nachdem Veronique Kit-Kat zurück auf ihre Schulter gesetzt hatte, drängten alle zurück auf ihre Plätze – während Mum zur Bühne eilte. Und von dort aus erzählte sie ihnen, was Mr Baker Mrs Martin angetan hatte, damit sie NICHT HIER SEIN WÜRDE. Damit sie KEINEN EINSPRUCH erheben würde. Sie erzählte ihnen sogar von dem blauen Wackelpudding in Billys Garten. Und ich dachte, das wäre mehr als genug, um den Leuten DIE WAHRHEIT vor Augen zu führen. Aber Mr Baker rief: »Alles gelogen!« und »Blödsinn!«, während Billys Dad sagte, das sei Unsinn.

»Ach was!«, sagte er. »Sie wollen einfach keine Veränderung, das ist alles. Sie wollen keinen *Fortschritt*.«

»Wer ist dafür?«, wollte Mr Baker wissen.

Im Publikum war es still, bis eine Hand nach oben ging. Ich

konnte es nicht fassen. Und noch eine. Und dann noch eine! Ich blickte erstaunt mit offenem Mund auf die erhobenen Hände: Wer würde Mr Baker mehr glauben als MEINER MUM? Eine ganze Menge Menschen, wie es aussah, denn zwei Hände gingen gleichzeitig hoch und dann noch mehr. Ich schluckte und hatte ein flaues Gefühl im Magen: Ungefähr die Hälfte der Eltern hatte die Hände erhoben. Würden wir verlieren? Unsere GANZE Schule? Wie Nanai und Thu ihr Zuhause verloren hatten? Würden die Leute wirklich so abstimmen, dass *das* passieren würde – nachdem Mr Baker betrogen, die Schule demoliert und sie angelogen hatte?

Ich werde es nie erfahren, denn in diesem Augenblick trat jemand vor.

Und er ging hinauf auf die Bühne.

»Mein Sohn?«

Aber Billy Lee ging weiter bis zu dem Tisch, wo er seine neue Chelsea-Tasche abstellte.

»*Sohn?*«, sagte Mr Lee noch einmal, mit drohender Stimme. Aber Billy beachtete ihn nicht, sondern blickte in das Publikum.

»Das lag in unserem Garten«, sagte er, und seine Stimme zitterte.»Und es gibt davon noch eine ganze Menge.«

Damit hob er einen Dachziegel hoch.

Einige Zuhörer schnappten nach Luft. Jemand rief »Unerhört!«. Dann herrschte Stille (abgesehen von dem Plätschern in den Tropfeimern), die erst durchbrochen wurde, als die Tür aufsprang und der beste Kapitän hereinmarschierte, den eine Mannschaft überhaupt haben konnte.

Und hinter Jacky Chapman folgte die Polizei.

# 51

Die Ziegel in Billys Garten stammten vom Dach unserer Schule. Die Fingerabdrücke seines Vaters waren darauf. Die von Mr Baker nicht, aber Mrs Martin hatte ihre kaputte Sporttasche aufgehoben, und darauf fanden sie sich überall. Die Videoüberwachung des Parkplatzes vom Sutcliffe-Park-Sportzentrum zeigte, wie Mr Baker ihr Auto besprühte, während wir alle von Billy und seinem »schmerzenden« Magen abgelenkt waren. Mum erzählte uns das alles am nächsten Tag bei Veronique im Wohnzimmer. Wir alle sagten »Wow!« und »Wie konnte er nur?«, und dann berichtete Mum auch noch, man habe herausgefunden, dass Mr Baker die Hälfte des Bauunternehmens von Billys Dad gehörte.

»Sie hätten Millionen gemacht«, sagte sie.

»Aber jetzt ist alles in Ordnung?«

Mum bejahte das. Und sie wollte uns gerade noch mehr erzählen, aber da trat Veroniques Dad mit einer Tasse Tee in der Hand ein.

Für Thu.

Thu wohnte bei ihnen. Ich hatte sie unbedingt wiedersehen wollen – seit dem Augenblick, als ich sie im Krankenhaus bei Nanai zurückgelassen hatte. Mum hatte zunächst verboten, dass wir sie besuchten. Es sei eine sehr schwere Zeit, wir müssten der Familie Raum geben. Es war SO frustrierend. Aber jetzt war es später Nachmittag, und ich betrachtete Thu, während wir alle im Wohnzimmer saßen. Ihre Augen waren Veroniques Augen SO ähnlich, und ich hoffte, dass ich jetzt endlich die letzten Teile des Puzzles zusammenfügen könnte.

»Thu«, sagte ich, nachdem sie einen Schluck Tee genommen hatte, »würden Sie uns erzählen, was Ihnen zugestoßen ist, bitte? Und Nanai?«

Ich *musste* es wissen. Es fehlte immer noch ein großer Teil der Geschichte.

Thu holte Luft und warf dann einen Blick auf den einen leeren Sessel im Raum. Und dann starrte sie vor sich hin und sah dabei sogar ein bisschen grimmig aus. Ich dachte, sie würde ablehnen oder fragen, was ich damit meine. Aber sie wusste genau, was ich wissen wollte, und einen Augenblick später nickte sie.

Wir alle lauschten ihrem Bericht.

»Sie schlugen unsere Fensterscheiben ein.« Thu sprach sehr langsam und bedächtig.

Ich nickte. »Zu Hause?«

Thus Augen blitzten auf. »Brighton ist mein Zuhause.«

»Ich weiß. Entschuldigung, ich meinte früher, in ... Vietnam?«

»Ja.« Thu blinzelte. »So fing es an. Wir dachten, es wären Randalierer gewesen. Aber wir hatten uns getäuscht. Es waren Menschen, die wir kannten, Menschen, die wir für unsere Freunde hielten. Unsere Nachbarn. Normale Menschen.«

»Und dann?«

»Das ist sehr schwer für mich, Cymbeline. Ich habe das noch niemals jemandem erzählt.«

»Aber Sie sollten Ihre Geschichte erzählen, oder? Damit die Menschen sie hören.«

»Ja. Das ist richtig. Ich werde es also versuchen. Also ...« – Thu holte tief Luft –, »... sie steckten unser Haus in Brand.«

»*Was?* Dieselben Menschen?«

»Als wir schliefen. Kannst du das glauben? Es gelang uns, es zu löschen, aber dann gingen sie zu der Fabrik, die unserem Vater gehörte.«

»Und steckten die in Brand?«

»Ja.«

»Und was habt ihr getan?«

»Wir? Nichts. Aber unser Vater ging zur Polizei.«

»Half die Polizei ihm?«

»Nein. Wir ...«

»Ja?«

Thu wandte sich mir zu, aber in Gedanken war sie ganz woanders. »Wir haben ihn nie wiedergesehen«, sagte sie.

»Oh. Und dann ... haben Sie beschlossen zu fliehen?«

»Nein.« Thu hielt inne. »Ich konnte ja nicht einmal schwimmen. Und wir hatten Angst. Und es gab noch einen Grund. Aber dann ...«

»Ja?«

»Sie töteten meinen Mann«, sagte sie, »am helllichten Tag. Sie haben ihn einfach ... getötet. Mit Stöcken. Und sie wollten auch uns töten. Sie fingen sogar an, uns zu schlagen. Aber Nanai kannte einen von ihnen. Obwohl sie vermummt waren, erkannte sie ihn. Und sie rief seinen Namen und bettelte um unser Leben.

Also ließen sie uns laufen. Wir rannten zum Hafen. Dort gaben wir all unser Geld ein paar Männern und stiegen in ein Fischerboot.«

»War das schrecklich?«

»Nein, weil wir in Sicherheit waren. Dachten wir wenigstens. Wir sangen Lieder und teilten unser Essen. Aber ...«

Thu hielt inne, und ihre Lippen zitterten. In ihren Augen lag so viel Angst, dass ich wusste, was sie uns gleich erzählen würde. Ich hatte es gesehen, im Café Hoa. Aber jetzt erweckte Thu es zum Leben, indem sie die Wellen beschrieb und die Dunkelheit, die schreienden Menschen, die direkt vor ihren Augen über Bord gespült wurden. Alte Menschen. Kinder. Sie und Nanai klammerten sich an den Mast und aneinander.

»Bis diese Riesenwelle uns auseinanderriss. Einen Augenblick lang trafen sich unsere Blicke. Aber dann wurde ich in die Luft geschleudert und wieder hinunter ins Wasser. Dort ging es auf und ab, das Wasser war wie tausend Faustschläge, bis es mich direkt nach unten zog. Aber ich starb nicht. So viele starben, aber warum ich nicht? Gerade als ich das Bewusstsein verlor, spuckte das Meer mich wieder aus. Und da war ein zweites Fischerboot, Hände streckten sich nach mir aus, um mich an Bord zu ziehen, aber ich wehrte sie ab.«

»Sie ...?«

»Ich wehrte sie ab. Weil ich nicht gerettet werden wollte. Mein Vater und mein Mann ... Und jetzt meine Schwester. Meine *Zwillings*schwester. Ich wollte im Meer bleiben, aber sie ließen mich nicht ertrinken. Und dann legte sich der Sturm, und ein größeres Schiff kam und nahm uns alle mit.«

»Nach Hongkong?«

»Nein. Nach Singapur. Ich stand nur an Deck und starrte auf das Meer hinaus, auf all die Trümmerteile, die Koffer und die Körbe. Und die Menschen.«

»Und so kam es dazu, dass Sie hier lebten?«

»Am Ende, ja.«

»Und du dachtest, Nanai wäre tot?«, fragte Veronique.

Thu nickte und sah sehr klein und sehr allein aus auf dem Sofa. Und ich verstand das. Der schreckliche Sturm, das Wunder, dass sie überlebt hatte. »Ich lebte mein Leben«, sagte Thu, »Und ...«

»Ja?«

»Ich ließ Nanai eine Erinnerung werden.«

»Bis Daisys Dad kam?«

Thu nickte noch einmal, während Mr Chang lange und langsam ausatmete. Er stand auf und setzte sich neben Thu auf das Sofa, legte die Arme um sie, während Veronique ihre Hand ergriff. Mum kaute auf ihrer Lippe. Tränen strömten über ihr Gesicht, bis Mrs Chang ihr ein Taschentuch reichte. Aber ich weinte nicht, und ich tröstete sie auch nicht.

Weil es immer noch KEINEN Sinn ergab.

»Nein.«

Meine Stimme war lauter, als ich es eigentlich beabsichtigt hatte. Alle drehten sich zu mir um.

»Cym?«, sagte Mum. »Bitte rede nicht so. Thu hat uns gerade etwas wirklich *sehr* Dramatisches erzählt.«

»Aber noch nicht alles«, sagte ich.

»Was meinst du damit?«

Ich wandte mich an Thu. Einen Augenblick lang hatte ich es fast vergessen, aber wir mussten die Wahrheit erfahren.

Die GANZE Wahrheit.

»Sie haben das Foto *zurückgeschickt*«, sagte ich.

Mum runzelte die Stirn. »Das ...?«

»Foto. Von *Veronique*. Nanai gab es Daisys Dad mit, als er ins Pflegeheim Seeblick fuhr. Auf der Rückseite stand ›Enkelin‹.« Ich wandte mich wieder an Thu. »Sie schickten es wieder zurück und sagten Daisys Dad, dass sie Nanai nicht sehen möchten, nicht wahr?«

Langsam nickte Thu.

»Aber warum? *Warum* haben Sie das getan? Das machte sie krank. Deshalb hörte sie auf zu essen, weil Sie sie nicht sehen wollten, nachdem sie Sie gefunden hatte. Sie müssen uns erzählen, *warum*.«

»Ich wollte dich nicht durcheinanderbringen«, sagte Thu, aber sie meinte nicht mich, sondern drehte sich um und sah zuerst Veronique und dann ihren Dad an.

»*Mich?*«, fragte er.

Thu nickte. »Du hast ein Leben. Eine Familie.«

Mr Chang lachte. »Ja, und? Warum sollte es mich durcheinanderbringen zu wissen, dass du am Leben bist? Nachdem ich mein ganzes Leben lang dachte, du wärst tot? Warum sollte es mich durcheinanderbringen zu erfahren, dass ich eine wunderbare neue Tante habe?«

»Weil sie nicht deine Tante ist«, sagte Nanai.

Sie stand in der Tür. Als wir angekommen waren, hatte sie unten in ihrem Häuschen geschlafen.

Und dann erzählten sie uns gemeinsam die Wahrheit, das allerletzte kleine Stück. Wie ein langes, aber einfaches Wort, das aus einem Durcheinander von Scrabble-Buchstaben entsteht.

# 52

Thu hatte ein Baby gehabt. Es war ein halbes Jahr vor ihrer Flucht auf die Welt gekommen. Das erzählte sie uns als Erstes (nachdem Nanai sich neben Thu gesetzt hatte). Ich musste schlucken, denn ich erinnerte mich an das Foto – das Lumpenbündel neben der schreienden Frau. Kurz überlegte ich, ob Veronique und ich hören sollten, was dann geschah. Waren wir nicht zu jung dafür? Aber wenn solche Dinge Kindern zustoßen, die jünger sind als wir, warum sollte es dann falsch sein, dass wir von ihnen erfahren? Allerdings hatte ich sowieso nicht die Wahl, denn Thu erzählte weiter. Und sie beschrieb noch einmal den Sturm, doch diesmal verschwieg sie ihr Baby nicht, sondern erzählte, wie es geschrien hatte, wie sie es festgehalten und wie Nanai sich an sie beide geklammert hatte.

»Bis wir anfingen zu streiten«, sagte Nanai und sah Thu an.

»Zu ...« Wir alle dachten, wir hätten uns verhört. Veroniques Dad sah sie erstaunt an.

»Ja. Streiten.«

»Aber ... warum?«

»Sie schrie«, sagte Thu, »nicht das Baby. Sondern Nanai. Sie schrie! Zuerst verstand ich sie nicht. Ich hörte sie nicht. Es war zu laut. Die Wellen. Das Brüllen des Meeres. Aber dann merkte ich, dass sie nicht einfach schrie wie die andern, sondern sie schrie *mich* an. Sie schrie mir direkt ins Gesicht.›Du kannst nicht schwimmen!‹, schrie sie. ›Du kannst nicht SCHWIMMEN!‹ Immer und immer wieder schrie sie es, während das Boot hin und her schlingerte. Bis sie es endlich tat.«

»Sie ...?«

»Sie riss mir mein Baby aus den Armen.« Und wieder wandte sich Thu an Veroniques Dad und sagte: »*Dich*.«

»Was?«

»Dich. Sie nahm *dich*. Und ich ging unter. Und versank.«

Nanai weinte jetzt. »Es tut mir so leid«, sagte sie. »Es hat mir immer leidgetan.«

»Nein«, sagte Thu und nahm Nanais Hand. »Du hattest recht. Ich konnte nicht schwimmen. Das Baby wäre gestorben.« Sie wandte sich an Veroniques Dad. »Du wärst gestorben. Du warst noch so klein. Aber ich weinte immerzu um dich, mein ganzes Leben lang. Ich kam mir vor wie eine russische Puppe ohne ihren Kern. Weil ich dachte, Nanai wäre tot und du auch. Bis der große Mann zu mir zu Besuch kam. Und da war ich *so* froh, wirklich.«

»Aber warum hast du ihn dann weggeschickt?«, fragte Mr Chang.

Thu drückte Nanais Hand fester. »*Weil!* Was wäre, wenn ich zurückkäme? Ich würde nur alles durcheinanderbringen. Ich wusste, dass Nanai dich liebt. Der große Mann erzählte mir alles über dein Leben. Ich wusste, dass Nanai die ganze Zeit deine Mutter gewesen war. Sie hat dich gerettet. Aber dann ...«

»Hast du mich gesehen«, vollendete Veronique den Satz.

Und Thu nickte.»Ich sah dich. Leibhaftig. Du warst auf einmal da. Nicht nur ein Foto. Wie ein Wunder. Meine Enkelin. Und du hast mir erzählt, dass meine Schwester krank ist. Und deshalb bin ich hier.«

Und so war es. Und das ist ungefähr das Ende dieser Geschichte. Aber noch nicht ganz. Veroniques Dad war vollkommen überwältigt. Doch dann nahm er Thu wieder in den Arm. Und Nanai. Und alle umarmten einander – auch ich machte diesmal mit. Mr Chang sagte dauernd »Mutter« zu Thu, und Thu nannte ihn »Sohn«. Sie weinten und lachten zugleich – ich auch, bis Mum mich wegzog.

»Das ist jetzt ihre Zeit«, sagte sie.

Und sie hatte recht. Ich hatte gewusst, dass mehr hinter der Geschichte steckte, mehr hinter dem Geheimnis.

Aber jetzt war es Zeit für uns zu gehen. Sie bemerkten es nicht einmal.

# 53

Wir ließen sie also dort im Wohnzimmer zurück, obwohl ich immer noch so viele Fragen hatte.

»Aber warum hat Nanai es ihm nie gesagt?«, fragte ich.

Mum zuckte die Achseln. »Vielleicht war es so einfacher. Sie wollte ihn mit dem Wissen nicht belasten. Sie würde seine Mutter sein, also warum sollte er etwas anderes denken? Und wahrscheinlich war es so auch viel einfacher, in diesem Land akzeptiert zu werden und hierzubleiben.«

Am nächsten Tag vor der Schule sagte Veronique genau dasselbe zu mir. Das hatten sie alle auch vermutet, nachdem Mum und ich gegangen waren.

»Sonst hätte er sich womöglich sein ganzes Leben lang nach seiner richtigen Mum gesehnt«, sagte Veronique. »Und ich hätte mir vielleicht immer meine richtige Großmutter gewünscht.«

»Vielleicht hat Nanai sich schuldig gefühlt«, sagte ich. »Sie hat das Richtige getan, aber es muss auch sehr schwer für sie gewesen sein.«

Veronique nickte. »Wenigstens sind wir jetzt alle zusammen«, sagte sie.

Und dann gingen wir beide durch das Schultor, wo uns die Lehrer und alle Eltern auf die Schultern klopften und die hochgereckten Daumen zeigten. Alle wollten wissen, wie wir den betrügerischen Plan von Mr Baker und Billys Dad, an ein neues Gebäude zu kommen, aufgedeckt hatten. Eine Person war dankbarer als alle anderen zusammen:

Mrs Martin.

Sie war an diesem Morgen in der Schule. Wieder dort, wohin sie gehörte. Sie erinnerte sich sogar an unsere besonderen Grußformeln aus der dritten Klasse und umarmte uns danach fest.

»Aber danken Sie nicht nur uns«, sagte ich, nachdem sie uns losgelassen hatte. »Daisy hat auch mitgeholfen und Lance und Vi. Und ganz besonders haben Sie *ihm* zu danken«, sagte ich und zeigte zum Tor. »Er war WIRKLICH sehr mutig.«

Und Mrs Martin rannte zu Billy Lee und umschloss ihn in der dicksten Umarmung ÜBERHAUPT.

Am Freitag nach der Schule kam Billy zu mir nach Hause, und wir spielten Subbuteo. Aber zur Halbzeit fiel mir etwas ein, und ich rannte hinunter.

»Mum!«, sagte ich.

»Ja, Cym?«

»Heute ist Kinoabend.«

»Und?«

»Gehst du nicht?«

Mum seufzte. »Heute ... nicht, Cym.«

»Warum nicht? Wolltest du nicht sehr viel mehr Zeit mit Stefan verbringen?«

»Nein«, sagte Mum.

»*Nein?* Aber warum nicht?«

»Na ja, ich habe letztendlich beschlossen, dass ich doch nicht sehr viel mehr Zeit mit ihm verbringen möchte.«

»Wirklich? Warum nicht?«

»Ich weiß nicht. Das Parfüm, das er mir geschenkt hat ... Vielleicht hattest du recht. Es roch nicht nach mir.«

»Wie meinst du das?«

»Keine Ahnung. Es ist schwierig, mit allem. Mit dir ... mit Stefans Mädchen.«

»Aber sie sind toll!«, sagte ich. »Vor allem die Kleine. Sehen wir sie gar nicht mehr?«

»Was?«

»Und Stefan ist auch toll. Ich dachte, er würde jetzt viel häufiger hier sein. Vielleicht sogar die ganze Zeit!«

»Wollte er! Wir hatten es gehofft ... Aber es sah nicht so aus, als ob du das wolltest!«

»*Ich?* Quatsch. Hast du ihm wirklich gesagt, dass du ihn nicht mehr sehen willst?«

Mum gab mir darauf keine Antwort, sondern sah mich aus irgendeinem Grund komplett ungläubig an. »Ach, Cymbeline!«, sagte sie.

Und machte sich auf die Suche nach ihrem Handy.

Dann ging ich hinauf zu Billy, und wir beendeten unser Spiel.

Charlton 7 : 6 Chelsea.

JA!

Jacky Chapman (die Miniaturausgabe) schoss das Siegtor.

# 54

Und das ist das Ende – beziehungsweise wäre es, wenn ich wählen könnte. Ich würde tatsächlich alles darum geben, wenn das das Ende gewesen wäre. Aber Geschichten sind nicht so. Sie haben ihr eigenes Ende, und das muss man akzeptieren, egal, wie sehr man sich wünscht, es wäre nicht so. Und diese Geschichte kehrt direkt zu ihrem Anfang zurück.

Billy und ich beendeten unser Spiel und aßen zu Abend. Dann kam seine Mum und holte ihn ab. Bei einer Tasse Tee erzählte sie meiner Mum, dass sie keine Ahnung gehabt hätte, was ihr *idiotischer Mann* da im Schilde geführt hatte. Außerdem erzählte sie, die Polizei werde ihn nicht verhaften – weil er alle Ziegel auf das Dach unserer Schule zurückgebracht hatte. Die lokalen Behörden hätten darauf bestehen können, dass die Polizei Anklage wegen Betrugs erhebt, aber die würden alles *unter den Teppich kehren* wollen, wie Billys Mum es ausdrückte. »Sie können die Aufmerksamkeit nicht gebrauchen.«

Was Mr Baker betraf: Er war verschwunden.

»Mitsamt dem Geld von dem Geschäftskonto«, sagte Mrs Lee. »Sieht so aus, als müssten wir in Zukunft ein bisschen bescheidener sein. Nicht das Schlechteste, wenn Sie mich fragen. Es sind Freunde, die einen glücklich machen. Nicht wahr, Billy, mein Lieber? *Nicht Dinge.*«

Billy nickte, und seine Mum nahm ihn mit nach Hause.

Am nächsten Morgen hatten wir Fußballtraining (ohne Hub-schrauber), und danach ging ich mit zu Veronique. Sie hatte das Ergebnis für ihr Klaviervorspiel Stufe fünf bekommen – nur knapp bestanden, weil sie bloß zwei Stücke gespielt und das Vom-Blatt-Spielen ausgelassen hatte. Dann gingen wir hinunter zu dem kleinen Holzhäuschen am unteren Ende ihres Gartens.

Wo Nanai früher gewohnt hatte.

Und wo für euch die Geschichte begonnen hat, direkt am An-fang.

Es war still darin. Und staubig. Kalt. Wir standen einen Augen-blick da und betrachteten Nanais Sessel. Er kam uns noch leerer vor als der Rest des Hauses. Auf der Sitzfläche war eine Mulde, wie die Hohlräume, die wir in der Pompeji-Ausstellung im British Museum gesehen hatten.

Bei ihrem Anblick fing Veronique an zu weinen.

Da kam ihr Dad herein und sagte, sie solle sich wegen ihrer Note keine Gedanken machen. Sie lachte, weil sie erstaunt darü-ber war, dass er wirklich denken konnte, sie sei deshalb traurig. Dann sah sie ihn an.

»Wird sie jemals wieder zurückkommen?«

Mr Chang lächelte.»Ich hoffe es. Aber wir müssen sie tun las-sen, was sie will. Die beiden haben viel aufzuholen, verstehst du?«

Er meinte Thu und Nanai, die ein paar Tage nachdem sie uns endlich ihre Geschichte erzählt hatten, weggefahren waren.

»Wo sind sie jetzt?«, fragte ich.

Veroniques Dad erzählte uns, dass sie einige Tage in einem Hotel in Hanoi verbrachten, bevor sie in die Stadt fahren wollten, in der sie aufgewachsen waren. Sie hatten kein Datum für ihre Rückreise festgelegt, deshalb verstand ich, warum Veronique gefragt hatte, ob sie überhaupt zurückkehren würden. Die Vorstellung, dass Nanai durch die Welt reiste, war erstaunlich, da sie ja erst vor Kurzem fast gestorben wäre. Aber Thu hatte sie ins Leben zurückgeholt: Nur wenige Minuten nachdem wir das Krankenhaus Hals über Kopf verlassen hatten, um zu der Versammlung zu fahren, hatte sie wieder angefangen zu essen. Am nächsten Tag war sie wieder zu Hause, und wenige Tage später spielte sie Fußball.

»Thu ist ein hoffnungsloser Fall«, flüsterte Nanai mir zu, als ich sie vor ihrer Abreise nach Vietnam zuletzt sah. »Keine Ballkontrolle. Macht einfach die Augen zu und tritt zu! Sie wird wohl für Milw-...«

»*Psssssst!*«, sagte ich

»'tschuldigung. Die Mannschaft, deren Name nicht genannt werden darf!«

Und jetzt waren die beiden in Vietnam, hatten ihren Spaß zusammen und besuchten als Schwestern die Orte, wo sie aufgewachsen waren.

Und das bringt euch, könnte ich mir vorstellen, zu der Frage, warum Veronique eigentlich weinte.

Also.

Dann mal los.

Tief Luft holen.

Mr Chang seufzte. »Dann kommt mal. Es ist Zeit. Wir können es nicht länger aufschieben.«

Und wir folgten ihm nach draußen und noch weiter hinunter in den Garten, wo Mum und Mrs Chang und sogar Tante Mill und Juni und Onkel Chris warteten.

In einem kleinen Kreis.

Weil Ratten nicht so lange leben, versteht ihr? Und Kit-Kat war schon ziemlich alt gewesen, als Veroniques Dad ihn aus seinem Labor mit nach Hause gebracht hatte. Und an diesem Morgen war Veronique aufgewacht, und es war ganz still in ihrem Zimmer gewesen. In der Ecke rührte sich nichts, und kein kleines Gesicht spähte durch die Gitterstäbe.

Und jetzt war es Zeit, von ihm Abschied zu nehmen.

Er war einfach unglaublich gewesen. Ich wollte Veronique das sagen, aber sie weinte so sehr, dass sie mich nicht hörte. Nicht einmal die Schachtel, die ihr Vater ihr gereicht hatte, konnte sie halten, deshalb half ich ihr. Wir knieten uns beide vor die kleine Grube, die Mr Chang gegraben hatte, und legten Kit-Kat vorsichtig hinein. Veronique streute Erbsen neben ihn, und ihre Mum zerbröselte ein Stückchen Croissant. Ich legte meinen Lieblings-Subbuteo-Ball hinein, und dann erzählte Veroniques Dad, wie er Kit-Kat bei der Arbeit gesehen und sofort gewusst hatte, dass er etwas Besonderes war. Ihre Mum sprach davon, wie liebenswürdig er gewesen sei, und meine Mum lächelte, als sie sich daran erinnerte, wie sie ihn für einen Hamster gehalten hatte. (Was er wirklich war, hatte sie erst gemerkt, als er unsere Schule gerettet hatte.) Veronique flüsterte nur, dass sie ihn liebe. Und dann war ich an der Reihe.

»Der Jacky Chapman der Ratten«, sagte ich.

Und dann deckte Veroniques Dad ihn mit Erde zu.

Die Erwachsenen und Juni verließen uns und gingen nach nebenan. Veronique und ich blieben noch eine Weile allein dort stehen, bis ihre Tränen getrocknet waren, und wir beide lächelten, als wir an Kit-Kat dachten. Wie wunderbar er gewesen war. Und wie eifrig. Immer wollte er spielen, lernen, essen und trinken und einfach SEIN – in diesem wunderbaren Etwas, das wir Leben nennen.

Und dann war es auch für uns Zeit zu gehen. Wir klopften also die Erde über Kit-Kat fest und wandten uns ab. Veroniques Hand lag in meiner, als sie mich auf die andere Seite des Gartens führte und dann durch das Loch im Zaun hinüber zu Tante Mill.

Und dann wurde es ganz wunderbar.

Es war zwar erst Februar, aber Onkel Chris hatte den Grill herausgeholt, und Veroniques Dad und mein Cousin Clay standen schnaufend und keuchend um ihn herum, während Mum und Tante Mill und Veroniques Mum über sie lachten. Wir Kinder gossen Getränke ein, holten Stühle und deckten den Tisch (SOGAR Juni half).

Und während die Flammen im Grill langsam niederbrannten, unterhielten wir uns darüber, was geschehen war. Mir war noch eingefallen, dass Veronique die Schuld für die Schmierereien an Mrs Martins Auto auf sich genommen hatte. Sie hatte das für mich getan. Ich glühte innerlich, wenn ich daran dachte, dass sie so etwas für mich getan hatte. Es gab mir das Gefühl, wirklich mit ihr verbunden zu sein. Vielleicht würden wir uns daran erinnern, wenn wir Erwachsene wären, wie Nanai sich an das Knabbern an ihrem Finger erinnerte, mit dem Thu sie geweckt hatte.

»Das war ihr Ding«, sagte Veronique.»Das haben sie immer gemacht, seit sie ganz klein waren.«

»Und Nanai hat es bei *dir* gemacht«, fügte ich hinzu,»*dein ganzes Leben lang.*«

»Ich weiß«, sagte Veronique, und ich sah, dass sie sich wünschte, Nanai wäre hier und würde es in diesem Moment tun. Ich lächelte. Aber dann runzelte ich die Stirn und fragte sie, wie es jetzt wäre, zu wissen, dass Nanai nicht ihre echte Oma ist.

»Aber sie ist es doch«, sagte Veronique.»Worte können das nicht ändern. Ich habe sie jetzt eben beide, das ist alles.« Sie wandte sich an ihren Dad.»Und du auch.«

»Ja, ich auch«, sagte Mr Chang.»Du hast recht, Veronique. Es geht nicht darum, welche Worte du benutzt. Es geht darum, was du fühlst, richtig?«

Veronique nickte, und dann klopfte es am Nebeneingang, und wir alle drehten uns um, als Stefan durch den Garten kam. Sein kleineres Mädchen warf mich fast um, als sie zu mir stürmte. Mum rannte zu Stefan hinüber, und er küsste und umarmte sie. Und dann sagte sie uns, wir sollten still sein. Sie müsse uns etwas zeigen. Wir waren also alle still und sahen zu, wie sie die kleine Schachtel aus ihrer Tasche holte – dieselbe, die ich an dem Abend gesehen hatte, als der Dal durch die Gegend flog.

Ich trat vor, aber die Schachtel war gar nicht für mich.

Und das machte mir ÜBERHAUPT nichts aus.

Mum zog einen Diamantring heraus, der im Licht vom Fenster funkelte, als sie ihn über ihren Finger streifte.

»Da ich bislang noch keine richtige Antwort gegeben habe ...«, sagte sie zu Stefan und drehte sich um, um ihn anzuschauen. »Die Antwort lautet ...«

»JA!«, rief ich.

Und Mum strahlte mich an, dann strahlte sie Stefan an, und Stefan strahlte alle an.

Mum hatte Halloumi für Stefan gekauft. Sie legte Scheiben davon auf den Grill – neben das fünfunddreißig Tage lang abgehangene Entrecote vom Weiderind.

DANKE, Onkel Chris!

Und dann setzten wir uns alle an den Tisch. Und ich meine wirklich *alle*, denn Veroniques Dad hatte eine Überraschung für uns parat. Er borgte sich Tante Mills und Onkel Chris' repariertes iPad aus, und bald winkten uns Nanai und Thu von einem Zeitschriftenstapel herab aus Vietnam zu.

»Hallo, Mums«, sagte Mr Chang und winkte zurück.

»Hallo, Nanais«, sagte Veronique und winkte auch.

Es war fantastisch. So fantastisch, dass sogar Juni glücklich war. Nachdem sie ENDLICH meine neue Frisur (erinnert ihr euch?) bemerkt und mir gesagt hatte, dass sie unmöglich aussehe, wandte sie sich an ihren Dad.

»Perfekt *à point*«, sagte sie.

Und ich pflichtete ihr bei. Dieses Steak war fast so gut wie Pizza. Aber das Beste war, dass wir einfach alle da waren.

Zusammen.

ENDE

## BUCHBESPRECHUNG

**Name:** Cymbeline Iglu

**Lehrerin:** Miss Phillips

**Titel des Buchs:** KRIEG UND FRIEDEN

**Autor:** Leo Tolstoi

**Bewertung:** 0 Sterne

**Bericht:** Dieses Buch ist zu hundert Prozent MÜLL. Ihr solltet auf keinen Fall eure Zeit mit diesem Buch vergeuden. Wahrscheinlich gibt es eine Verfilmung. Der größte Teil handelt vom Frieden, und der Krieg kommt erst nach einer Ewigkeit. Und ich meine EWIGKEIT. Ich bin überrascht, dass die Soldaten noch wussten, wie sie ihre Gewehre abfeuern müssen. Oder dass sie nicht einfach an Langeweile gestorben sind. Es sind ungefähr dreihundert Seiten Frieden. Es KRIEG UND FRIEDEN zu nennen ist Betrug, denn man erwartet den Krieg ZUERST. Das Buch sollte »Frieden und Krieg« heißen. Oder »Frieden, Frieden und noch mehr Frieden und Krieg (aber nicht viel)«. Ihr könntet gleich zum Krieg springen, aber ich würde mich gar nicht erst damit aufhalten, das zu tun, denn der Krieg ist gar nicht so gut. Es gibt keine Bilder. Und wenn dann die Franzosen ENDLICH die Russen angreifen – was denkt ihr?

Geht es unentschieden aus.

UNENTSCHIEDEN!

All das – und dann steht es 0:0. Und man weiß überhaupt nicht, wer wer ist, weil sie alle sechs Namen haben. Jacky Chapman zum Beispiel wäre Jacky Chapmanow (glaube ich wenigstens) oder Iwan Chapmanow oder Wanja Chapmanow oder Iwan Iwanowitsch oder Jacky Jackowitsch Chapmanowitsch. Aber zu diesem Zeitpunkt hättet ihr schon komplett vergessen, wer er war. Oder auf welcher Seite er stand. Und dann, am Ende, wenn die Franzosen tatsächlich GEWINNEN. Was ist dann?

Dann gehen sie einfach nach Hause!

Warum sind sie dann überhaupt gekommen?

Im Ernst! KRIEG UND FRIEDEN ist total schrecklich, gut waren eigentlich nur die Teile, wo man erfährt, was der Krieg für die normalen Menschen bedeutet, deren Häuser komplett zerstört werden und die fliehen müssen. Das erinnerte mich an Nanai und Thu.

Vielleicht ist es also nicht GANZ so schlecht.


**Sollten wir Ausgaben dieses Buchs für die Schulbibliothek bestellen?**

NEIN.

**Würdest du dieses Buch einem Freund empfehlen?**

JA (als Scherz)

**Mit welcher Person konntest du dich am besten identifizieren?**

Mit dem Zaren. Er kam nicht oft vor, aber er sagte den anderen dauernd, sie sollten weiterkämpfen.

**Würdest du ein anderes Buch desselben Autors lesen?**

ER HAT NOCH ANDERE BÜCHER GESCHRIEBEN?! NEIIIII-IIIN!!!!!! Warum hat das niemand verhindert?!

**Welcher Teil des Buchs hat dir am meisten gefallen?**

Das Ende.

# DANK

So viele Menschen halfen mir, dieses Buch zu schreiben, manche auf eine Art und Weise, dass sie nie davon erfahren werden. Nghiem Ta gab mir großartige Hinweise, welche Erfahrungen Flüchtlinge aus Vietnam gemacht haben. Naomi Delap bot Unterstützung und Ideen an, während Dan und Helen mich in ihrem Haus wohnen ließen, solange ich an diesem Buch schrieb. Franklin Baron, Viola Baron und Frieda Baron stärkten mir den ganzen Weg bis zum Ende den Rücken. Benji Davies' wunderbare Illustrationen halfen einmal mehr, Cymbeline und seine Freunde zum Leben zu erwecken. Nick Lakes Erkenntnisse beim Lektorat waren super. Das gilt auch für die Unterstützung der restlichen Mannschaft von HarperCollins, darunter Jo-Anna Parkinson, Jessica Dean, Samantha Stewart, Jessica Williams und Sarah Hall. Cathryn Summerhayes von Curtis Brown ist nach wie vor eine hervorragende Agentin. Am meisten jedoch möchte ich den vielen Tausend Lehrerinnen und Lehrern, Bibliothekarinnen und Bibliothekaren und jungen Menschen danken, die Cymbeline mit offenen Armen empfangen haben, indem sie seine Geschichte lasen, mir schrieben, mich an ihren Schulen begrüßten oder sich am Welttag des Buchs wie er kleideten.

*Adam Baron* war Schauspieler, Komiker, Journalist und Presse-sprecher bei Channel 4, bevor er mit dem Schreiben begann. Heute leitet der promovierte Literaturwissenschschaftler den angesehenen Creative-writing-Studiengang an der Kingston University in London. Nach fünf hochgelobten Romanen für Erwachsene erschien 2020 sein Kinderbuchdebüt *Freischwimmen* bei Hanser. *Auftauchen* ist sein zweites Kinderbuch rund um Cymbeline Iglu und seine Freunde. Adam lebt in Greenwich, South East London, mit seiner Frau und drei Kindern.

*Benji Davies*, 1980 geboren, studierte Animation und ist ein vielfach ausgezeichneter Illustrator, dessen Bücher in 35 Sprachen übersetzt wurden. Er lebt mit seiner Frau und seiner Tochter in London.

*Ute Mihr*, 1959 geboren, studierte Anglistik, Slawistik und Philosophie in Tübingen, St. Paul und Moskau. Sie übersetzt aus dem Englischen und lebt in Tübingen.